kosmos Naturführer

W0351483

Patrick Harding/Tony Lyon/Gill Tomblin

Der Kosmos Pilzführer

Ähnliche Arten in direktem Vergleich

Aus dem Englischen übertragen von Peter Dobbitsch

Kosmos

Der Kosmos-Pilzführer

Richtig Pilze sammeln

Die Vielfalt an Arten, Formen und Farben der Pilze läßt uns staunen, oft erschwert sie aber auch das eindeutige Bestimmen. Dieses ist jedoch gerade im Hinblick auf Giftpilze bedeutsam, ja lebenswichtig. Einige grundlegende Regeln sollen helfen, Schäden für den Menschen und für die Pilzflora zu vermeiden:

- Zum Kennenlernen anfangs nur wenige Arten sammeln und genau mit Text und Abbildung im Buch vergleichen. Im Zweifelsfall einem erfahrenen Pilzkenner oder einer Pilzberatungsstelle vorlegen.
- Sich nach den örtlichen oder regionalen Sammelbeschränkungen erkundigen und diese auch einhalten. Seltene und geschützte Arten stehen lassen.
- Bester Sammelbehälter ist ein luftdurchlässiger (z.B. geflochtener) Korb. Er verhindert Wärme- und Flüssigkeitsstau (daher keine Plastiktüten verwenden!) und schützt die Pilze vor Druck.
- Pilze nicht bei Regen sammeln, sondern wenige Tage danach.
- Ungenießbare und giftige Pilze nicht zerstören.
- Sammelpilze vorsichtig mit dem Stiel aus dem Boden drehen, das dadurch entstandene Loch mit Bodenmaterial oder Laub abdecken (damit der freigelegte Teil des Hyphengeflechts nicht austrocknet).
- Bei älteren Exemplaren vor dem Sammeln den Hut einschneiden – schwammige und madige Pilze nicht mitnehmen.
- Keine jungen, sondern nur ausgereifte Fruchtkörper sammeln.
- Geerntete Pilze am Fundort (mit einem Messer) säubern.

Zum Gebrauch dieses Buches

Die Pilze sind nach den Lebensräumen zusammengefaßt, in denen man sie findet. Jedem der bekannten Speisepilze sind alle ähnlichen Arten zum Vergleich gegenübergestellt, mit denen man ihn verwechseln könnte – eßbare und Giftpilze. Die nachstehenden Symbole kennzeichnen die Lebensräume der Pilze und den Speisewert der ähnlichen Arten. Ein Pilzkalender gibt an, in welchen Monaten mehr oder weniger Fruchtkörper zu erwarten sind. Für ein rasches Zuordnen der gefundenen Pilze sorgt ein Bestimmungsschlüssel.

Pilzkalender
(nach Monaten)

J
F
M
A
M
J
J
A
S
O
N
D

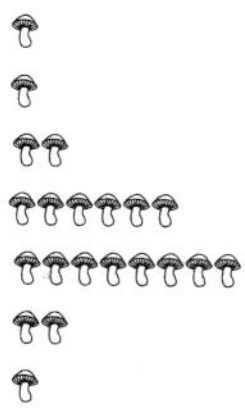

Symbole für den Lebensraum

Wiesen und Weiden 

Laubwald 

Nadelwald 

Symbole für den Speisewert

Eßbar

Kein Speisepilz 

Giftig 

Tödlich giftig 

17/8/06
Neuwelt-Wandel
- Netz-/Strauchartiger weiß, ~ 20 cm lang, 2-6 cm breit, abgerissen
- Bovist artig, ~ 6 cm ⌀, weiß, [illegible] netzsystem
- Pfifferlingartig, sehr fest, ohne Lamellen [illegible] Röhren (weggeflossen?), nach Stiel ...
→ zahlreiche feste Wurzel

Vom Pilzsammler zum Pilzkenner

In Not- und Kriegszeiten sammelte man Pilze vor allem wegen ihres Wertes für die Küche. Heute kann man überall Zuchtpilze und Pilzkonserven für wenig Geld kaufen. Aber Pilze zu sammeln, bereitet Vergnügen. Es bedeutet Bewegung in frischer Luft, und manch einer hat dadurch ein interessantes Hobby entdeckt.

Wer mit dem Pilzesammeln anfängt, interessiert sich natürlich zuerst nur für eßbare Pilze. Für ihn ist dieses Buch gedacht. Es konzentriert sich auf heimische Speisepilze und deren Doppelgänger und bildet nicht nur den jeweiligen Speisepilz ab, sondern auch alle ähnlichen Pilze. Irgendwann genügt das nicht mehr. Man sieht noch viele andere Pilze, kauft sich weiterführende Pilzbücher und versucht sich im Bestimmen weniger bekannter Arten. Doch stößt man schnell an seine Grenzen. Die Hilfe von Kennern wird erforderlich. Jetzt sind Pilzberater die richtigen Ansprechpartner. Es hilft auch weiter, an Pilzlehrwanderungen oder Pilzkursen teilzunehmen oder sich einem Pilzverein anzuschließen. Denn hier stehen immer Fachleute für Fragen zur Verfügung. Wenn man selbst etwa fünfzig Arten sicher kennt, darf man sich schon als kleiner Pilzkenner fühlen.

Oft reicht das aber noch nicht. Die Pilze werden zum echten Hobby. Der Bücherschrank füllt sich mit umfangreicheren Pilzbüchern. Eine Lupe wird angeschafft, Bestimmungsschlüssel werden durchforstet. Vielleicht fängt man sogar an zu mikroskopieren. Je mehr Pilze man kennt, um so mehr differenziert man, und um so mehr spürt man, daß sich täglich Neues entdecken läßt. Und irgendwann vergißt man, daß das Interesse an Pilzen ursprünglich nur ihrem kulinarischen Wert galt.

Was ist ein Pilz?

Was der Pilzsammler sieht und findet, sind nur die Fruchtkörper verschiedener Pilzarten. Lange Zeit ordneten die Biologen alle lebenden Organismen entweder dem Pflanzen- oder dem Tierreich zu. Danach wären die Pilze Pflanzen, die das Blattgrün (Chlorophyll) verloren haben. Heute haben wir größeren Einblick in die Vielfalt der Organismen und teilen die Lebewesen in mindestens fünf große Reiche ein. Eines davon ist ausschließlich den Pilzen vorbehalten. Pilze besitzen sowohl pflanzliche als auch tierische Merkmale, unterscheiden sich aber in ihrer Struktur, biochemisch und ökologisch von Pflanzen und Tieren.

Die Ansicht, daß Pilze sich als Organismen klar von Pflanzen und Tieren abgrenzen, stimmt mit dem Pilzverständnis in vielen traditionellen Kulturen überein. Pilze wurden schon immer als sehr eng mit dem Boden verbunden angesehen. Der englische Philosoph Francis Bacon betrachtete sie als eine „Art Bodenausscheidung", und die Ureinwohner von Mexiko nannten sie „flor de tierra" („Blumen der Erde").

Viele Kulturen ordnen die Pilze nach ihrem Speisewert ein. Die Chewa in Malaysia zum Beispiel bezeichnen die eßbaren Pilze als „nyama", also „Fleisch", und solche Verbindungen zum eher tierischen als pflanzlichen Leben scheinen recht häufig zu sein. Interessanterweise zeigt die moderne Forschung, daß bei den Pilzen durchaus gewisse Verbindungen zum Tierreich vorhanden sind. So findet sich in vielen Pilzen Chitin, das man sonst nur von den Panzern und den Flügeln der Insekten kennt.

Bis vor kurzem galten Pilze in Europa als niedere Pflanzen. Daher findet man Mykologen, also Wissenschaftler, die sich mit Pilzen und ihrer Lebensweise beschäftigen, vor allem in den botanischen Instituten der Universitäten und in botanischen Gärten. Strenggenommen sollten Pilze jedoch nicht als Pflanzen bezeichnet werden. Allerdings fällt dies schwer, wenn man andererseits von Pilz„stielen" oder vom „vegetativen Wachstum" der Pilze spricht.

Der Pilz selbst besteht aus einem System verzweigter „Röhren", die man „Hyphen" nennt. Jede Hyphe hat einen Durchmesser von etwa 1/100 mm. Solange die Hyphen wachsen, strömt das lebende Material im Innern, das Zellplasma, in Richtung der neugebildeten Hyphenenden. Im älteren Teil der Hyphen bleibt nur wenig lebender Inhalt zurück. Die alten Hyphen können schließlich zusammenfallen und durch Mikroorganismen, besonders durch Bakterien, zersetzt werden.

Ein solches sich strahlenartig ausbreitendes System aus verzweigten Hyphen wird „Myzel" genannt. Es bleibt dem Auge fast gänzlich verborgen, weil es entweder im Boden oder in organischem Material, wie im Holz oder in der Laubstreu des Waldes, wächst. Solange die äußeren Hyphenenden in neue Bereiche vordringen, können sie Nährstoffe aufnehmen, die entweder zur Energiegewinnung oder zum Aufbau der Pilzstrukturen genutzt werden. Wie die Tiere sind die Pilze also vom Nährstoffangebot in ihrer Umgebung abhängig. Alle in diesem Buch erwähnten Pilze beziehen ihre Nahrung aus noch lebendem oder schon abgestorbenem pflanzlichem Gewebe. Für einige Pilze sind jedoch tote oder noch lebende Tiere die Nahrungsquelle. Wieder andere Pilze leben von tierischen Exkrementen.

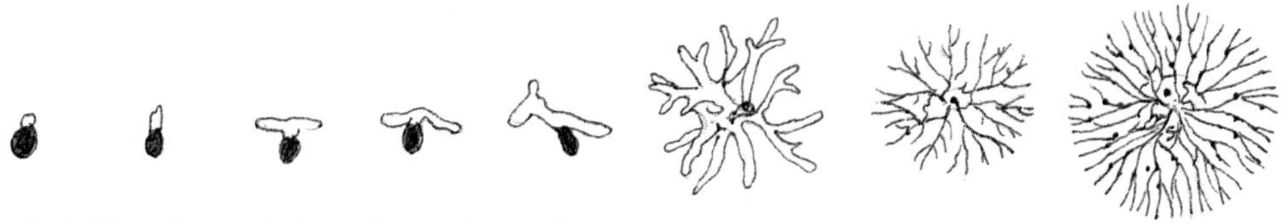

Bild 1: Die auskeimende Spore breitet sich zu einem Myzel aus, das aus verzweigten Hyphen besteht.

Mykorrhizapilze

Lebende Pflanzen enthalten Zucker, Aminosäuren und Mineralstoffe. Pilzhyphen können solche Nährstoffe direkt aufnehmen. Die Pflanzen haben aber physikalische und chemische Abwehrmaßnahmen entwickelt, um zu verhindern, daß Mikroorganismen ihnen die Nährstoffe entziehen. Manche Pilze fanden einen Weg, diese Abwehrmechanismen zu überwinden.

Einige dieser Pilzarten bilden mit Wurzeln von Pflanzen eine Gemeinschaft, die man als „Mykorrhiza" bezeichnet (mykes = Pilz; rhiza = Wurzel) – vergleiche dazu Bild 2a. Viele der in diesem Buch beschriebenen Waldpilze bilden eine Mykorrhiza mit Bäumen, zum Beispiel alle Röhrlinge, Milchlinge, Täublinge und Wulstlinge. Zahlreiche Pilzarten können nur mit einer einzigen Baumart oder mit einigen wenigen Baumarten eine Mykorrhiza eingehen. Diese Tatsache kann beim Suchen und Bestimmen von Pilzen eine große Hilfe sein.

Die Hyphen der Mykorrhizapilze überziehen die Wurzeloberfläche und bilden um die Wurzeln einen dichten Mantel aus pilzlichem Material. Aus dieser Hülle dringen nun einige Hyphen zwischen oder sogar in die äußeren Zellen der Wurzeln, so daß ein Nährstoffaustausch zwischen Pflanze und Pilz möglich wird (siehe Bild 2b). Andere Hyphen wachsen aus der Umhüllung heraus in den Boden und können dort mineralische Nahrung absorbieren. So ist diese Lebensgemeinschaft zwischen Pflanze und Pilz wechselseitig nutzbringend. Der Pilz versorgt die Pflanze mit lebenswichtigen Mineralien, während er im Gegenzug von dem Zucker lebt, den ihm die Pflanze liefert. Die Mykorrhizabildung ist besonders in nährstoffarmen Böden wichtig, in denen Pflanzen ohne Hilfe der Pilze Schwierigkeiten hätten, an lebensnotwendige Mineralstoffe zu gelangen.

Saprophytisch wachsende Pilze

Wenn eine Pflanze abstirbt, kann sie ihre Abwehrmechanismen gegenüber den Angriffen von Mikroorganismen nicht mehr aufrechterhalten. So haben plötzlich viele Pilzarten Zugang zu den Nährstoffen dieser Pflanze. Eine abgestorbene Pflanze enthält allerdings nicht mehr genügend Zucker, um den Bedarf der Pilze zu decken. So produzieren einige Pilze Enzyme, die die chemischen Strukturen der Zellwände ihres Wirts aufspalten. Es entstehen Pektin, Zellulose und Lignin. Von diesen Zersetzungsprodukten ernähren sich die saprophytisch lebenden Pilze.

Verschiedene Pilze bevorzugen dabei oft ganz bestimmtes Pflanzenmaterial. So findet man zum Beispiel den Violetten Rötelritterling auf Laubresten, während der Austernseitling direkt am Holz von Laubbäumen wächst.

Die Grenze zwischen den saprophytischen und den parasitischen Pilzen, die ihre Nährstoffe von einem lebenden Wirt beziehen und ihn dadurch oft auch schädigen, ist fließend.

Wie die meisten anderen Organismen, hat sich auch die Mehrzahl der Pilze spezialisiert.

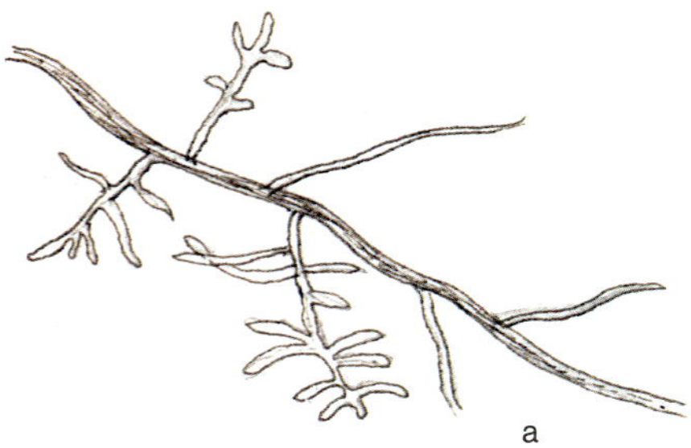
a

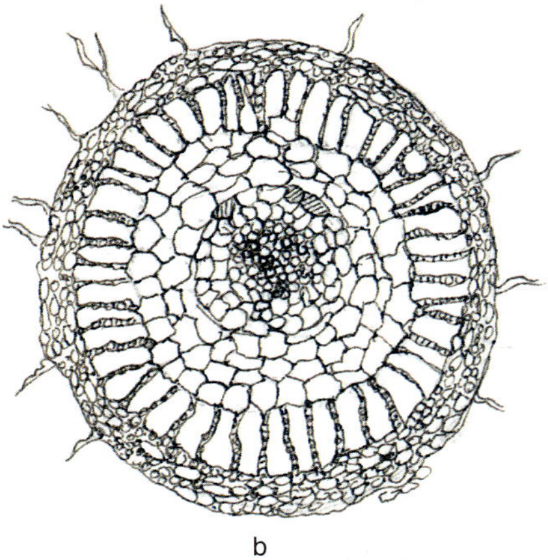
b

Bild 2: a) Mykorrhiza an der Wurzel einer Buche. Man erkennt kurze, stoppelige Seitenäste. b) Querschnitt durch eine solche Mykorrhiza. Es wird deutlich, daß die Baumwurzel von Pilzhyphen ummantelt wird (Vergrößerung 20x).

Einige Arten kommen auf Wiesen und Weiden vor, andere sind mit bestimmten Laubbäumen vergesellschaftet, wieder andere sind nur in Nadelwäldern zu Hause. Wegen dieser Spezialisierung haben wir die eßbaren Pilze nach ihrem Vorkommen geordnet. In der Biologie ist allerdings keine Einteilung hundertprozentig. So wächst auf Waldwegen auch Gras, und unter Hecken kann manche Art gedeihen, die eigentlich als waldbewohnend bekannt ist. Eine Art, die auf moderiges Eichenholz spezialisiert ist, wird aber kaum inmitten einer Wiese zu finden sein.

Entwicklung der Fruchtkörper

Das Pilzmyzel wächst und vergrößert sich, solange ausreichend Nährstoffe zur Verfügung stehen. Außerdem müssen die Umgebungs- und Wachstumsbedingungen günstig sein. Selten trifft beides über einen längeren Zeitraum hinweg zu. Wenn das Wachstum durch Streßfaktoren wie Nahrungs- oder Wassermangel oder durch zu niedrige Temperaturen gebremst wird, reagiert das Pilzmyzel meist dadurch, daß Fruchtkörper entstehen. Bei Großpilzen bilden die Hyphen kleine Knoten (sogenannte „Primordien"), aus denen sich zunächst kleine Fruchtkörper entwickeln (siehe Bild 3).

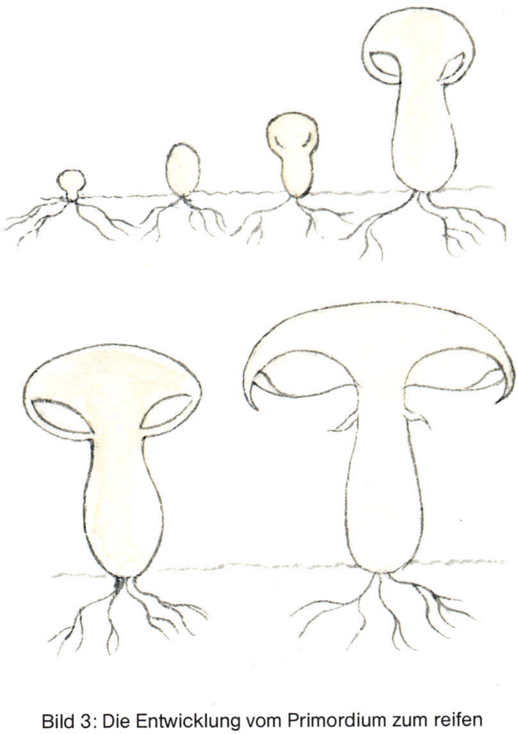

Bild 3: Die Entwicklung vom Primordium zum reifen Fruchtkörper.

Die winzigen Fruchtkörper können entweder über längere Zeit in diesem Entwicklungsstadium verbleiben, oder – wenn die Bedingungen günstig sind – auch recht schnell wachsen, indem sie über das Myzel Wasser aufnehmen. Das Wachstum der benachbarten Primordien wird oft unterdrückt, wenn schon reife Fruchtkörper vorhanden sind. Dies ist ähnlich wie bei den Blütenpflanzen, bei denen neben dem Haupttrieb keine weiteren Knospen austreiben. Erst wenn die bereits ausgewachsenen Fruchtkörper geerntet werden, können sich aus den Primordien neue Fruchtkörper entwickeln.

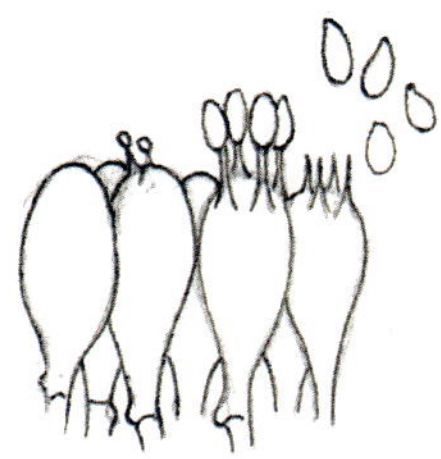

Bild 4: Basidien mit Basidiosporen.

Der Fruchtkörper sorgt für die Bildung und Verbreitung der Sporen. Die Sporen haben die gleiche Funktion wie die Samen der höheren Pflanzen, es fehlt ihnen aber jeglicher Nährstoffvorrat. Bei den für Speisezwecke geeigneten Pilzen unterscheidet man zwei große Klassen, die Schlauchpilze (*Ascomycetes*) und die Ständerpilze (*Basidiomycetes*).

Blätterpilze und Röhrlinge gehören zu den Ständerpilzen. Sie besitzen Lamellen oder Röhren, deren Oberfläche von einer Fruchtschicht, dem sogenannten „Hymenium", überzogen ist. In dieser Fruchtschicht sitzen die sporenbildenden Zellen (Basidien). Eine Basidie trägt in der Regel zwei oder vier Fortsätze (Sterigmen), an deren Enden die Sporen entstehen (Bild 4). Bei der Reife lösen sich die Sporen von der Basidie. Sie fallen meist unter der Einwirkung der Schwerkraft nach unten aus und werden vom Wind fortgeweht. Einige Ständerpilze entlassen die Sporen auf andere Weise. Bei den Bovisten und

Bild 5: Asci mit Ascosporen.

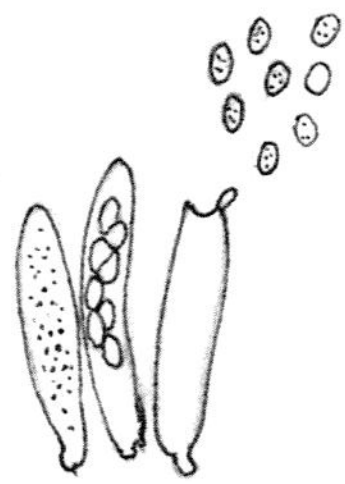

Stäublingen etwa reifen sie im Innern des Fruchtkörpers und bleiben dort so lange, bis sich in der Haut des Fruchtkörpers eine Öffnung bildet, durch die sie austreten können.

Einige Speisepilze zählen zu den Schlauchpilzen. Am bekanntesten sind hier wohl die Morcheln und die Trüffeln. Der Fruchtkörper eines Schlauchpilzes enthält besondere Zellen, die sogenannten „Schläuche" oder „Asci", in denen meist jeweils acht Sporen gebildet werden (Bild 5). Bei der Sporenreife werden die Sporen aus den Schläuchen herausgeschleudert und vom Wind verbreitet. Bei den unterirdisch wachsenden Trüffeln geben die Schläuche die Sporen nicht frei. Statt dessen entwickelt der Fruchtkörper einen Geruch und lockt Tiere an, denen die Trüffeln als Nahrung dienen. Die Sporen werden mit dem Kot dieser Tiere verbreitet.

Die Mehrzahl der Sporen bleibt inaktiv. Nur unter besonders günstigen Bedingungen kann eine Spore auskeimen. Das Hyphenwachstum ist dann vom Vorhandensein passender Nährstoffquellen abhängig. Einige Fruchtkörper produzieren viele Millionen Sporen, aber nur aus wenigen entsteht ein neues Myzel, das wieder Fruchtkörper bildet.

Die Langlebigkeit der Pilze

Schimmelpilze zum Beispiel sind äußerst kurzlebig. Denn wenn dem Pilzmyzel die Nährstoffe ausgehen, muß es seine ganze Kraft in die Sporenproduktion stecken. Die meisten der in diesem Buch behandelten Arten besitzen jedoch ein Myzel, das viele Jahre überdauert. Sie verwenden nur einen gewissen Teil der Nährstoffreserven für die Fruchtkörperbildung. Der Rest wird genutzt, um das Myzel zu erhalten. Unter günstigen Bedingungen wachsen Fruchtkörper heran und breiten sich aus. Dieser Vorgang bricht ab, wenn es zu trocken, zu kalt usw. wird. Weil sich das Zellplasma an der Peripherie des Myzels ansammelt, entstehen die Fruchtkörper oft in Kreisen, sogenannten „Hexenringen" (s. S. 32).

Wann findet man Pilze?

Bei den meisten Pilzbeschreibungen in diesem Buch befindet sich ein Pilzkalender, der die Häufigkeit des Vorkommens der jeweiligen Art für jeden einzelnen Monat angibt. Je mehr Fruchtkörper in diesem Pilzkalender hinter dem jeweiligen Monat eingezeichnet sind, um so häufiger kommt der Pilz in diesem Monat vor. In Gegenden mit extremen Witterungsbedingungen muß man gewisse Verschiebungen einkalkulieren. Die Pilzkalender zeigen jedenfalls, daß sich das Pilzvorkommen nie auf einen einzelnen Monat beschränkt. Allerdings kann bei einer Art, die normalerweise von September bis Dezember erscheint, die Fruchtkörperbildung nach einem feuchten Sommer bereits früher einsetzen, etwa von Juni bis September. Viele Sammler suchen nur im Herbst Pilze. Speisepilze sind jedoch das ganze Jahr über zu finden.

Winter (Dezember bis März)

Die meisten Fruchtkörper ertragen Frost nicht, aber Ausnahmen bestätigen die Regel. Einige eßbare Arten sind sogar den ganzen Winter über zu finden:

Der Samtfußrübling (*Flammulina velutipes*, S. 136) wächst mitunter schon im Herbst, häufiger jedoch im Winter.

Den Austernseitling (*Pleurotus ostreatus*, S. 128) kann man das ganze Jahr über sammeln, im Winter ist er aber häufiger.

Der Violette Rötelritterling (*Lepista nuda*, S. 102) ist eine Art des Spätherbstes. Manchmal kommt er jedoch bis Weihnachten vor, und in milden Wintern kann er (besonders in Gärten) sogar bis in den März hinein Fruchtkörper bilden.

Das Judasohr (*Auricularia auriculajudae*, S. 146) trifft man das ganze Jahr über an. In den Wintermonaten wird es an Holunder aber oft zum Massenpilz.

Frühling (April bis Mai)

Zwei gute Speisepilze wachsen nur im Frühjahr: die Speisemorchel (*Morchella esculenta,* S. 122) und der Mairitterling (*Calocybe gambosa,* S. 52). Späte Exemplare sind noch im Juni zu sehen, die Hauptwachstumszeit ist jedoch früher.

Der Austernseitling (*Pleurotus ostreatus,* S. 128) wird im Spätfrühling zunehmend vom Rillstieligen Seitling (*Pleurotus cornucopiae,* S. 130) abgelöst. Der Frühling ist allerdings die beste Zeit für den Schuppigen Schwarzfußporling (*Polyporus squamosus,* S. 143).

Sommer (Juni bis August)

Der Juni ist ein überraschend guter Monat, um eßbare Pilze zu suchen. Jetzt zeigen sich nach und nach einige begehrte Speisepilze. Man findet den Wiesenchampignon (*Agaricus campestris,* S. 47) und den Schafchampignon (*Agaricus arvensis,* S. 50) zusammen mit dem Riesenbovist (*Langermannia gigantea,* S. 68), einer typischen Sommerart. Manche

Herbstpilze erscheinen schon im Juni. Das gilt für den Nelkenschwindling (*Marasmius oreades,* S. 66), für eßbare Täublinge (S. 84–89), für Röhrlinge (S. 92–99) und für Stäublinge und Boviste (S. 68–72). Der Juni ist auch die beste Jahreszeit, um frische Exemplare vom Schwefelporling (*Laetiporus sulphureus,* S. 141) zu suchen, der bis in den Herbst hinein vorkommt.

Der Juli ist normalerweise ein pilzarmer Monat, besonders in bezug auf Wiesenpilze. Nur der Riesenbovist (*Langermannia gigantea,* S. 68) liebt die Sommermonate. Dafür beginnt jetzt die Zeit der Waldpilze. Es zeigen sich Pfifferling (*Cantharellus cibarius,* S. 114), Steinpilz (*Boletus edulis,* S. 92), Maronenröhrling (*Xerocomus badius,* S. 94), Birkenrotkappe (*Leccinum versipelle,* S. 96), der Gemeine Birkenpilz (*Leccinum scabrum,* S. 98), Rehbrauner Dachpilz (*Pluteus cervinus,* S. 132), der Rötliche Lacktrichterling (*Laccaria laccata,* S. 112), der Leberreischling (*Fistulina hepatica,* S. 142) und die Sommertrüffel (*Tuber aestivum,* S. 120).

Herbst (September bis November)

Im September und Oktober ist Hochsaison, in bezug auf die Zahl eßbarer Arten ebenso wie auf die Anzahl der Fruchtkörper. Nach einem feuchten Sommer setzt in manchen Jahren schon im September die Zeit des Hauptwachstums ein. Ist der Sommer trocken, kann es aber auch Oktober werden, bis die Wachstumsbedingungen ideal sind. Ein früher Frosteinbruch verkürzt die Saison. In Jahren mit milder Witterung können die Herbstarten dagegen bis in den November hinein Fruchtkörper bilden.

Alle in diesem Buch behandelten Arten, außer Morchel und Maipilz (siehe Frühling), kommen im Herbst vor. Für den Riesenbovist und den Schwefelporling (siehe Sommer) ist die beste Zeit allerdings schon vorbei. Zu den typischen Herbstpilzen zählen der Orangefarbene Wiesenellerling (*Hygrocybe pratensis,* S. 61), der Parasol (*Macrolepiota procera,* S. 58), der Mehlräsling (*Clitopilus prunulus,* S. 110), die Herbsttrompete (*Craterellus cornucopioides,* S. 116), der Edelreizker (*Lactarius deliciosus,* S. 166), die Krause Glucke (*Sparassis crispa,* S. 174) und andere Waldpilze (siehe S. 105–109).

Meist erst im Oktober oder gar noch später wachsen der Hallimasch (*Armillaria mellea,* S. 138), und der Violette Rötelritterling (*Lepista nuda,* S. 102).

Eßbar oder giftig?

Überall in der Welt werden Wildpilze gesammelt und gegessen. Schon im Altertum, als man dies noch nicht schriftlich aufzeichnete, wurden Pilze gesammelt. Archäologen fanden in Südamerika Pilzstatuen, die um 500 v. Chr. entstanden, und in Großbritannien fand man Bovist-Fragmente aus der Steinzeit. Letztere dienten aber sicher nicht als Nahrung, sondern wohl eher als Heilmittel oder als Zunder.

Nach Berichten aus der Römerzeit beschäftigten die Reichen sogar Sammler, die ihre Lieblingspilze suchen mußten. Aus dieser Zeit kennen wir Berichte über Pilzvergiftungen, etwa über den Tod des römischen Kaisers Claudius durch eine Kaiserlingsmahlzeit. Der Kaiserling (*Amanita caesarea*) ist zwar eßbar, aber Agrippina, die Frau des Kaisers, hat wohl dafür gesorgt, daß der Mahlzeit Stücke vom Grünen Knollenblätterpilz beigemischt wurden.

Seit mindestens 3000 Jahren werden Pflanzen benannt, beschrieben und gezeichnet, Pilze blieben meist unberücksichtigt, zum Teil wohl wegen ihrer unklaren Herkunft und Zuordnung. Selbst Carl von Linné beschrieb nur wenige Pilze und faßte sie in der Gattung Chaos (!) zusammen. Im späten 16. Jahrhundert enthielten die Kräuterbücher des französischen Arztes und Botanikers Charles d'Ecluse auch Abbildungen und Anmerkungen zu etwa achtzig eßbaren und giftigen Pilzarten. „The Herball" des Briten J. Gerard enthält in der Ausgabe von 1633 eine Zeichnung von der Stinkmorchel (*Phallus impudicus*), die von d'Ecluse übernommen, aber auf dem Kopf stehend abgebildet wurde (siehe Bild 6).

Ähnlich Unsinniges findet sich in vielen Büchern dieser Zeit. Die meisten Autoren schürten nur die Angst vor den Pilzen und wiesen auf deren Giftigkeit hin. Im 19. Jahrhundert kam Christiaan Hendrik Persoons „Synopsis methodica fungorum" heraus, ein Werk, das als Beginn der modernen Pilzsystematik angesehen werden kann. Joseph Henri Léveillé teilte schließlich die Pilze in Ständerpilze und Schlauchpilze ein. Louis René Tulasne, Julius Oskar Brefeld und andere befaßten sich mit der Lebensweise der Pilze. Erst im 20. Jahrhundert wurden nach und nach Pilzwerke veröffentlicht, die etwas mehr Klarheit in die Artenvielfalt brachten. Bedingt durch Not- und Kriegszeiten beschäftigten sich plötzlich viele Menschen mit den Pilzen. Pilzvereine entstanden, und populäre, erschwingliche Pilzbücher kamen auf den Markt.

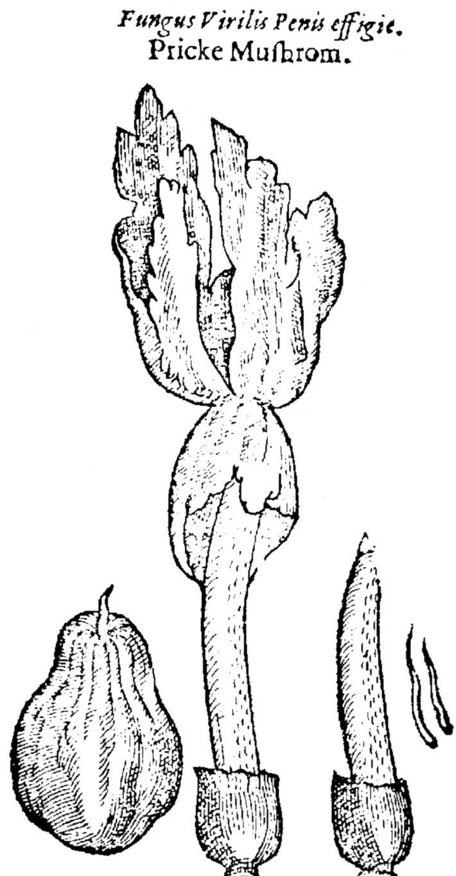

Bild 6: Eine Zeichnung aus J. Gerards Buch „The Herball" zeigt die Stinkmorchel, aber mit der Oberseite nach unten abgebildet. Hier ist oben das „Hexenei" zu erkennen, das sich eigentlich im Boden befindet.

Leider kursieren auch heute noch viele Mißverständnisse, die aus älterer Zeit überliefert sind. So hört man immer wieder von gewissen „Regeln", nach denen sich eßbare von giftigen Pilzen trennen lassen sollen.
Einige dieser **falschen und gefährlichen Regeln** seien hier zusammengefaßt:

1. Die Huthaut eines eßbaren Pilzes läßt sich leicht abziehen.
2. Wenn giftige Pilze gekocht werden, läuft ein mitgekochter Silberlöffel schwarz an.
3. Salz färbt sich auf den Lamellen von Giftpilzen gelb.
4. Arten, die von Tieren gefressen werden, kann man getrost essen.
5. Pilze, die angenehm schmecken und riechen, sind eßbar.
6. Leuchtend gefärbte Pilze sind giftig.
7. Pilze, die sich auf Druck, beim Anschneiden oder beim Kochen verfärben, sind giftig.
8. Pilze, die beim Anschneiden einen milchigen Saft absondern, sind giftig.
9. Durch Kochen oder durch Trocknen der Pilze werden die Giftstoffe zerstört.
10. Alle Pilze, die auf Wiesen oder Weiden wachsen, sind eßbar.

All diese Regeln treffen vielleicht auf eine kleine Zahl von Arten zu. Doch ist auf keine dieser Regeln Verlaß. Einige Beispiele für die Unhaltbarkeit solcher „Sammelregeln" mögen zeigen, wie gefährlich es ist, wenn man sich nach solchen Halbwahrheiten richtet.

Zu Regel 1: Bei allen Champignon-Arten (*Agaricus* spp.), etwa beim Schafchampignon, läßt sich die Huthaut leicht abziehen. Dies ist aber beim giftigen Buchen-Speitäubling (*Russula mairei*) genauso. (Siehe Bild 7)

Zu Regel 4: Schnecken und Insekten nutzen viele auch für den Menschen giftige Pilze als Nahrung. Unter den Säugetieren kann der Hase sogar den für den Menschen tödlich giftigen Grünen Knollenblätterpilz (*Amanita phalloides*) schadlos fressen, ein anderer Verdauungschemismus sorgt bei vielen Tieren dafür, daß die Pilzgifte ihre Wirkung nicht entfalten können. (Siehe Bild 8)

Zu Regel 9: Bei einigen Pilzen, die roh giftig sind, zum Beispiel beim Perlpilz (*Amanita rubescens*), werden die Giftstoffe durch die

Bild 7: Eßbarer Schafchampignon (links) und giftiger Buchen-Speitäubling (rechts).

Hitze beim Kochen zerstört (siehe S. 19). Die Gifte, die im Grünen Knollenblätterpilz enthalten sind, büßen aber durch Erhitzen nichts von ihrer Wirkung ein. Schon ein einziger Hut

Bild 8: Ohne Schaden frißt eine Schnecke am Grünen Knollenblätterpilz.

im Pilzgericht kann für eine tödliche Vergiftung ausreichen. (Sogar seine Sporen sind giftig und sollten mit Lebensmitteln nicht in Kontakt kommen.)

Zu Regel 10: Viele giftige Pilzarten wachsen tatsächlich nur im Wald, aber es gibt auch auf Wiesen extrem giftige Pilze, wie den Feldtrichterling (*Clitocybe dealbata*).

Bild 9: Der tödlich giftige Feldtrichterling wächst nur im Gras.

Solche „Sammelregeln" schützen also nicht vor einer Vergiftung. Pilze mit leuchtenden Farben wie der Apfeltäubling (*Russula paludosa*), oder solche, die sich beim Anschneiden verfärben, wie viele Röhrlingsarten, sind auch nicht alle giftig – die Regeln 6 und 7 sind daher ungültig.

Bild 10: Saftlinge sind in Deutschland geschützt.

Die einzig sichere Methode, eßbare und giftige Pilze zu unterscheiden, ist festzustellen, um welche Art es sich handelt, und dann in einem verläßlichen Buch nachzuschlagen, ob man diese Art essen kann oder nicht. Es reicht nicht, sich auf die persönlichen Erfahrungen anderer Sammler zu verlassen. Manche Pilze verträgt der eine gut, der andere gar nicht. Ein gutes Buch wird auch darüber informieren. Selbst wer stets nur wenige ihm bekannte eßbare Arten sammelt – etwa den Wiesenchampignon (*Agaricus campestris*), den Pfifferling (*Cantharellus cibarius*) oder den Steinpilz (*Boletus edulis*) –, muß aufpassen. Denn es kann geschehen, daß er eine ähnliche giftige Art mit aufsammelt. Dieses Buch versucht Ihnen dabei zu helfen, eßbare Pilze exakt zu bestimmen und sie von ähnlich aussehenden, unter Umständen giftigen Arten zu unterscheiden.

Richtiges Bestimmen war in der Naturgeschichte immer schon bedeutsam. Für den Pilzkonsumenten kann es über Leben oder Tod entscheiden. Und wenn nur der geringste Zweifel an der richtigen Bestimmung eines Pilzes besteht, dann gilt: Diesen Pilz niemals essen!

Eßbare Pilze, die an der falschen Stelle oder in falschem Zustand gesammelt wurden, können ebenfalls Vergiftungen verursachen. So sollte man nie an Straßenrändern, bei Mülldeponien oder auf chemisch behandelten Flächen Pilze sammeln. Der Fruchtkörper ist zwar kurzlebig, wird aber vom ausdauernden Myzel ernährt, das leicht Schwermetalle oder radioaktive Substanzen speichert. Alte durchfeuchtete oder zu lange gelagerte Pilze können von anderen Pilzen (Schimmelpilzen) oder von Bakterien befallen sein, oder sie können durch Fäulnis entstandene Giftstoffe enthalten. So besteht ernsthafte Vergiftungsgefahr, auch wenn die gesammelten Arten selbst ungiftig sind.

Eine Sache des Geschmacks

Was bedeutet „eßbar"? Die meisten größeren Pilze sind weder giftig noch Speisepilze, sondern einfach ungenießbar, oder zwar eßbar, aber nicht schmackhaft. Eine Pilzart kann in dem einen Buch als „eßbar", in einem anderen als „ungenießbar" eingestuft werden. Dies muß man so akzeptieren. Manche Pilze werden von einem Autor als „eßbar" bezeichnet und von einem anderen als „giftig"! Dann handelt es sich meist um eine Art, die giftig ist, wenn sie nicht entsprechend zubereitet wird. Oder dies weist auf einen individuell verträglichen oder unverträglichen Pilz hin.

Eßbare Pilze wie Steinpilz, Wiesenchampignon und Pfifferling werden fast immer als gute Speisepilze geführt. Über andere Pilze gehen die Meinungen jedoch oft beträchtlich auseinander, es ist eben eine Sache des persönlichen Geschmacks.

Wir haben versucht, neben eigenen Erkenntnissen auch die Erfahrungen anderer Pilzsammler in verschiedenen europäischen Ländern zu berücksichtigen. Als **meistgesammelte Speisepilze** gelten:

1. Steinpilz (*Boletus edulis*)
2. Wiesenchampignon (*Agaricus campestris*)
3. Pfifferling (*Cantharellus cibarius*)
4. Schafchampignon (*Agaricus arvensis*)
5. Maronenröhrling (*Xerocomus badius*)
6. Semmelstoppelpilz (*Hydnum repandum*)
7. Frauentäubling (*Russula cyanoxantha*)
8. Mairitterling (*Calocybe gambosa*)
9. Schopftintling (*Coprinus comatus*)
10. Parasolpilz (*Macrolepiota procera*)
11. Speisemorchel (*Morchella esculenta*)
12. Austernseitling (*Pleurotus ostreatus*)
13. Rotfußröhrling (*Xerocomus chrysenteron*)
14. Stockschwämmchen (*Kuehneromyces mutabilis*)
15. Safranschirmling (*Macrolepiota rachodes*)
16. Herbsttrompete (*Craterellus cornucopioides*)
17. Riesenbovist (*Langermannia gigantea*)
18. Violetter Rötelritterling (*Lepista nuda*)
19. Riesenchampignon (*Agaricus augustus*)
20. Lilastieliger Rötelritterling (*Lepista saeva*)

Solch eine Liste wird immer vom Pilzvorkommen, von der leichten Bestimmbarkeit der gesammelten Pilze und von regionalen Besonderheiten beeinflußt. In anderen Ländern würden sicherlich einige andere Arten in dieser Liste erscheinen. Die Rötelritterlinge sind als Speisepilze umstritten, und die hochpreisigen Trüffeln fehlen in der Liste, weil man sie zu selten findet. Zu den oben angeführten Arten würden wir aus eigener Erfahrung noch folgende hinzufügen:

Krause Glucke (*Sparassis crispa*)
Birkenrotkappe (*Leccinum versipelle*)
Mehlräsling (*Clitopilus prunulus*)

Wir sind uns dessen bewußt, daß einige der oben aufgelisteten Arten manche Sammler verunsichern können. Wir raten deshalb zur Vorsicht beim Safranschirmling und bei den beiden Rötelritterlingen.

In diesem Buch werden übrigens einige eßbare Wulstlinge wie der Perlpilz (*Amanita rubescens*) und der Scheidenstreifling (*Amanita vaginata* s.l.) bei den Giftpilzen aufgeführt, weil ein Anfänger diese Pilze allzu leicht mit anderen sehr giftigen Wulstlingen oder Knollenblätterpilzen verwechseln kann. Auch der Graue Faltentintling (*Coprinus atramentarius*) ist bei den giftigen Wiesenpilzen eingeordnet, weil er in Verbindung mit Alkohol Vergiftungen verursacht.

Alle Speisepilze in der Liste werden in diesem Buch beschrieben, aber wir haben sie nicht nach ihrem kulinarischen Wert gereiht. Dadurch würden nur Vorurteile entstehen.

Der Vollständigkeit halber seien hier auch die **giftigsten mitteleuropäischen Pilze** genannt:

Grüner Knollenblätterpilz (*Amanita phalloides*)
Kegelhütiger Knollenblätterpilz (*Amanita virosa*)
Pantherpilz (*Amanita pantherina*)
Mutterkorn (*Claviceps purpurea*)
Feldtrichterling (*Clitocybe dealbata*)
Rinnigbereifter Trichterling (*Clitocybe rivulosa*)
Orangefuchsiger Rauhkopf (*Cortinarius orellanus*)
Spitzgebuckelter Rauhkopf (*Cortinarius rubellus*)
Riesenrötling (*Entoloma sinuatum*)
Nadelholzhäubling (*Galerina marginata*)
Frühjahrslorchel (*Gyromitra esculenta*)
Ziegelroter Rißpilz (*Inocybe erubescens*)
Stinkschirmling (*Lepiota cristata*)

Diese Giftpilze werden hier meist bei den Speisepilzen abgebildet, mit denen sie verwechselt werden können. Die wichtigsten von ihnen sind aber in den Kapiteln über Giftpilze ausführlich beschrieben.

Pilzgifte und Pilzvergiftungen

Pilze produzieren komplexe chemische Verbindungen. Einige davon sind für Mensch und Tier giftig. Pilzgifte können leichte Unpäßlichkeiten oder ernsthafte, ja sogar tödliche Vergiftungen hervorrufen.

Die Medizin kennt verschiedene Formen von Pilzvergiftungen, die hier behandelt werden sollen. Wir beginnen mit den schwersten Pilzvergiftungen. Die leichteren Vergiftungen werden als letzte beschrieben.

Zellgifte

Zellgifte schädigen die Zellstrukturen im Körper. Dabei greifen sie unterschiedliche Gewebe an, vor allem zerstören sie Leberzellen und die Zellen der Niere. Man kennt drei Gruppen pilzlicher Zellgifte: Cyclopeptide, Orellanin und Gyromitrin.

Cyclopeptide

Cyclopeptide sind Moleküle aus sieben oder acht ringförmig miteinander verbundenen Aminosäuren. In der Natur sind Cyclopeptide wahrscheinlich an Kohlenhydrate gebunden. Es entstehen große Myriaminin-Moleküle. Im Verdauungstrakt werden sie aufgespalten und die Cyclopeptide dadurch freisetzt. Mit dem Blut gelangen die Giftstoffe zu Leber und Nieren, wo sie die Zellen angreifen und dauerhafte Schäden verursachen.

Bei Vergiftungen durch Cyclopeptide denkt man zuerst an die Knollenblätterpilze und da besonders an den Grünen Knollenblätterpilz (*Amanita phalloides*). Andere Arten, wie der Kegelhütige Knollenblätterpilz (*Amanita virosa*), enthalten auch große Mengen dieser Giftstoffe. Diese Pilze werden aber seltener gefunden und daher seltener zur Ursache spektakulärer Vergiftungsfälle. Bei anderen Pilzgattungen kommen Cyclopeptide ebenso vor, so zum Beispiel beim Kastanienbraunen Schirmling (*Lepiota castanea*), beim Nadelholzhäubling (*Galerina marginata*) und beim Runzeligen Glockenschüppling (*Conocybe filaris*).

Etwa 6–24 Stunden nach dem Genuß von Knollenblätterpilzen kommt es zu plötzlichem Erbrechen. Daraus resultiert eine gewisse Austrocknung des Körpers und ein Abfallen des Blutdrucks und des Blutzuckerspiegels. Dann können die Symptome für einige Tage schwächer werden. Die Cyclopeptide setzen ihr Zerstörungswerk in Leber und Nie-

Bild 11: Grüner Knollenblätterpilz (*Amanita phalloides*).

ren jedoch fort. Koma und sogar der Tod sind die Folgen.

Manche Behandlungsmethoden bei Vergiftungen durch Cyclopeptide waren erfolgreich, wenn man sie gleich nach der Pilzmahlzeit anwendete. So unternahm Pierre Bastien 1981 einen erfolgreichen Selbstversuch. Er aß Knollenblätterpilze und behandelte sich danach mit einer Kombination aus Mitteln gegen Durchfall, aus Antibiotika und Vitamin C. Auch Aktivkohle und Thioctsäure wurden zur

Behandlung eingesetzt. Weil die Betroffenen sich von den ersten Symptomen erholen und dann nicht rechtzeitig ärztliche Hilfe suchen, werden solche Behandlungsmethoden meist zu spät eingeleitet.

Orellanin

Orellanin ist der Sammelname für eine Gruppe von chemischen Verbindungen, die zuerst im Orangefuchsigen Rauhkopf (*Cortinarius orellanus*) nachgewiesen wurden. Sie greifen die Zellen der Nieren an. Diese Giftstoffe wirken auch nach dem Trocknen oder Kochen der Pilze.

Typisch bei Orellanin-Vergiftungen ist die lange Latenzzeit von 36–48 Stunden. Es kommt zunächst zu Magen-Darm-Störungen, dann folgen Kopf-, Muskel- und Rückenschmerzen. Die Nierenschädigung ist erst ein bis vier Wochen nach der Pilzmahlzeit zu bemerken. Dies hat meist fatale Folgen. Das einzige, was dann noch hilft, ist die Dialyse, also die ständige Blutwäsche an der künstlichen Niere. Als letzter Ausweg bleibt die Nierentransplantation.

Der Orangefuchsige Rauhkopf (*Cortinarius orellanus*) ist eine Buchenwaldart mit eher südeuropäischer Verbreitung. In Mitteleuropa ist er seltener, wird aber dennoch gefunden. Der eng verwandte und genauso giftige Spitzgebuckelte Rauhkopf (*Cortinarius rubellus*) wird hierzulande oft im Nadelwald gefunden, und junge Exemplare wurden schon mit Pfifferlingen verwechselt. Auch andere *Cortinarius*-Arten enthalten das giftige Orellanin.

Gyromitrin

Gyromitrin kommt vor allem in der Frühjahrslorchel (*Gyromitra esculenta*) vor. Besonders der Genuß roher oder ungenügend gegarter Frühjahrslorcheln verursacht schwerste Vergiftungen. Normalerweise wird das Gift der Lorchel durch Erhitzen auf über 60 °C zerstört, daher hielt man sie lange Zeit für eßbar. Man kochte die Lorcheln zweimal und goß jedesmal das Kochwasser ab. Heute weiß man, daß die Frühjahrslorchel auch krebserzeugende Hydrazine enthält, sie gilt nun allgemein als giftig.

Gyromitrin wird unter dem Einfluß der Magensäure aufgespalten. Es bildet sich giftiges Monomethyl-Hydrazin. Nach 6–10 Stunden zeigen sich die ersten Krankheitszeichen. Die Erkrankung beginnt mit Kopfschmerzen. Es folgen Gelbsucht, Koma und in manchen Fällen sogar der Tod.

Zu alte Morcheln können übrigens ähnliche Erkrankungen verursachen. Gyromitrin-Vergiftungen werden mit hohen Dosen Pyridoxin unter ärztlicher Kontrolle behandelt.

Blutgifte

Hämolytische Toxine oder Blutgifte greifen die roten Blutkörperchen an, es kommt zur Anämie. Im allgemeinen zeigen sich die ersten Symptome erst nach mehreren Stunden. Das Gesicht wird blaß, und in seltenen Fällen tritt Nierenversagen ein. Gewöhnlich rufen zwei Arten diese Vergiftungen hervor, nämlich der Perlpilz (*Amanita rubescens*) und der Scheidenstreifling (*Amanita vaginata* s.l.). Weil Hitze diese Gifte zerstört, sind beide Pilze nach ausreichendem Kochen eßbar. Dennoch sollte man sie nicht sammeln. Die Verwechslungsgefahr ist zu groß.

Bild 12: Perlpilz (*Amanita rubescens*).

Coprin-Vergiftungen

Bild 13: Grauer Faltentintling (*Coprinus atramentarius*).

Coprin ist eine Aminosäure, die bei einigen Tintlingen vorkommt, besonders beim Grauen Faltentintling (*Coprinus atramentarius*). Im menschlichen Körper wird Coprin zu Aminocyclopropanol abgebaut. Dieser Wirkstoff hemmt die Funktion eines Enzyms, das Acetaldehyd aufspaltet. Bei der normalerweise geringen Menge von Acetaldehyd im Körper ist es unbedeutend, wenn das Enzym inaktiv bleibt. Trinkt man jedoch Alkohol, wird er im Körper in Acetaldehyd umgewandelt, das sich bei fehlender Enzymtätigkeit ansammelt. Hat man coprinhaltige Pilze verzehrt und trinkt innerhalb von 48 Stunden danach Alkohol, zeigen sich schon etwa zehn Minuten später unangenehme Symptome: ein metallischer Geschmack im Mund, das Gesicht rötet sich, das Herz schlägt schneller, der Brustkorb schmerzt, Erbrechen und Durchfall kommen hinzu. Normalerweise klingen diese Beschwerden innerhalb von 2–4 Stunden ohne ernsthafte Folgen ab. Nur in äußerst schweren Fällen ist eine symptomatische Therapie erforderlich.

Psychotrope Vergiftungen

Auf das zentrale Nervensystem wirken vor allem drei Gruppen von Giftstoffen. Sie verändern das Wahrnehmungsvermögen und die Kontrolle über verschiedene Körperfunktionen. Die Vergiftungssymptome entwickeln sich meist innerhalb einer Stunde. Es kommt zu Halluzinationen und zum Delirium.

Isoxazol-Derivate

Fliegenpilz (*Amanita muscaria*) und Pantherpilz (*Amanita pantherina*) enthalten Verbindungen, wie Muscimol, Muscazon und Ibotensäure, die das zentrale Nervensystem beeinflussen. Sie können Halluzinationen hervorrufen. Deshalb wurde der Fliegenpilz oft auch als Rauschdroge benutzt.

Bild 14: Spitzkegeliger Kahlkopf (*Psilocybe semilanceata*).

Indol-Verbindungen

Psilocin und Psilocybin sind Indol-Verbindungen, die man im Spitzkegeligen Kahlkopf (*Psilocybe semilanceata*) und in anderen Pilzen derselben Familie fand, so im Glockendüngerling (*Panaeolus sphinctrinus*) und im Heudüngerling (*Panaeolus foenisecii*). Diese Verbindungen beeinflussen das Wahrnehmungsvermögen. Sie verursachen ähnliche Symptome wie eine Alkoholvergiftung, also Pupillenerweiterung, hohe Atemfrequenz, Absinken der Körpertemperatur und Erhöhung des Blutdrucks. Diese Anzeichen halten über mehrere Stunden an. Mitunter kann es nach Monaten zu Rückfällen kommen.

Alkaloide
Einige Porlinge, wie der Riesenporling (*Meripilus giganteus*) und der Schwefelporling (*Laetiporus sulphureus*), enthalten Hordenin, Tyramin und Methyltyramin. Die Substanzen können Schwindelanfälle und Orientierungsprobleme, Übelkeit und Magen-Darm-Erkrankungen auslösen. Die Anfälligkeit scheint individuell verschieden zu sein.

Muskarin-Vergiftungen

Bild 15: Fliegenpilz (*Amanita muscaria*).

Muskarin ist ein Alkaloid, das zuerst im Fliegenpilz entdeckt wurde, dort aber nur in geringen Mengen vorkommt. Die Symptome zeigen sich etwa 15 Minuten nach der Mahlzeit: starke Schweißausbrüche, erhöhter Speichel- und Tränenfluß, Übelkeit, Erbrechen, Durchfall und Sehstörungen. Als Gegenmittel bei Muskarin-Vergiftungen wird Atropin verwendet – 1 mg Atropin, vom Arzt injiziert, läßt die Symptome schnell abklingen.

Größere Mengen Muskarin sind im Pantherpilz (*Amanita pantherina*), Feldtrichterling (*Clitocybe dealbata*), Rinnigbereiften

Bild 16: Pantherpilz (*Amanita pantherina*).

Trichterling (*Clitocybe rivulosa*), Ziegelroten Rißpilz (*Inocybe erubescens*), Kegeligen Rißpilz (*Inocybe rimosa*), Erdblättrigen Rißpilz (*Inocybe geophylla*) und Leuchtenden Ölbaumpilz (*Omphalodes illudens*) enthalten. Kleinere Mengen weisen die Rettichhelmlinge (*Mycena pura* s. l.) und der Heide-Flechtennabeling (*Phytoconis ericetorum*) auf.

Bild 17: Lilaseidiger Rißpilz (*Inocybe geophylla* var. *lilacina*).

Magen-Darm-Vergiftungen

Eine große Zahl von Pilzgiften wirkt auf den Magen-Darm-Trakt. Die Anzeichen dafür reichen von der leichten Magenverstimmung bis zur heftigen Magen-Darm-Erkrankung. Im allgemeinen sind die chemischen Ursachen solcher Vergiftungen ungeklärt, und es hängt von den Symptomen (Erbrechen, Bauchschmerzen, Magenkrämpfe) ab, welches Gegenmittel verabreicht werden kann. Besonders gefährlich sind drei Pilzarten:

Bild 18: Kahler Krempling (*Paxillus involutus*).

Der Kahle Krempling (*Paxillus involutus*) wurde früher vor allem in Osteuropa viel gegessen. Er kann jedoch schwere Vergiftungen mit tödlichem Ausgang auslösen. Auch der Riesenrötling (*Entoloma sinuatum*) verursacht heftige Magen-Darm-Beschwerden und ruft manchmal sogar Leberschäden hervor. Der Genuß des Niedergedrückten Rötlings (*Entoloma rhodopolium*), der jedoch nicht so stark giftig ist, kann zu einem ähnlichen Vergiftungsbild führen.

Der Grünblättrige Schwefelkopf (*Hypholoma fasciculare*) verursacht unangenehme Verdauungsbeschwerden. Manchmal kann aber auch dieser Pilz für eine Leberschädigung verantwortlich sein.

Andere Arten rufen weniger starke Reaktionen hervor. Sie sind deshalb zwar nicht so gefährlich, ihre Giftwirkung ist aber in jedem Falle äußerst unangenehm. Folgende Pilze sollte man meiden:

Karbolchampignon (*Agaricus xanthoderma*)
Satanspilz (*Boletus satanas*)
Schönfußröhrling (*Boletus calopus*)
Tongrauer Fälbling (*Hebeloma crustuliniforme*)
Seidiger Rötling (*Entoloma sericeum*) und verwandte Arten
einige Milchlingsarten, wie Pfeffermilchling (*Lactarius piperatus*), Rotbrauner Milchling (*Lactarius rufus*), Birkenmilchling (*Lactarius torminosus*), Olivbrauner Milchling (*Lactarius turpis*) und Maggipilz (*Lactarius helvus*), manche Täublinge, wie Kirschroter Speitäubling (*Russula emetica*), Buchen-Speitäubling (*Russula mairei*), Blutroter Täubling (*Russula sanguinaria*) oder Stinktäubling (*Russula foetens*).
Zu nennen sind auch Hartbovist-Arten, wie Kartoffelbovist (*Scleroderma citrinum*) oder Braunwarziger Hartbovist (*Scleroderma verrucosum*), außerdem einige Ritterlinge, wie Seifenritterling (*Tricholoma saponaceum*), Schwefelritterling (*Tricholoma sulphureum*) und Brandiger Ritterling (*Tricholoma ustale*).

Neben den erwähnten werden noch weitere Pilze in ganz Europa gegessen, die gelegentlich Magen-Darm-Beschwerden verursachen. Dies gilt etwa für den Tränenden Saumpilz (*Lacrymaria lacrymabunda*) und den Hallimasch (*Armillaria mellea* s.l.). Entweder reagieren die Menschen auf den Genuß solcher Pilze verschieden, oder die einzelnen Aufsammlungen schwanken in bezug auf ihren Giftgehalt. Den Hallimasch hat man früher als eine einzige, recht variable Art angesehen. Heute unterscheidet man nach Morphologie und Ökologie mindestens sechs Hallimasch-Arten. So kann auch der Giftgehalt verschieden hoch sein.

Gegen Magen-Darm-Vergiftungen ist kein allgemein verwendbares Gegenmittel bekannt. Man sollte den Betroffenen zum Erbrechen bringen, damit die Pilze aus Magen und Darm entfernt werden. Durch heftiges Erbrechen und Durchfall trocknet der Körper allerdings leicht aus. Deshalb sollte man den Erkrankten veranlassen, möglichst viel zu trinken. Medikamente sollte er nur unter ärztlicher Aufsicht erhalten, damit der Krankheitsverlauf unter Kontrolle ist.

Allergien

Speisepilze können, wie viele andere Lebensmittel, bei manchen Menschen allergische Reaktionen verursachen. Zu den vielfältigen Symptomen zählen Verdauungsbeschwerden, Kopfschmerzen und Nesselfieber. Solche allergischen Reaktionen können sehr unangenehm werden, wenn man eine besonders große Portion Pilze gegessen hat. Wer weiß, daß er auf vieles allergisch reagiert, sollte auch bei Pilzen vorsichtig sein und sich mit wenig begnügen. Arten, die bereits Allergien hervorgerufen haben, sind zum Beispiel die Nebelkappe (*Clitocybe nebularis*), der Mönchskopf (*Clitocybe geotropa*), der Violette Rötelritterling (*Lepista nuda*), der Safranschirmling (*Macrolepiota rachodes*) oder der Butterpilz (*Suillus luteus*).

Manche Menschen reagieren schon allergisch, wenn sie Pilzsporen einatmen, etwa die des Austernseitlings (*Pleurotus ostreatus*). Die Sporen von Bovisten und Stäublingen verursachen mitunter Augenentzündungen. Und bestimmte Pilze können Hauterkrankungen, also eine Dermatitis, auslösen.

Unechte Pilzvergiftungen

Die Angst vor Pilzvergiftungen ist weit verbreitet. Einige Menschen essen deshalb überhaupt keine Pilze, nicht einmal Zuchtpilze. Sie lassen sich auch nicht davon überzeugen, daß eine Pilzmahlzeit ungefährlich ist. Allein aus der Angst heraus können Krankheitssymptome wie Magenschmerzen oder Durchfälle auftreten. Langfristig kann sogar eine Pilzphobie entstehen.

Pilzschutz

Der Schutz von Tieren und Pflanzen ist für uns alle fast selbstverständlich geworden. Erst in jüngerer Zeit hat man darüber nachgedacht, daß auch Pilze schutzwürdig sind. Im Jahre 1989 konstituierte sich das „European Council for the Conservation of Fungi", ein Gremium, das die Bemühungen der großen europäischen mykologischen Gesellschaften um den Pilzschutz koordinieren soll.

Rückgang des Pilzvorkommens

In ganz Europa bestehen Anzeichen dafür, daß das Pilzvorkommen rückläufig ist in bezug auf die Artenzahl ebenso wie auf die Zahl der Fruchtkörper. In Deutschland soll ein ökologisches Kartierungsprogramm der Deutschen Gesellschaft für Mykologie langfristig Aussagen über den Umfang des Pilzrückganges und dessen Ursachen ermöglichen. Vom Rückgang sind übrigens hauptsächlich die Mykorrhizapilze und solche Arten betroffen, die besondere Ansprüche an den Standort stellen. Die Gründe für diese Entwicklung sind sicherlich verschieden. Der Verlust an geeigneten Standorten ist wohl eine der Ursachen. Und dieser Standortverlust ist eine Folge des Fortschritts in der Land- und Forstwirtschaft, der Veränderungen in der Bodennutzung mit sich gebracht hat. Auch die Umweltverschmutzung ist ein Faktor. Das Pilzesammeln in Maßen gilt allgemein nicht als Ursache.

Pilzschutz

Am wichtigsten ist es festzustellen, welche Arten in den europäischen Ländern am gefährdetsten sind. Rote Listen helfen den Biologen zu beurteilen, welche Pilze besonders schutzwürdig sind.

Pilzschutz darf nicht isoliert betrachtet werden, denn die Pilze leben in enger Gemeinschaft mit anderen Organismen des Ökosystems. Ein sinnvoller Schutz muß deshalb in ein gutes Gesamtkonzept eingebunden sein, das die Standorte, nicht nur einzelne Arten schützt.

In Deutschland stehen folgende Pilze unter Schutz, sie dürfen überhaupt nicht gesammelt werden: Schafporling (*Albatrellus ovinus*) und Semmelporling (*Albatrellus confluens*), Kaiserling (*Amanita caesarea*), Schwarzhütiger Steinpilz (*Boletus aereus*), Anhängselröhrling (*Boletus appendiculatus*), Silberröhrling (*Boletus fechtneri*), Königsröhrling (*Boletus regius*), Falscher Königsröhrling (*Boletus speciosus*), Erlen-Grübling (*Gyrodon lividus*), alle einheimischen Saftlinge (*Hygrocybe* spp.), März-Schneckling (*Hygrophorus marzuolus*), Grünling (*Tricholoma equestre*), echte Trüffeln (*Tuber* spp.).

Weitere Arten sind ebenfalls geschützt, sie dürfen aber in kleinen Mengen für den Eigenbedarf gesammelt werden (etwa 1 kg pro Tag und Person). Zu diesen Pilzen gehören: Steinpilz (*Boletus edulis*), alle einheimischen Pfifferlinge (*Cantharellus* spp.), Schweinsohr (*Gomphus clavatus*), Milchbrätling (*Lactarius volemus*), alle einheimischen Rauhstielröhrlinge (*Leccinum* spp.), alle Trüffel-Arten (*Tuber* spp.) und alle Morcheln (*Morchella* spp.).

In Österreich und der Schweiz bestehen ebenfalls Sammelbeschränkungen.

Haltbarmachen von Pilzen

Speisepilze wachsen das ganze Jahr über, selbst im Winter. Weil man die meisten aber nur wenige Wochen lang im Sommer oder Herbst findet, muß man sie haltbar machen, wenn man sie erst später in der Küche verwenden will. Dafür bieten sich verschiedene Möglichkeiten an.

Aufbewahren im Kühlschrank

Mit Ausnahme des Schopftintlings kann man die meisten Pilze problemlos für einige Tage im Kühlschrank aufbewahren, vorausgesetzt, es handelt sich um junge, feste Pilze, die nicht madig sind. Allerdings darf man sie nicht im Plastikbeutel in den Kühlschrank legen.

Einfrieren

Pilze lassen sich zwar leicht einfrieren, aber das Ergebnis ist oft enttäuschend. Champignons und Röhrlinge kann man sogar roh einfrieren. Kleine Exemplare legt man einzeln auf ein Tablett, gefriert sie vor und verpackt sie erst danach in luftdichte Beutel. Roh eingefrorene Pilze sollten höchstens sechs Monate in der Tiefkühltruhe bleiben. Wenn man die Pilze zerschneidet, vor dem Einfrieren etwa drei Minuten lang in kochendem Wasser blanchiert und dann mit kaltem Wasser abschreckt, kann man sie länger lagern. Tiefgefrorene Pilze sollte man vor der Zubereitung nicht auftauen. Es empfiehlt sich, die gefrorenen Pilze entweder kurz anzubraten, oder sie in Salzwasser aufzukochen, bevor man sie wie Frischpilze weiterverarbeitet.

Man kann die Pilze auch zerkleinern, kurz in Butter anbraten und portionsweise einfrieren. So eignen sie sich für Suppen oder Soßen.

Trocknen

Dies ist die billigste Konservierungsmethode, und viele Trockenpilze schmecken genauso gut wie Frischpilze, wenn man sie vor der Zubereitung in etwas Wasser aufweicht. Sie verbessern den Geschmack vieler Gerichte.

Frischpilze enthalten bis zu 90 % Wasser. Nur festfleischige Pilze eignen sich daher zum Trocknen. Man sollte also nur junge, nicht madige Exemplare verwenden. Die Pilze werden nicht gewaschen, sondern nur mit Messer und Bürste von Schmutz befreit. Kleinere Pilze kann man ganz trocknen, größere schneidet man vorher in etwa 1–2 cm^2 große Stücke. Man zieht eine Schnur durch die Pilzstücke und hängt sie an einem luftigen, warmen Ort zum Trocknen auf. (Bild 19). Auch auf Dörrgeräten lassen Pilze sich gut trocknen.

Bild 19: Trocknen von Pilzen über einem Heizkörper.

Sind die Pilze vollständig trocken, lagert man sie in einem luftdicht verschlossenen Gefäß. Vor dem Zubereiten weicht man sie etwa 15–30 Minuten lang in warmem Wasser (oder in Wein) ein und benutzt die Flüssigkeit als Fond für die Mahlzeit. Bei einigen Pilzen verstärkt sich das Aroma durch das Trocknen. Solche Pilze kann man zu Pulver vermahlen, mit dem sich Frischpilzgerichte geschmacklich verbessern lassen. Zu den Arten, die sich ausgezeichnet zum Trocknen eignen, gehören: Steinpilz, Maronenröhrling, Birken-Rotkappe, nach dem Entfernen schleimiger Bestandteile auch Butterpilz, alle Morcheln, Herbsttrompete, Nelkenschwindling und Judasohr.

Einlegen in Essig

Das Einlegen in Essig erhält Aussehen und Farbe der Pilze weitgehend, verändert aber den Geschmack. Man sollte nur junge, feste, saubere Exemplare und sehr saubere, sterilisierte Schraubgläser verwenden. Für ½ kg Pilze benötigt man ¼ l Weinessig, mit etwa 100 ml Wasser verdünnt, 2 Teelöffel Salz, 1 Lorbeerblatt und Gewürze nach Geschmack (z.B. Nelken, Pfefferkörner, Majoran). In diesem Sud kocht man die Pilze etwa 5 Minuten lang, läßt sie abtropfen und abkühlen, füllt sie in sterilisierte Gläser und bedeckt sie mit kaltem Olivenöl. In Weinessig gekocht und eingelegt, halten sie zwar länger, schmecken aber schärfer. Hat man ein Glas mit eingelegten Pilzen geöffnet, müssen die Pilze im Kühlschrank aufbewahrt und innerhalb weniger Tage verbraucht werden.

Haltbarmachen in Alkohol

Pilze lassen sich gut in Branntwein einlegen – außer Arten, die sich nicht mit Alkohol vertragen (vgl. Seite 20). Möglichst kleine Fruchtkörper blanchiert man kurz in Alkohol, wie Wermut (Vorsicht! Alkohol fängt leicht Feuer!), und legt sie dann in Branntwein oder Likör ein.

Pilz-Ketchup

Geschnittene Pilze (auch ältere Exemplare) kocht man längere Zeit in etwas Wasser mit reichlich Salz, um die Flüssigkeit zu binden. Die ausgedrückte Flüssigkeit salzt und pfeffert man und fügt Nelken, Zimt, Lorbeerblätter und Senfkörner zu. Dann bis zum Eindicken kochen lassen, abfüllen und im Kühlschrank aufbewahren.

Bild 20: Pilze nicht waschen, den Schmutz wegbürsten.

Bild 21: Anbraten der in Scheiben geschnittenen Wildpilze.

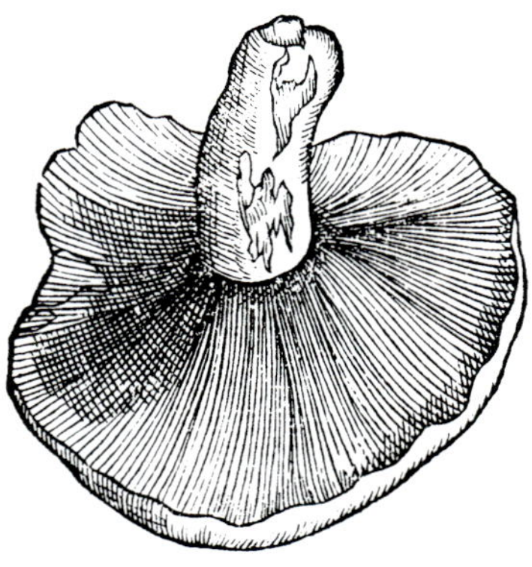

Pilze in der Küche

In zahlreichen Pilzkochbüchern findet man Beschreibungen eßbarer und giftiger Pilze, doch die Zubereitung ist vorrangig. Bei diesem Buch ist es umgekehrt. Es konzentriert sich auf die Bestimmung wichtiger Speise- und Giftpilze und will kein Rezeptbuch sein. Bei den Artbeschreibungen finden sich aber oft Küchentips. Hier folgen nun allgemeine Ratschläge für die Pilzküche.

Vorbereitung

Bevor man Pilze ißt, sollte man lieber zweimal prüfen, ob man sie richtig bestimmt hat; allzu leicht landet eine ähnlich aussehende Art mit im Sammelkorb. Besser ist es, die einzelnen Arten schon beim Sammeln voneinander zu trennen. Sie werden ja oft verschieden zubereitet. Offensichtlich zu alte Pilze sollte man gleich aussondern. Die übrigen Pilze werden geputzt, indem man stark verschmutzte Stellen mit dem Messer wegschneidet. Sonstigen Schmutz entfernt man mit einer kleinen Bürste (siehe Bild 20). Auch ein feuchtes Tuch kann hier gute Dienste leisten. Man sollte die Pilze nicht waschen – sie enthalten ohnehin genug Wasser. Nur eine sehr schleimige Huthaut zieht man ab. Wenn man keine ganzen Pilze zum Einlegen braucht, sollte man die oft zähen Stiele entfernen und die Hüte vierteln. Dies erleichtert das Putzen, und man sieht madige Stellen besser, die man wegschneiden muß. Die Lamellen oder Röhren werden nicht entfernt, außer sie sind zerdrückt oder stark durchnäßt.

Pilze in Scheiben zu schneiden, erleichtert die Zubereitung, das Pilzgericht wird leichter verdaulich und schmackhafter (siehe Bild 20). Pilze sollten schnell zubereitet und gegessen werden.

Zubereitung

Die Grundzubereitungsart ist ein etwa fünfminütiges Anbraten bei mittlerer Hitze in Butter, Öl oder Margarine. Die Pfanne muß schnell mit den Pilzen gefüllt und schnell wieder geleert werden, die Pilze dürfen nicht zu kurz oder zu lange braten. Bei zu großer Hitze kann das Fett verbrennen, oder sie werden nicht genügend gegart. Schmoren sie dagegen zu lange bei zu niedriger Temperatur, dann sammelt sich zuviel Flüssigkeit, und der Geschmack leidet.

Geben die Pilze zuviel Wasser ab, sollte man es abnehmen und für eine Soße verwenden. Salz zieht Wasser, daher salzt man möglichst spät, am besten zusammen mit einem Spritzer Zitronensaft zur Geschmacksverbesserung. Man kann auch mit Kräutern und Gewürzen, wie Pfeffer, Petersilie oder Knoblauch, experimentieren. Einige Pilze haben allerdings einen sehr feinen Eigengeschmack, der nicht verlorengehen darf.

Will man den Geschmack variieren, kann man vor dem Servieren Wein, Sahne oder Joghurt zugeben. Parasol-Hüte oder Boviste schneidet man (ungewaschen) in grobe Stücke, wälzt sie dann in Ei oder Milch, paniert sie und läßt sie goldbraun braten. Große, feste Pilze wie Röhrlinge, Champignons, Boviste oder einige Porlinge lassen sich ebenso auf dem Grill zubereiten oder füllen und im Backofen überbacken.

Um Suppen oder Soßen zuzubereiten, wird viel Flüssigkeit gebraucht. Man schneidet die Pilze in kleinere Stücke und gart sie längere Zeit bei geringer Hitze. Junge, feste Pilze kann man auch roh Salaten beigeben, aber abgesehen von Champignons und Pfifferlingen raten wir nicht dazu. Denn viele Pilze sind roh schwer verdaulich, und andere enthalten Giftstoffe, die erst durch die Hitze beim Kochen zerstört werden.

Genießen Sie Ihre Pilzmahlzeit, aber essen Sie nie größere Mengen. Und wenn Sie ein neues Gericht ausprobieren, mischen Sie es nicht mit rezeptfremden Zutaten und essen Sie nur eine kleine Portion.
Guten Appetit!

Der Nährwert der Pilze

In Teilen Nord- und Osteuropas dienten getrocknete und eingelegte Wildpilze schon immer als wichtiger Gemüseersatz im Winter und als Fleischersatz in Notzeiten oder wenn man aus religiösen Gründen auf Fleisch verzichten mußte. In bezug auf den tatsächlichen Nährwert der Pilze bestehen aber erhebliche Meinungsunterschiede.

Nur wenige Arbeiten befassen sich mit dem Nährstoffgehalt von Wildpilzen. Dennoch zeigen sich beträchtliche Unterschiede zwischen den einzelnen Arten und zwischen verschiedenen Entwicklungsstadien derselben Art. Der Mineralstoffgehalt hängt eng mit dem Substrat (vgl. S. 37) zusammen.

1. Frischpilze enthalten etwa 90 % Wasser, das ist durchaus vergleichbar mit vielen Gemüsearten, luftgetrocknete Pilze nur 10 %.

2. Der Fettgehalt schwankt zwischen 2 und 8 %, bezogen auf das Trockengewicht. Beim Kulturchampignon (*Agaricus bisporus*) zum Beispiel besteht der Fettanteil hauptsächlich aus Linolensäure (einer ungesättigten Fettsäure).

3. Kohlenhydrate bestreiten über 50 % des Trockengewichts. Sie sind in Form von Glukose, Sukrose und Trehalose (Pilzzucker) vorhanden, Trehalose aber hauptsächlich in jungen Fruchtkörpern. Einen großen Teil der Kohlenhydrate im Pilz liefert das Chitin, ein Baustoff der Pilzhyphen. Dadurch ist der Faseranteil im Pilz recht hoch und der Pilz schwer verdaulich.

4. Pilze haben etwa 35 Kilokalorien pro 100 g (146 Kilojoule), auch dies ist mit vielen Gemüsearten vergleichbar.

5. Pilze sind vitaminreich, die einzelnen Arten unterscheiden sich aber erheblich in Menge und Anzahl an Vitaminen. Am häufigsten finden sich Vitamin B_1 (Thiamin), Vitamin B_2, (Riboflavin), Niacin und Ergosterol, eine Vorstufe des Vitamin D_2. Das Provitamin A kommt in einigen Röhrlingen und im Pfifferling (*Cantharellus cibarius*) vor. Außerdem sind Pilze eine Quelle für Folsäure, die positiv auf das Blut und das Nervensystem wirkt.

6. Der Mineralstoffgehalt der Pilze umfaßt Phosphor und Kalium, außerdem Spurenelemente wie Kupfer (es ist wichtig für die roten Blutkörperchen) und Selen (das zur Zeit auf seine Rolle bei der Krebsverhütung getestet wird).

Starke Meinungsverschiedenheiten herrschen in bezug auf die Menge und auf den Wert der pilzlichen Proteine. Frühere Studien gaben einen Eiweißanteil von über 5 % an, bezogen auf das Trockengewicht. Dies stellt die Pilze in ihrem Wert als Eiweißlieferanten zwischen Gemüse und Fleisch. Neuere Arbeiten zeigen, daß der Anteil an Aminosäuren und die Verdaulichkeit des Eiweißes über den Nährwert der Pilze entscheiden. Zwischen den einzelnen Arten bestehen hier beträchtliche Unterschiede. Bei einigen Arten entspricht der Nährwert zum Beispiel dem der Milch, bei anderen läßt sich kein nennenswerter Nährstoffgehalt feststellen.

Kulturpilze benötigen allerdings im Vergleich zu anderen eiweißreichen Lebensmitteln eine äußerst geringe Anbaufläche. Eine entsprechende Berechnung ergab, daß die Eiweißproduktion sich bei Pilzen pro Hektar und Jahr auf 65000 kg beläuft. Der vergleichbare Wert liegt bei Rindfleisch um 78 kg. Noch höhere Werte ließen sich erreichen, wenn man niedere Pilze wie *Fusarium graminearum* kultivierte. Man könnte die vegetativen Hyphen ernten und als Mykoprotein-Nahrung vermarkten. Der Eiweißgehalt würde hier zwischen dem von Rindermett und Kabeljau liegen. Mit dem hohen Faseranteil, dem niedrigen Fettgehalt und einem Null-Cholesterinwert hätte man ein sehr gesundes Lebensmittel. Man sieht heute in Pilzen zunehmend eine gesunde Nahrung. Dies mag die steigenden Umsätze bei den marktüblichen Kulturpilzen und das starke Interesse an eßbaren Wildpilzen erklären.

Das Kultivieren von Pilzen

Wildpilze findet man zwar das ganze Jahr über, das Vorkommen der meisten Arten ist aber saisonbedingt (siehe S. 11–13). Die Fruchtkörperbildung hängt auch von den Temperaturen und der Niederschlagsmenge ab. Das Angebot an Wildpilzen schwankt daher von Jahr zu Jahr. Bei Wiesenchampignons etwa ist eine reiche Ernte nur dann zu erwarten, wenn nach einem heißen Sommer plötzlich viel Regen fällt.

Um solche Schwankungen zu umgehen, versucht man Pilze zu kultivieren. Der Züchter schafft die Bedingungen, die eine reiche Ernte begünstigen. Gute Erfolge erzielt man mit saprophytisch wachsenden Pilzen (vgl. S. 8). Hierzu wird ein geeignetes Substrat mit Pilzmyzel beimpft. Es ist sogar gelungen, Trüffeln zu kultivieren. Vielleicht gelingt es eines Tages auch, andere Mykorrhizapilze, wie Pfifferlinge oder Steinpilze, anzubauen.

Bild 22: Kulturchampignons in Kompostbehältern.

Saprophytische Pilze lassen sich, je nach ihren ökologischen Ansprüchen, auf verschiedenen Substraten anbauen. Der Kulturchampignon (*Agaricus bisporus*) wurde ursprünglich auf Pferdeweiden gesammelt, oder man fand ihn um Ställe herum auf Pferdemist. Also wurde er auf kompostiertem Pferdemist gezüchtet. Der fernöstliche Schwarzstreifige Scheidling (*Volvariella volvacea*) wird auf kompostiertem Reisstroh kultiviert, der ebenfalls fernöstliche Shiitake-Pilz (*Lentinellus edodes)* als Holzbewohner auf Stammholz von Eichen oder Kastanien.

Der Anbau des Kulturchampignons läßt sich in Europa bis ins 17. Jahrhundert zurückverfolgen. In unterirdischen Höhlen nahe Paris schichtete man Pferdemist auf und darüber Bodenmaterial von den natürlichen Standorten der Pilze. Die Kühle in den Höhlen begünstigte die Fruchtkörperbildung. Ursprünglich als Delikatesse für die Feste der Aristokraten angebaut, erlaubten erst im 20. Jahrhundert verbesserte Anbautechniken, ganzjährig preiswerte Pilze zu produzieren. Gezüchtete Pilze kann man heute in jedem Supermarkt kaufen, frisch und in Konserven.

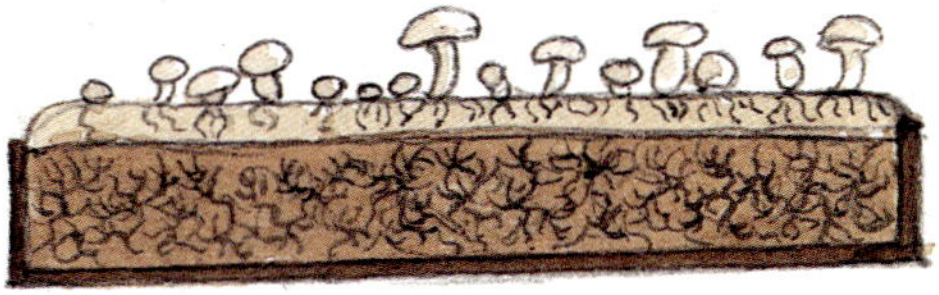

Bild 23: Vertikaler Schnitt durch eine Pilzkultur, auf der Schutzschicht zeigen sich die Fruchtkörper.

Bei modernen Anbaumethoden bereitet man zuerst das Substrat vor. Stroh, das als Kohlenstoff-Lieferant dient, und tierischer Dung als Stickstoff-Lieferant bilden den Kompost. Früher wurde Pferdemist verwendet, heute nehmen manche Züchter lieber Hühnermist. Stroh und Dung werden gründlich gemischt und aufgehäuft.

Die Aktivität von Mikroben läßt die Temperatur im Komposthaufen auf etwa 60 °C ansteigen. Dies verändert seine chemischen und physikalischen Eigenschaften, vor allem das Verhältnis zwischen Kohlenstoff und Stickstoff (C/N-Verhältnis). Denn durch den Stoffwechsel der Mikroben geht Kohlenstoff verloren. Zusätzlich sammeln sich im Kompost Ausscheidungsprodukte der Mikroben, wie Eiweiß, Dextrine und Acetat – wichtige Nährstoffe für das Pilzwachstum.

Der fertige Kompost enthält allerdings nur sehr wenige unmittelbar verfügbare lösliche Nährstoffe, weil die Mikroben sie aufgebraucht haben. Dies ist bedeutsam, denn einerseits verhindert es eine weitere Aktivität der Mikroben, andererseits wachsen keine unerwünschten Konkurrenzpilze. Der Kompost wird nun in eine Pasteurisierungskammer eingebracht und dort bis zu 12 Stunden bei 70 °C gelagert, bis der Kompostierungsprozeß abgeschlossen ist.

Nun kommt der Kompost in die eigentlichen Anbaukammern. Beim Transport dürfen keine Krankheitserreger eindringen, die das Pilzwachstum stören könnten. Erst jetzt wird das Substrat mit dem Pilzmyzel des Kulturchampignons beimpft und als etwa 25 cm tiefe Schicht auf Regalen oder in stapelbaren Behältern verteilt. In den Anbaukammern bleibt die Temperatur dann etwa 14 Tage lang bei ca. 25 °C – etwa diese Zeit braucht das Myzel, um sich im Kompost auszubreiten. Danach wird eine Schutzschicht aufgebracht. Sie enthält keine Nährstoffe, aber das Myzel wächst aus dem darunter liegenden Kompost in die Schutzschicht hinein. Die später geernteten Fruchtkörper bleiben dadurch sauber.

Etwa sieben Tage nach dem Aufbringen der Schutzschicht wird die Temperatur auf 14 bis 18 °C verringert und die CO_2-Konzentration auf 0,1 % reduziert. Nährstoffmangel und niedrige Temperatur unterwerfen das Pilzmyzel einem gewissen Streß, und es bilden sich winzige Fruchtkörper (Primordien). Etwa 14 Tage später sind die Pilze erntereif. In wöchentlichen Intervallen kommt es zu etwa sechs weiteren Wachstumsschüben. Danach lohnt es nicht mehr, die nachwachsenden Pilze abzusammeln. Der Kompost wird entfernt, die Räumlichkeiten werden sterilisiert, um Schädlingsbefall und Krankheiten auszuschließen. Erst dann kann man neuen Kompost für den nächsten Wachstumszyklus einbringen.

Der Shiitake-Pilz (*Lentinellus edodes*) wurde in China und Japan schon sehr früh als Wildpilz gesammelt. In der Natur wächst er auf Totholz von Eiche, Kastanie oder Hainbuche.

In Japan fällt man im Herbst, wenn ihr Zuckeranteil noch hoch ist, die lebenden Bäume. Die Stämme läßt man ein bis zwei Monate liegen, bis die Zellen absterben und die natürlichen Abwehrmechanismen des Holzes außer Kraft sind. Auf etwa 1 m Länge zugeschnittene Stammstücke beimpft man über Bohrlöcher mit Pilzmyzel und lagert sie auf einem beschatteten Lagerplatz. Dort bleiben die Stammstücke etwa 18 Monate lang. In dieser Zeit kann sich das Myzel ausbreiten.

Bild 24: Shiitake-Pilze (*Lentinellus edodes*) auf schräg aneinander gestellten Stammstücken.

Bei etwa 25 °C durchwächst es das Holz optimal. Danach, meist in den Wintermonaten, richtet man die Stammstücke auf und stellt sie schräg gegeneinander. Im Frühjahr setzt bei einer Temperatur von 12–20 °C die Fruchtkörperbildung ein. Die Stämme müssen ständig feuchtgehalten werden. Deshalb muß man sie immer wieder begießen und den Lagerplatz gut beschatten. Im Frühjahr und im Herbst kann man ernten. Die Pilze werden entweder frisch oder getrocknet verwendet.

Japanischen Züchtern ist es gelungen, andere eßbare Pilze auf Sägespänen zu kultivieren, etwa den Samtfußrübling (*Flammulina velutipes*). Züchter in Europa haben diese Methode aufgegriffen und modifiziert, so daß man auch den Austernseitling und den Shiitake-Pilz auf ähnliche Weise kultivieren kann. Man packt die Sägespäne in Plastiksäcke, sterilisiert sie durch Erhitzen und beimpft sie danach mit Pilzmyzel. Wenn das Innere des Beutels vom Myzel völlig durchwachsen ist, kann man ihn entfernen, denn das Myzel hält die Sägespäne zusammen. Die Temperatur verringert sich, und es entwickeln sich Fruchtkörper.

Der Anbau von Mykorrhizapilzen hat sich als viel schwieriger erwiesen. Denn es muß dem Züchter gelingen, eine sensible Verbindung zwischen dem Pilz und dem Baum, also zwischen zwei ganz verschiedenen Organismen, aufrechtzuerhalten. Am erfolgreichsten war die Einrichtung von „Trüffel-Plantagen“ für die Zucht von Perigord-Trüffeln (*Tuber melanosporum*). Französische und italienische Wissenschaftler entwickelten in den siebziger Jahren Techniken, um Setzlinge von Eiche und Haselnuß mit dem Myzel der Schwarztrüffel zu beimpfen. Die Pflanzen werden in Jungpflanzenhäusern herangezogen und an Züchter verkauft, die Trüffel-Plantagen anlegen wollen. Solche „Truffieres“ wurden auch in Neuseeland eingerichtet, wo bereits 1993 die ersten Trüffeln (nur wenige!) geerntet wurden.

Das Interesse am Pilzanbau in kleinem Rahmen unter häuslichen Bedingungen nimmt stark zu. Mehrere Züchter liefern deshalb sogenannte „Pilzbrut“ in Plastiksäcken, mit deren Hilfe man zu Hause einige Male hintereinander Zuchtchampignons ernten kann. Einige Züchter bieten auch Säcke mit einem Substrat an, das mit dem Myzel von verschiedenen Austernseitlingen versetzt wurde. So kann man nicht nur den Grauen Austernseitling (*Pleurotus ostreastus*), sondern auch den Gelben Austernseitling (*P. citrinopileatus*) und den Rosafarbenen Austernseitling (*P. salmoneostramineus*) zu Hause wachsen lassen.

Pilze im Volksmund – Tatsachen und Aberglaube

Pilze erscheinen oft ganz plötzlich, scheinbar aus dem Nichts und sind ebenso schnell verschwunden. Außerdem können sie giftig sein. So überrascht es nicht, daß sie in Sagen und Brauchtum einen bedeutenden Platz einnehmen. Man bringt sie mit Feen, Elfen und Hexen in Verbindung. So kennt der Volksmund Pilznamen wie „Hexenbutter“, „Hexenröhrling“ oder „Satanspilz“.

Hexenringe

Nur Hexenwerk kann dafür verantwortlich sein, daß Pilze oft in sogenannten „Hexenringen“ wachsen – so meinte man jedenfalls früher. Auf Wiesen zeigen dunkle Ringe im Gras genau die Stellen an, wo später Fruchtkörper erscheinen. So etwas konnte ja nicht mit rechten Dingen zugehen. Erklärungen wie die, daß da ein angebundener Maulwurf tätig gewesen sein müsse, waren auch nicht gerade einleuchtend.

Bild 25 liefert die wissenschaftliche Erklärung für das kreisförmige Auftreten von Pilzen. Fruchtkörper entwickeln sich immer am äußeren Rand des sich ständig vergrößernden Myzels. Auch von Bäumen ist das Phänomen bekannt, daß Blüten im Randbereich der Äste gebildet werden. Das kreisförmige Wachsen des Pilzmyzels läßt sich gut bei Schimmelpilzen beobachten. Die schönsten und gleichmäßigsten Hexenringe höherer Pilze findet man auf bewirtschafteten Rasenflächen. Ein sorgfältig aufbereiteter Boden sichert hier das ungehinderte Pilzwachstum.

Bild 26 erklärt den wachstumsfördernden Einfluß des Myzels auf das Gras am Myzelrand. Durch die Tätigkeit der Pilzenzyme stehen am Rande eines Myzels mehr Nährstoffe zur Verfügung, während weiter innen die Nährstoffe bereits erschöpft sind. Ein Hexenring repräsentiert nur einen Pilz. In den Wäldern um Michigan entdeckte man ein etwa 15 Hektar großes Hallimasch-Myzel (von *Armillaria bulbosa*). Untersuchungen des vegetativen Wachstums dieses Myzels ergaben ein Alter von etwa 1500 Jahren.

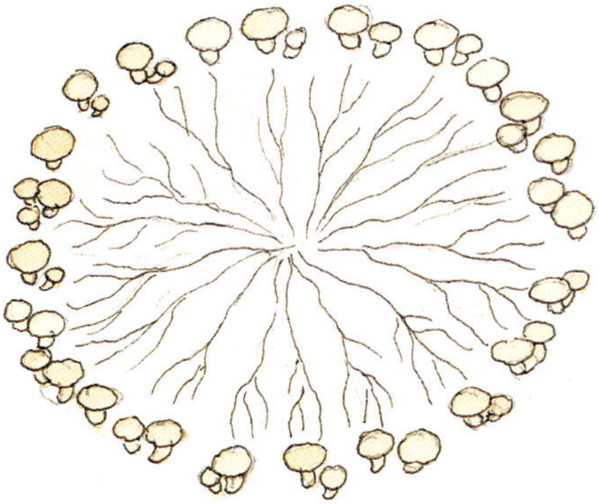

Bild 25: Fruchtkörperbildung am Rand eines sich ausbreitenden Myzels.

Bild 26: Querschnitt durch eine Rasenfläche mit Hexenring.

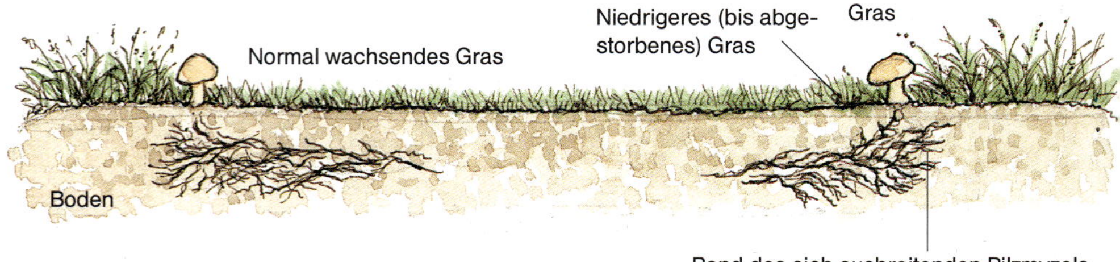

Ergotismus: Vom Heiligen Feuer zu den Hexenprozessen von Salem

Das Mutterkorn (*Claviceps purpurea*, S. 75) mag zwar klein und unscheinbar sein, hat aber ungeheures Leid verursacht und war früher für eine große Zahl unerklärlicher Erkrankungen verantwortlich. Erst 1785 hat man Verbindungen zu von Mutterkorn infiziertem Getreide hergestellt. Berichte über derartige Erkrankungen (Ergotismus) gehen bis ins 9. Jahrhundert zurück.

Aufzeichnungen aus den Roggenanbaugebieten Frankreichs, Deutschlands und Rußlands schildern das Krankheitsbild: unlöschbarer Durst, das Gefühl, innerlich zu verbrennen, Prickeln und Jucken der Haut, Wundbrand, der zum Verlust einzelner Gliedmaßen führen kann, Erblindung, Verringerung der Milchproduktion bei stillenden Müttern, Unfruchtbarkeit, Muskelkrämpfe, Halluzinationen und Psychosen. Die Vergiftung verursachte Todesfälle, besonders unter Kindern.

Im Frankreich des 12. Jahrhunderts haben Ergotismus-Kranke Hilfe beim Orden des heiligen Antonius gesucht. Antonius wurde Macht über das Feuer nachgesagt. So wurde das Gefühl des innerlichen Verbrennens, das Ergotismus-Kranke oft verspüren und das man früher „Heiliges Feuer" nannte, auch als „St.-Antonius-Feuer" bekannt.

Eine faszinierende Untersuchung weist nach, daß es im 15. Jahrhundert in Jahren mit kaltem Winter und feuchtem Sommer in Nordwesteuropa zu zahlreichen Erkrankungen durch das Mutterkorn kam. Im Europa des Spätmittelalters verzeichnete man auch ein starkes Ansteigen von sogenannten „Hexenprozessen". Die Arbeit unternimmt den Versuch, eine Verbindung zwischen beidem herzustellen. Die durch das Mutterkorn verursachten Krämpfe und Halluzinationen wurden damals oft auf Hexerei zurückgeführt.

Das Mutterkorn kommt nicht nur in Europa vor. Deshalb könnten auch die Krankheitszeichen der Kinder von Salem, die 1692 zu den berühmt gewordenen Hexenprozessen führten, Symptome des Ergotismus gewesen sein. Die Hauptfeldfrucht im damaligen Neuengland war nämlich Roggen.

In Mitteleuropa gingen die Erkrankungen gegen Ende des 18. Jahrhunderts zurück, als die Anbauflächen für Roggen sich verringerten. Roggen wurde damals weitgehend durch Kartoffeln und Weizen ersetzt. Zu dieser Zeit entwickelte man auch Methoden zur Aussonderung der befallenen Körner. Aus Rußland wurden dagegen noch um 1920 Tausende von Erkrankungen bekannt, und selbst 1977 waren zahlreiche Todesfälle als Folge der Hungersnot in Äthiopien zu beklagen. Dort hatten die Menschen Körner von infizierten Gräsern gegessen.

Die Züchtung von widerstandsfähigen Roggensorten und das Spritzen mit Fungiziden haben den Ergotismus aus den Industrieländern verbannt. Trotzdem wächst der Pilz immer noch sehr häufig an Gräsern, und dies hat Folgen für die Rinder- und Schafzucht. Es ist allerdings schwierig, hier exakte Zahlen zu nennen.

Halluzinogene Pilze

Für die Symptome des Ergotismus ist chemisch eine Gruppe von Alkaloiden verantwortlich, von denen viele auf der Basis des Lysergsäure-Moleküls aufgebaut sind. Albert Hofmann suchte 1938 nach neuen medizinischen Wirkstoffen. Dabei arbeitete er auch mit Derivaten der Mutterkorn-Alkaloide und synthetisierte dabei D-Lysergsäurediethylamid, heute besser bekannt als LSD. Er bemerkte allerdings zunächst nichts von den bewußtseinsverändernden Eigenschaften dieser Droge, bis er 1943 zufällig Spuren davon zu sich nahm.

Die große Publicity, die mit dem Mißbrauch dieses synthetischen Halluzinogens verbunden war, hat dazu geführt, daß auch die historische Bedeutung der Nutzung von Pilzdrogen als Bestandteil religiöser und medizinischer Rituale wieder mehr ins Blickfeld des Interesses geriet.

Forscher trugen in Mexiko, Guatemala und den umliegenden Staaten Belege für die zeremonielle Nutzung halluzinogener Pilze zusammen. Dort fanden Archäologen unter anderem Fresken mit Pilzdarstellungen bis hin zu menschlichen Statuen mit pilzähnlichen Oberteilen. Einige davon ließen sich bis zum Jahre 500 v. Chr. zurückdatieren. Man schließt daraus, daß halluzinogene Pilze bei den religiösen Riten der Maja und der Azte-

Bild 27: „Pilzsteine" aus Guatemala.

ken eine gewisse Bedeutung hatten. Wahrscheinlich handelt es sich um Kahlkopf-Arten (Gattung *Psilocybe*). Die bewußtseinsverändernden Wirkstoffe Psilocin und Psilocybin, die man bei den amerikanischen Arten dieser Gattung feststellte, kommen auch bei einigen europäischen Arten vor.

Von allen Pilzen, die einen festen Platz im Volksglauben einnehmen, ist der Fliegenpilz (*Amanita muscaria,* S. 155) der wichtigste. Man findet ihn schon in Bilderbüchern für Kinder. Meist ist er dort zusammen mit einer ganzen Kinderschar und mitunter auch zusammen mit Hexen abgebildet. Auf Neujahrskarten soll der Pilz ein Glücksbringer sein. Er ziert Ornamente, und er dient Gartenzwergen als Sitzplatz. Das alles trägt dazu bei, daß der Fliegenpilz im Volksmund als „der Giftpilz schlechthin" gilt. Selbst wissenschaftliche Bücher tragen dazu bei, die Annahme, er sei giftig, zu stützen. Tatsächlich aber erzeugt der Pilz neben seinen halluzinogenen Wirkungen allenfalls Übelkeit und Durchfälle. Eine Fliegenpilz-Vergiftung ist meist leichterer Natur, und es sind kaum Berichte über folgenschwere Vergiftungen mit diesem Pilz bekannt.

Der Name des Fliegenpilzes – so wird in allen Pilzbüchern erklärt – rührt daher, daß man den Pilz früher zum Abtöten lästiger Fliegen benutzt hat. Man hat ihn zerbröselt und mit Milch und Zucker versetzt. Dieses Gebräu wurde den Fliegen auf kleinen Tellern als Futter angeboten. Erste Aufzeichnungen darüber stammen aus dem 13. Jahrhundert. Eine noch verblüffendere Erklärung für den Namen des Pilzes bringt das Wort „Fliegen" mit den rauschartigen Wirkungen in Verbindung.

Über die Nutzung des Fliegenpilzes als Rauschmittel in Sibirien berichteten schon Reisende im 17. Jahrhundert. Manche Sprachen kennen – wörtlich übersetzt – den Ausdruck „bepilzt sein" für jemanden, der betrunken ist.

Der Mykologe Mordecai Cooke schrieb, daß es nach dem Essen von Fliegenpilzen zu Wahnvorstellungen in bezug auf die Größe von Gegenständen kommt. Charles Dodgson (Lewis Carroll) hat nachweislich eine Rezension des Buches von Cooke gelesen. Vielleicht hat ihn dies dazu inspiriert, seine Kinderbuchfigur Alice Erfahrungen mit einem Pilz machen zu lassen, der es ihr ermöglicht, ihre Größe zu beeinflussen (siehe Bild 28).

Untersuchungen vermuten, daß die Verwendung des Fliegenpilzes schon Tausende von Jahren alt sei. Früher sei sie jedoch Priestern und Heilkundigen vorbehalten gewesen, die die Kräfte des Pilzes nutzten, um mit Geistern zu kommunizieren und dadurch Kranke zu heilen. Mit dem Wissen über den Fliegenpilz wurde auch versucht, ein moderneres Märchen zu erklären, nach dem der Weihnachtsmann rot-weiß, wie ein Fliegenpilz gekleidet, berauscht durch die Lüfte fliegt, dabei von einem Rentier gezogen wird und schließlich auf einem Dach landet, um durch den Kamin ins Haus einzusteigen. Die Schamanen im alten Sibirien sind angeblich ebenfalls über das Rauchabzugsloch in die Wohnungen eingedrungen. Ihre Geschenke bestanden allerdings in der Heilung von Kranken.

Außerdem wird *Amanita muscaria* als das göttliche Soma gesehen, das nach den altindischen Veda-Schriften etwa um 1500 v. Chr. aus Europa ins Indus-Tal gebracht wurde und als eine der Wurzeln des Hinduismus gilt. Die Interpretation geht noch weiter: Aus der Übersetzung von Schriftenrollen aus der Gegend des Toten Meeres wurde die umstrittene Behauptung abgeleitet, das Christentum beruhe ebenso auf einem *Amanita*-Kult.

Das alles klingt abenteuerlich, aber was auch immer die Wahrheit sein mag: Um den Fliegenpilz ranken sich so viele Vermutungen, Mythen und angebliche magische Wirkungen, daß er den Spitzenplatz als faszinierendster Giftpilz behalten wird.

Bild 28: Alice streckte sich, stellte sich auf ihre Zehenspitzen und schaute über den Rand des Pilzes ... (Lewis Carroll, „Alice im Wunderland“).

Die Heilkräfte der Pilze

Viele Pilze erzeugen Stoffe, die andere Organismen abtöten oder in ihrem Wachstum hemmen. Lästige Nährstoff-Konkurrenten werden dadurch ausgeschaltet. Wenn ein Pilz Mikroorganismen wie Bakterien angreift, dann wirken hier Stoffe, die wir als Antibiotika kennen. Die medizinische Bedeutung des Antibiotikums Penicillin, das 1928 von Alexander Fleming bei dem Schimmelpilz *Penicillium notatum* entdeckt wurde, blieb lange Zeit unerkannt. Erst in den vierziger Jahren entwickelten Chain und Florey ein Verfahren, um Penicillin zu einem Medikament aufzubereiten.

Der Erfolg des Penicillins im Kampf gegen bakterielle Infektionen ermutigte andere Forscher, auch weitere Pilze im Hinblick auf ihre Wirkung gegen andere Mikroorganismen zu untersuchen. Insbesondere bei *Streptomyces*-Arten fand man Antibiotika, von denen vor allem das Streptomycin als wirksames Tuberkulose-Medikament bekannt wurde. Die meisten Antibiotika werden inzwischen synthetisch hergestellt.

Heilpraktiker haben schon vor langer Zeit verschimmeltes Brot oder verschimmelte Früchte zur Wundbehandlung benutzt. Forscher haben verschimmelte Orangen auf ihre medizinische Wirksamkeit hin untersucht. Dabei zeigte sich tatsächlich eine gewisse antibakterielle Wirkung, die allerdings eher auf das Pilzgift Patulin zurückzuführen war als auf das in geringeren Anteilen vorhandene Penicillin.

Kräuterbücher erwähnen immer wieder, daß man Pilzfruchtkörper zum Blutstillen nahm, etwa den Echten Zunderschwamm (*Fomes fomentarius*). Ein anderer Pilz mit blutstillender Wirkung, der nach altgriechischen und römischen Kräuterbüchern auch abführend und schweißhemmend wirkt, ist der Lärchen-Baumschwamm (*Fomitopsis officinalis*). Der aktive Stoff in diesem Pilz, die Agaricinsäure, wird noch heute als Medikament gegen den Nachtschweiß von Tuberkulose-Patienten eingesetzt.

Boviste und Stäublinge (die Gattungen *Bovista* und *Lycoperdon*) sind in jungem, unreifem Zustand eßbar (S. 70–71), aber das Sporenpulver der reifen Fruchtkörper diente in Europa auch zur Abdeckung von Wunden. In Mittelindien verwendet man diese und ähnliche Pilze heute noch zur Behandlung der Bindehautentzündung und zur Steigerung der Milchproduktion bei stillenden Müttern. Chinesische Apotheker behandeln Blutungen und Racheninfektionen mit dem Sporenstaub von Bovisten. Europäische Kräuterbücher bezeichnen das Judasohr (*Auricularia auricula-judae,* S.146) als eine „Kur für den wunden Rachen". Aus dem gallertigen Fruchtkörper wurde ein Aufguß zum Gurgeln bereitet.

Viele medizinische Wirkstoffe sind zwar in hohen Dosen giftig, bei niedriger Dosierung dagegen äußerst segensreich. Das ist etwa bei den erwähnten Alkaloiden des Mutterkorns der Fall. Lange bevor man die Verbindung zwischen dem Pilz und den von ihm verursachten Erkrankungen herausfand, nutzten Hebammen kleine Mengen des Pilzes in der Geburtshilfe. Inzwischen hat Oxytocin weitgehend das vom Mutterkorn erzeugte Ergometrin abgelöst, das man früher zum Austreiben der Nachgeburt benutzt hat. Ein anderer aus dem Mutterkorn gewonnener Wirkstoff ist Ergotamin. Es wird zur Migränebehandlung eingesetzt.

Auch die Homöopathie bedient sich einiger stark verdünnter Pilzextrakte. So wird ein Fliegenpilz-Auszug zur Bekämpfung der Schuppenflechte, zur Behandlung von Frostbeulen und zur Linderung gewisser nervöser Störungen verwendet.

In einer *Tolypocladium*-Art fand die medizinische Forschung das Cyclosporin A, einen Stoff, der die Immunabwehr des Körpers ausschaltet. Es wird nach Transplantationen verschrieben, um Abstoßungsreaktionen des Körpers gegen das fremde Organ zu verhindern. Das Cyclosporin A wird auch erfolgreich bei schweren Ekzemen verordnet. Gliotoxin, 1932 aus *Aspergillus fumigatus* isoliert, wird jetzt auf seine Wirkung in der Krebstherapie untersucht.

Pilzbestimmung

Wie ein Tier oder eine Pflanze hat auch jeder Pilz charakteristische Merkmale, die ihn von allen anderen Arten unterscheiden. Das können makroskopische Merkmale (wie Größe und Fruchtkörper-Farbe) und mikroskopische (wie die Sporenform) sein. Die Abgrenzung eng verwandter Arten erfordert oft eine mikroskopische Untersuchung. Alle in diesem Buch beschriebenen Arten lassen sich aber mit bloßem Auge bestimmen.

Wer ohne Vorkenntnisse einen unbekannten Pilz findet, achtet wohl zuerst auf Größe, Form und Farbe des Fruchtkörpers. Aber gerade diese Kennzeichen sind äußerst variabel. Für eine einwandfreie Bestimmung reichen sie deshalb kaum aus. Der Grüne Knollenblätterpilz etwa ist normalerweise olivgrün gefärbt, die ganze Bandbreite seiner Färbung reicht jedoch von Weiß über Ocker bis zu Grau. Um Pilze zu bestimmen, sollte man vier der menschlichen Sinne benutzen, den Gesichtssinn, den Tastsinn, den Geruchssinn und den Geschmackssinn. Hören kann man die Pilze nicht, aber man braucht manchmal einen „sechsten Sinn", um sie zu finden.

Die nachfolgenden Merkmale sollten beim Bestimmen eines unbekannten Pilzes immer überprüft werden. Ihre Reihenfolge hier und bei den Beschreibungen im Hauptteil des Buches sind gleich. Standort, Substrat und Soziabilität eines Pilzes sollte man schon beim Sammeln feststellen, ebenso Farbveränderungen durch Berührung.

Standort

Wo wächst der Pilz? – Zum Beispiel auf einer Grasfläche (auf der keine Bäume stehen), in einem Park (mit Gras und Bäumen), im Laub- oder Nadelwald (möglichst die drei am nächsten stehenden Bäume bestimmen). Die Bodenbeschaffenheit (Sand oder Kalk, feucht oder trocken) ist ebenfalls wichtig.

Substrat

Worauf oder woran wächst der Pilz? – Beispielsweise auf dem Boden, im Moos, auf Exkrementen, in der Laubstreu, an noch lebendem Holz (möglichst Baumart bestimmen) oder an einem Baumstumpf. Viele Pilze sind als Mykorrhizapilze (siehe S. 8) mit weitreichenden Baumwurzeln verbunden. Dadurch können sie bis zu 50 m vom Baum entfernt sogar auf einer nahen Wiese wachsen.

Soziabilität

Wie wächst der Pilz? – Steht er einzeln, in kleinen Gruppen, in einem Hexenring oder büschelig (Pilze sind am Stielgrund miteinander verbunden)?

Zeitliches Vorkommen

Wann wächst der Pilz? – Siehe dazu den Abschnitt „Wann findet man Pilze?" (S. 11–13). Dieses Buch liefert für alle eßbaren Pilze einen Pilzkalender, aus dem sich ablesen läßt, wann man die Pilze finden kann.

Merkmale des Fruchtkörpers

Die folgenden Merkmale gelten für Blätterpilze, Röhrlinge und Stachelinge, also Pilze, deren Hutunterseite Lamellen, Röhren oder Stacheln trägt. Bei Porlingen, Bovisten, Morcheln und Trüffeln fehlen diese Elemente.

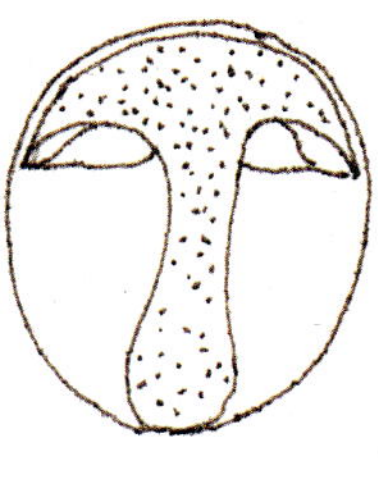

Bei einigen Pilzarten ist der Fruchtkörper in ganz jungem Zustand gänzlich von einer Haut umschlossen, der „Gesamthülle" (Velum universale). Später können auf dem Hut oder an der Stielbasis Reste dieser Hülle zurückbleiben.

Hut

Größe – Durchmesser in Zentimetern. Die übliche Größe ist bei den Abbildungen abzulesen.

Die tatsächliche Größe hängt vom Nährstoff- und Wasserangebot ab, vom Alter des Pilzes und von den genetischen Anlagen. Gelegentlich findet man Exemplare, die größer oder kleiner sind als angegeben. Haben jedoch viele Funde eine andere Größe, handelt es sich wohl um eine andere Art.

Die in diesem Buch nach jeder eßbaren Art angeführten ähnlichen Pilze sind meist in ihrer Größe vergleichbar. Ist dies nicht der Fall, so wird es immer angegeben.

Form

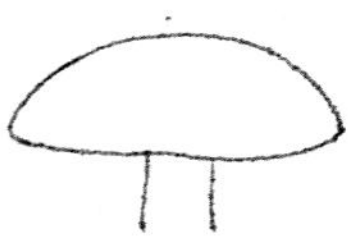

a) gewölbt

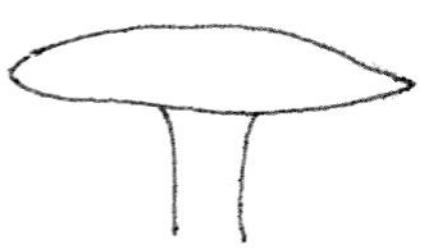

b) abgeflacht

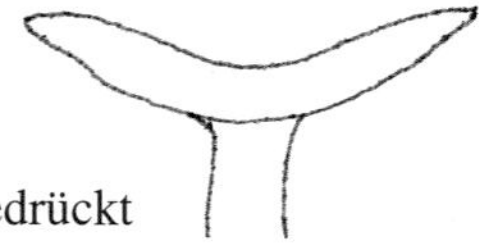

c) niedergedrückt

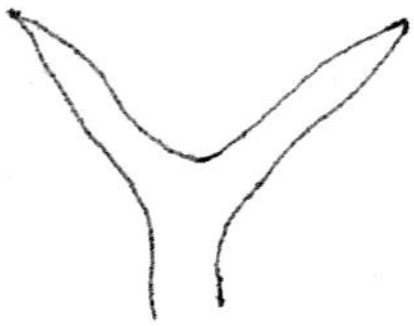

d) trichterig

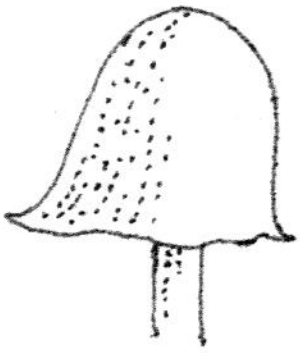

e) glockig

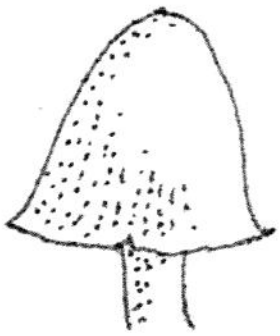

f) kegelig

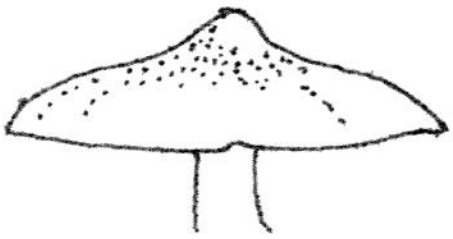

Jede dieser Formen kann auch „gebuckelt“ sein (siehe oben).

Rand

Er verläuft gleichmäßig, oder ist

a) abgebogen

b) eingerollt

c) aufgebogen

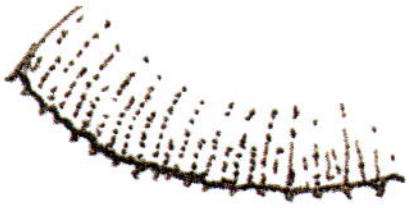

d) gefurcht

e) wellig oder aufreißend

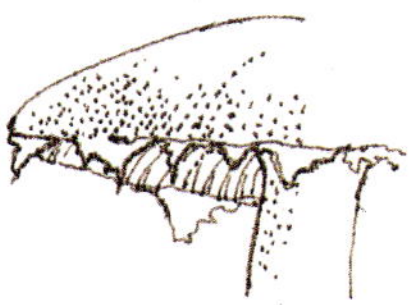

f) mit Velumresten behangen und eventuell blasser oder dunkler als der übrige Hut

Hutoberfläche – Betrachten und befühlen Sie die Huthaut. Ist sie
a) glatt und trocken – glänzend oder matt?
b) schleimig (feucht und schlüpfrig beim Anfassen)?
c) klebrig (klebt bei Berührung)?
d) runzelig?
e) wildlederartig?
f) faserig (mit kleinen, meist angedrückten Fasern)?

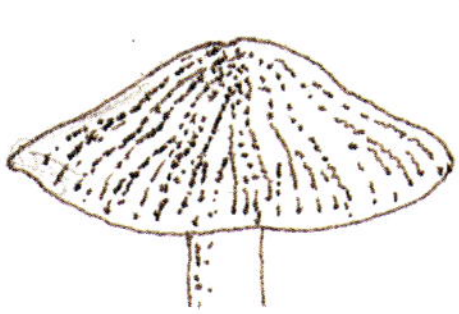

g) radialfaserig (Fasern radial angeordnet)?

h) mehlartig bepudert?

i) schuppig?

j) filzig (mit dichtem, wolligem Filz)?
k) mit Hüllresten (Resten der Gesamthülle)?
Die Huthaut kann leicht ablösbar sein oder auch nicht. Sie muß nicht ganz bis an den Hutrand reichen. Sie kann auch aufreißen.

Farbe – Ist sie einheitlich, in der Mitte dunkler oder heller, verändert sie sich auf Druck?

Lamellen, Röhren oder Stacheln

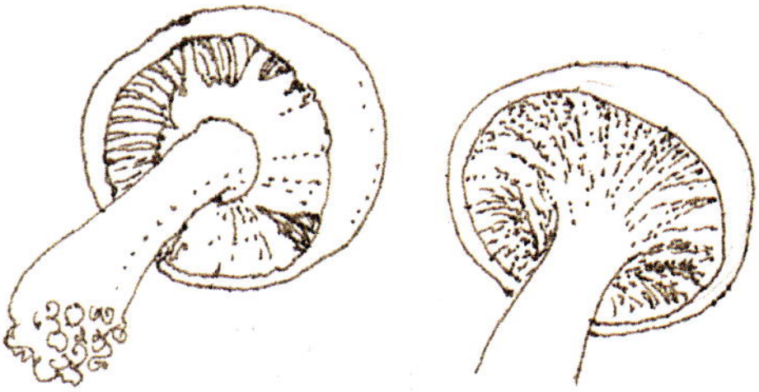

Bei einigen Arten sind die noch unreifen Lamellen oder Röhren von einem Teilvelum umschlossen, das häutig oder auch spinnwebartig (Cortina) sein kann.

Anwachsstelle am Stiel – Pilz der Länge nach durchschneiden!

a) frei (nicht mit dem Stiel verwachsen)

b) angeheftet (nur oben bis an den Stiel heranreichend)

c) ausgebuchtet angewachsen (um den Stiel herum wie mit einem Burggraben)

d) breit am Stiel angewachsen

e) herablaufend (am Stiel)

Anordnung – Lamellen weit voneinander entfernt oder dicht gedrängt.

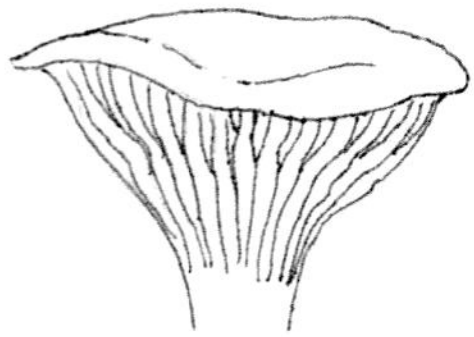

Lamelletten (kürzere Lamellen, die oft nicht bis zur Hutmitte reichen) vorhanden oder nicht.

Dicke – Sind die Lamellen besonders dick oder dünn? Sind die Röhren lang oder kurz, ihre Mündungen rund oder eckig?

Beschaffenheit – Brüchig, wachsartig oder zerfließend bzw. sich auflösend?

Farbe – Die Färbung von Lamellen oder Röhren verändert sich oft mit dem Alter. Sie wird häufig vom ausfallenden Sporenstaub bestimmt, aber nicht immer. Auf Druck kann sich die Lamellenfarbe ändern. Beim Anschneiden kann Flüssigkeit austreten.

Sporenpulver

Um die Größe und die Form von Sporen festzustellen, benötigt man ein hochauflösendes Mikroskop. Die Sporenpulverfarbe läßt sich aber leicht durch einen Sporenabdruck erkennen. Sie ist ein wichtiges Merkmal, um eßbare Pilze von giftigen zu unterscheiden.

Sehr junge und sehr alte Exemplare liefern meist nur wenige oder keine Sporen. Man wählt deshalb ein Exemplar mittleren Alters,

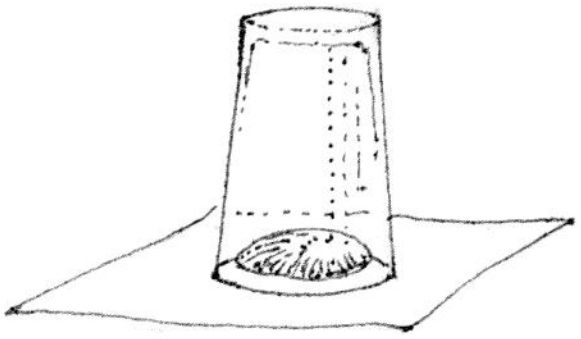

schneidet den Stiel ab und legt den Hut mit den Lamellen nach unten auf Papier, eine Glasplatte oder Folie. Idealerweise hat das Papier eine weiße und eine schwarze Hälfte, denn weißes Sporenpulver ist auf weißem Papier schlecht zu sehen. Den Hut deckt man mit einem Glas ab und läßt ihn mindestens drei Stunden liegen.

Die Sporenstaubfarbe prüft man bei Tageslicht und vergleicht den Sporenabdruck mit der im Buch angegebenen Farbe. Wenn alle anderen Merkmale zutreffen, die Sporenstaubfarbe aber nicht, hat man den Pilz wahrscheinlich falsch bestimmt und darf ihn auf keinen Fall essen.

Stiel

Größe – Die Stielmaße sind für durchschnittliche Exemplare angegeben. Die ersten beiden Zahlen beziehen sich auf die Länge, die letzten beiden auf die Stieldicke. Eine Angabe der Stielmaße sieht zum Beispiel folgendermaßen aus: 3–6 cm x 6–8 mm.

Form

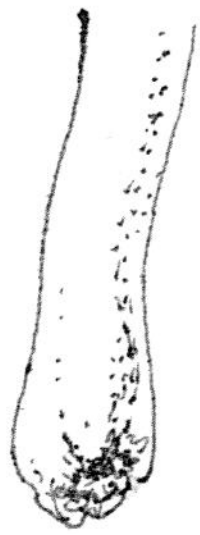

a) gleichdick (Stielseiten im Schnitt parallel)

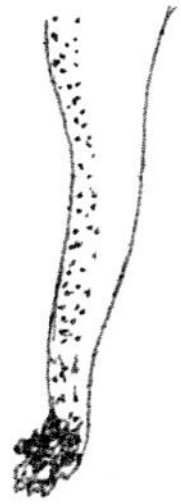

b) sich zur Basis hin verschmälernd (Stiel im Substrat meist wurzelähnlich)

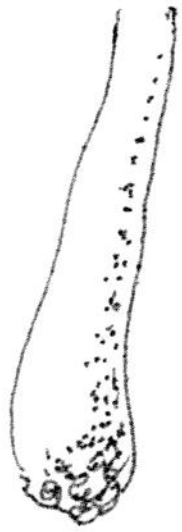

c) sich nach oben verschmälernd (Basis breiter)

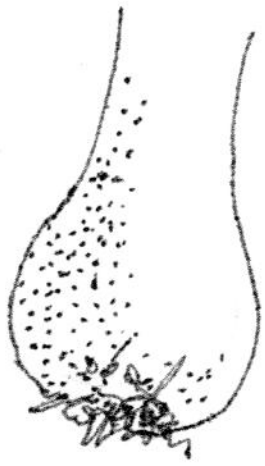

d) mit knolliger Basis

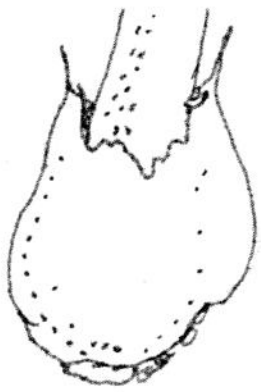

e) umhüllt von einer sackähnlichen Scheide (Volva)

Im Querschnitt ist der Stiel normalerweise unten rund, manchmal ist er aber abgeflacht oder längsrunzelig.

Der Stiel kann voll oder hohl sein.

Stellung zum Hut

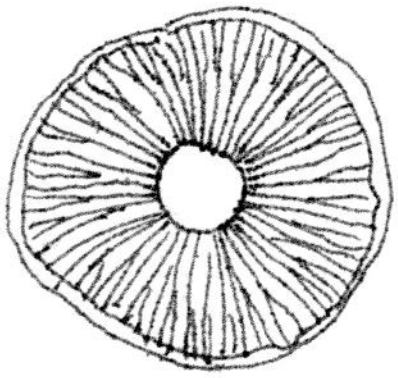

a) zentral

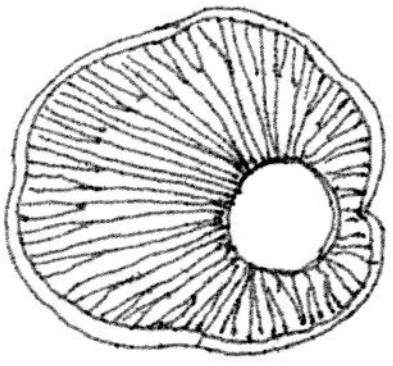

b) exzentrisch

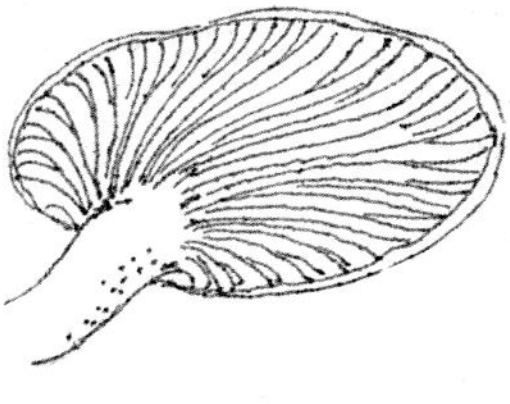

c) seitlich

Oberfläche
Siehe Hutmerkmale.

Farbe – Wenn der Stiel genauso gefärbt ist wie der Hut, nennt man dies „gleichfarbig“. Die Stielfarbe kann – wie andere Stielmerkmale auch – oben und unten verschieden sein. Wenn der Stiel einen Ring besitzt, sieht er möglicherweise oberhalb und unterhalb des Ringes anders aus.

Ring – Bei dem Ring am Stiel handelt es sich um einen Überrest der Teilhülle (Velum partiale).

Ein Ring kann:
a) in der Mitte, darüber oder darunter sitzen

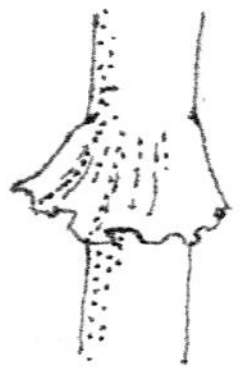

b) herabhängen oder dem Stiel stiefelig bis aufsteigend ansitzen

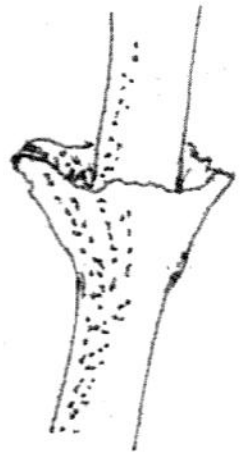

c) verschiebbar sein

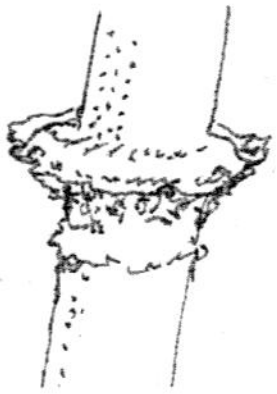

d) zweischichtig sein (doppelter Ring)

e) flüchtig bis abwischbar sein.

Eisensulfat-Reaktion – Ein Eisensulfat-Kristall, der auf dem Stiel verrieben wird, löst bei manchen Täublingen eine unterschiedliche Farbreaktion aus (von aprikosenfarbig bis grün). Anhand dieser Reaktion lassen sich eng verwandte Arten gegeneinander abgrenzen (siehe Seiten 86–87).

Fleisch

Man betrachtet das Hutfleisch oberhalb der Lamellen oder Röhren. Außerdem sind Geruch und Geschmack des Fleisches für die Bestimmung von Bedeutung.

Beschaffenheit – Weich, fest, wäßrig oder gummiartig. Einige Arten sondern eine Flüssigkeit ab, wenn man das Hutfleisch anschneidet.

Farbe – Sie kann unter der Huthaut oder in der Stielbasis anders sein als im Innern des Hutes. Man achte auf Farbveränderungen beim Anschneiden oder beim Kochen.

Geruch – Mit diesem Begriff ist der Gesamtgeruch einer Art gemeint. Ein Geruch ist schwer zu beschreiben. Deshalb benutzt man Vergleiche mit bekannten Gerüchen (z.B. anisartig oder mehlartig). Am besten prüft man den Geruch noch am Fundort, bevor man den Pilz mit anderen Arten im Sammelkorb zusammenbringt.

Geschmack – Die Geschmacksprüfung bedeutet nicht, daß man den Pilz essen soll. Vielmehr kaut man ein kleines Stück Pilz etwa eine Minute lang und spuckt es dann aus. Man wendet den Geschmackstest nur an, wenn es gilt, eng verwandte Arten voneinander zu trennen, vor allem bei Täublingen (Gattung *Russula*) und bei Milchlingen (Gattung *Lactarius*).
Nie sollte man völlig unbekannte Pilze oder gar Wulstlinge bzw. Knollenblätterpilze (Gattung *Amanita*) probieren. Ein eventueller strenger Geschmack eines rohen Pilzes verliert sich manchmal bei der Zubereitung.

Bestimmungsschlüssel

Der Schlüssel soll Ihnen helfen, die richtige Seite im Buch zu finden, damit Sie Ihre Pilze mit den Beschreibungen vergleichen können. Bitte denken Sie aber daran, daß hier nicht alle Pilze abgebildet und beschrieben sind. Wenn Sie also andere, nicht eßbare Arten bestimmen wollen, brauchen Sie weiterführende Literatur. Jede Zahl in diesem Schlüssel bietet Ihnen alternative Kurzbeschreibungen an: **a, b, c** usw. Entscheiden Sie sich für die Möglichkeit, die am besten auf Ihren Pilz zutrifft. Sie finden dann entweder den Namen der Art oder eine weitere Schlüsselzahl, unter der Sie die Bestimmung fortsetzen. Fachausdrücke sind auf Seite 185 f. erklärt.

1 a Konsolenförmig, mit Poren auf der Unterseite, an Holz .... **Porlinge**, S. 141
b Blumenkohlartig, auf dem Boden .... **Krause Glucke**, S. 174
c Ohrförmig, an Holz .... **Judasohr**, S. 146
d Klein, braun, wurstförmig, an Blüten von Gräsern .... **Mutterkorn**, S. 75
e Trichterförmig, außen glatt, auf dem Boden .... **Herbsttrompete**, S. 116
f Kugelig bis kegelig, mit oder ohne Stiel **2**
g Mit Hut und Stiel, regenschirmartig ... **5**

2 a Mit hohlem Stiel ..... **Morcheln**, S. 122
b Stiel voll oder fehlend **3**

3 a Unter der Erdoberfläche wachsend .... **Trüffeln**, S. 120
b Auf dem Boden oder an Holz wachsend **4**

4 a Jung weißfleischig, reif mit dünner Außenhaut ...... **Boviste und Stäublinge**, S. 68, 125
b Jung mit dunklem Fleisch, reif mit dicker Außenhülle .... **Hartboviste**, S. 162

5 a Hutunterseite mit Stacheln .... **Semmelstoppelpilz**, S.118
b Hutunterseite mit untereinander querverbundenen niedrigen Leisten .... **Pfifferling**, S. 114
c Hutunterseite mit Röhren .... **Röhrlinge**, S. 92, 159, 170
d Hut unterseits mit Lamellen **6**

6 a Sporenpulver dunkel (dunkelrosa, braun oder schwarz) **7**
b Sporenpulver blaß (weiß, creme, gelb, lila, blaßrosa) **14**

7 a Sporenpulver dunkelrosa **8**
b Sporenpulver braun **10**
c Sporenpulver schwarz **13**

8 a Lamellen frei, nicht bis an den Stiel heranreichend **Rehbrauner Dachpilz**, S. 132
b Lamellen am Stiel angewachsen **9**

9 a Lamellen herablaufend, Geruch nach Mehl .... **Mehlräsling**, S. 110
b Lamellen ausgebuchtet angewachsen .... **Riesenrötling**, S. 76

10 a Sporenpulver dunkelbraun, Lamellen frei ... **Champignons**, S. 47, 78, 105, 168
b Sporenpulver purpurbraun, Lamellen breit am Stiel angewachsen **11**
c Sporenpulver rostbraun, Lamellen breit am Stiel angewachsen **12**

11 a Mittelgroß, büschelig an Holz wachsend .... **Grünblättriger Schwefelkopf**, S. 163
b Klein, einzeln auf Wiesen und Weiden wachsend **Spitzkegeliger Kahlkopf**, S. 79

12 a Büschelig an Holz wachsend, Lamellen angeheftet .. **Stockschwämmchen**, S. 134
b Auf dem Boden wachsend, Lamellen weit herablaufend .... **Kahler Krempling**, S. 158

13 a Lamellen und Hut zu einer schwarzen, tintenartigen Flüssigkeit zerfließend .... **Tintlinge**, S. 54, 74
b Lamellen und Hut fest bleibend .... **Tränender Saumpilz**, S. 56

14 a Hut- und Stielfleisch brüchig **15**
b Hutfleisch fest, nicht zerbröselnd, zwischen den Fingern nicht krümelig zerbrechend **16**

15 a Verletzte Lamellen sondern einen weißen oder orangefarbenen Milchsaft ab . . . . **Milchlinge**, S. 90, 161, 166
b Verletzte Lamellen ohne Milchsaft . . . . **Täublinge**, S. 84, 178

16 a Lamellen dick und wachsartig, oft auf grasigen Standorten . . **Orangefarbener Wiesenellerling**, S. 61
b Lamellen nicht dick und wachsartig, entweder auf Wiesen oder in Wäldern . . **17**

17 a Lamellen frei, nicht am Stiel angewachsen **18**
b Lamellen am Stiel angewachsen **19**

18 a Mit einer häutigen Scheide an der Stielbasis . . . . **Knollenblätterpilze**, S. 151
b Stielbasis ohne häutige Scheide . . . . **Riesenschirmlinge**, S. 58, 81

19 a Lamellen am Stiel herablaufend oder breit angewachsen **20**
b Lamellen angeheftet oder ausgebuchtet angewachsen **23**

20 a An Holz wachsend **21**
b Auf dem Boden wachsend **22**

21 a Stiel exzentrisch oder seitlich, ohne Ring . . . . **Austernseitling**, S. 128
b Stiel zentral, mit Ring . . . . **Hallimasch**, S. 138

22 a Lamellen zum Hutrand hin gegabelt . . . . **Falscher Pfifferling**, S. 177
b Lamellen sich nicht verzweigend . . . . **Trichterlinge**, S. 80, 100

23 a An Holz wachsend, mit samtigem Stiel . . . . **Samtfußrübling**, S. 136
b Auf dem Boden wachsend, Stiel glatt . **24**

24 a Lamellen entferntstehend **25**
b Lamellen dicht gedrängt **26**

25 a Weißlich bis gelblich, auf Wiesen und Weiden . . . . . . **Nelkenschwindling**, S. 66
b Braunrosa oder purpurfarben, im Wald . . . . **Lacktrichterlinge**, S. 112

26 a Weißlich, Geruch mehlartig, im Frühling . . . . **Mairitterling**, S. 52
b In einigen Teilen oder ganz purpurlichlila, im Herbst oder im Winter . . . . **Rötelritterlinge**, S. 64, 102

Eßbare Pilze auf Wiesen und Weiden

In diesem Kapitel werden die Pilze behandelt, die auf Grasflächen wachsen, also auf Wiesen und Weiden, auf Sportplätzen und auf den Grünstreifen an Straßenrändern. Auch Heidegebiete mit niedrigem Gras sind hier gemeint. Am ergiebigsten sind naturbelassene Viehweiden. Auf angesäten, mit Kunstdünger behandelten Rasenflächen gedeihen weniger Pilze.
Der Weg auf Wiesen und Weiden lohnt sich für den Sammler. Dort wachsen einige sehr gute Speisepilze. Außerdem füllt sich der Korb meist schnell, wenn man eine Fundstelle entdeckt hat.

Grasflächen findet man auch im Wald, besonders an den Waldrändern, auf Waldlichtungen oder in der Mitte und am Rand von Waldwegen. Obwohl dort Bäume stehen, können an solchen Stellen Wiesenpilze wachsen. Denn durch den Grasbewuchs kommen die Bedingungen denen auf anderen Grasflächen nahe.

Wiesenchampignon

Agaricus campestris L.: Fr.

ESSBAR

Für viele ist dies der einzige Pilz, den sie bedenkenlos essen. Tatsache ist aber, daß nicht alle 50 mitteleuropäischen Champignon-Arten eßbar sind. Das Problem ist also, daß man wissen muß, welchen Champignon man gesammelt hat. Eine Vergiftung durch den Karbolchampignon kann äußerst unangenehm werden. Bei allen Wildpilzen ist deshalb ein sorgfältiges Bestimmen sehr wichtig.

Küchentips
Junge, feste Pilze eignen sich, in Scheiben geschnitten, roh für Salate. Größere Hüte kann man füllen. Für die Füllung lassen sich die kleingehackten Stiele mitverwenden. Ältere Pilze sind oft madig. Nicht einfrieren oder trocknen. Frisch zubereitet ist der Pilz am besten.

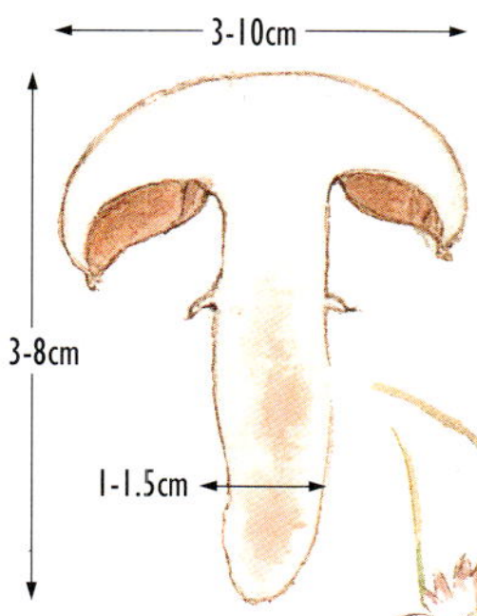

Hauptmerkmale: Die Lamellen sind frei, jung gedrängt, leuchtend rosa und von einem weißen Velum eingehüllt, später schokoladenbraun (Sporenpulver). Am Stiel sitzt ein flüchtiger häutiger Ring. Das weiße Fleisch färbt sich beim Anschneiden schwach rosa.
Standort: Kurzes Gras, Wiesen und Weiden, Sportplätze, grasige Lichtungen.
Häufigkeit: Häufige Art, manchmal massenweise, oft in Hexenringen.
Jahreszeit: Frühsommer bis Spätherbst, gern nach ergiebigem Regen.
Hut: Ganz jung rein weiß, trocken, fest und stark gewölbt. Rand mit Velumresten behangen und bis zur Reife eingerollt bleibend. Später abflachend und mit kleinen, blaßbraunen Schüppchen.
Lamellen: Anfangs völlig vom weißen Velum umhüllt, gedrängt und frei, später dunkler rosa und schließlich schokoladenbraun bis schwarz werdend.
Sporenpulver: Sehr dunkel braun (siehe Bild).
Stiel: Kurz; weiß, an Druckstellen braun; erst voll, dann schwammig; mit einfachem, dünnem, fleischigem Ring.
Fleisch: Weich und weiß, im Anschnitt rötend.

Ähnliche Pilze

Alle Champignon-Arten haben freie, reif purpurbraune Lamellen, einen eventuell flüchtigen Ring und dunkelbraunes Sporenpulver. Arten auf gleichen Standorten wie der Wiesenchampignon sind:

Schafchampignon
Agaricus arvensis (s. S. 50)
Bis 2mal so groß wie der Wiesenchampignon. Hut und Stiel werden auf Druck gelbbraun. Lamellen ganz jung grau; Ring doppellagig. (Bild oben)

Karbolchampignon
Agaricus xanthoderma (s. S. 78)
Unterschiede: Unangenehmer, apothekenartiger Geruch, schon jung stärker abgeflachter Hut, in der Jugend graue (nicht rosafarbene) Lamellen. Beim Durchschneiden gilbt das Fleisch im Stielgrund schnell. Auch Hutrand und Stiel gilben auf Druck. Der Pilz kann Übelkeit und Durchfälle verursachen.

Zwei Arten mit etwas anderem Standort:

Kulturchampignon
Agaricus bisporus
Im Freiland selten, meist in Gärten (durch Pilzabfälle auf Kompost) oder auf Misthaufen. Unterschiede: Standort, auffälliger Ring, im Schnitt etwas rötendes Fleisch, reif mit braunen Fasern oder Schüppchen. Eßbar. (Bild oben)

Stadtchampignon
Agaricus bitorquis
Wächst ab April meist an Straßenrändern. Unterschiede: Standort, anders aussehender, zweiteiliger Ring. Eßbar, aber meist an belasteten Standorten wachsend. (Bild links)

Im Spätfrühling sind Verwechslungen mit einem in Größe und Farbe ähnlichen und stark nach Mehl riechenden Pilz möglich:

Noch in einer anderen Gattung findet sich ein Pilz, der dem Wiesenchampignon sehr ähnelt, aber selten ist:

Mairitterling
Calocybe gambosa (s. S. 52)
Lamellen weiß, ausgebuchtet angewachsen. Sporenpulver weißlich, ein Ring fehlt. Eßbar und gut. Auf Wiesen und unter Hecken.

Rosablättriger Schirmling
Leucoagaricus leucothites
Unterschiede: Weiß bleibende oder sich leicht rosalich färbende Lamellen. Sporenpulver weiß. **Giftig,** verursacht Magenbeschwerden.

Wenn man in der Nähe von **Bäumen** sammelt, muß man diese beiden Pilze meiden:

Kegelhütiger Knollenblätterpilz
Amanita virosa
(s. S. 152) !
Unterschiede: An der Stielbasis sackähnliche Scheide; längerer Stiel; weiße Lamellen, weißes Sporenpulver. In Wäldern. **Tödlich giftig.**

Ziegelroter Rißpilz
Inocybe erubescens (s. S.77) !
Eher kegeliger Hut mit welligem, oft einreißendem Rand. Hut, Stiel und die olivgelben Lamellen färben sich auf Druck rot. Auch das Hutfleisch rötet. Unberingt. Im Gras von Wäldern und Parks. **Tödlich giftig.** (Bild oben)

Schafchampignon

Agaricus arvensis Schaeff.: Fr.

ESSBAR

Küchentips
Viele ziehen ihn dem Wiesenchampignon vor. Der große Hut läßt sich gut füllen. Leider ist der Pilz oft madig – deshalb gleich am Standort durchschneiden und prüfen.

Leicht zu sehen. Der Pilz bildet Hexenringe. Auffallend durch seine Größe. Unterscheidet sich vom Wiesenchampignon durch den Geruch und dadurch, daß Hut und Stiel bei Berührung gilben bis bräunen. Vielen Sammlern ist dies verdächtig. Doch der Pilz ist eßbar und wohlschmeckend. Achtung bei Exemplaren, die sich gelb färben, dies deutet auf den giftigen Karbolchampignon hin.

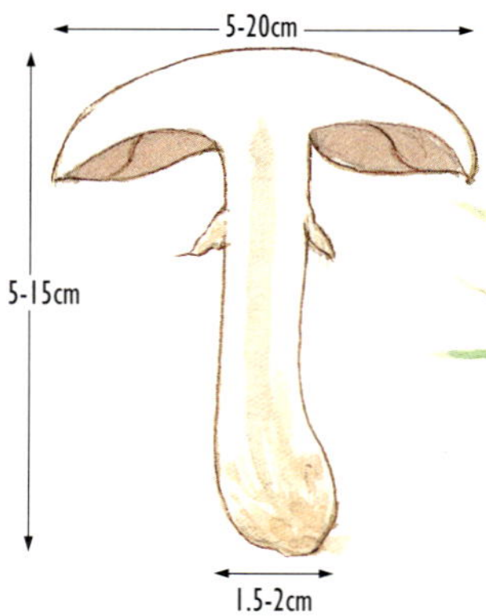

Hauptmerkmale: Hut groß, weiß, später ockerlich. Lamellen frei, grauweißlich, reif dunkelbraun. Ring nicht flüchtig, groß, doppellagig. Anisgeruch.
Standort: Weideland, Rasenflächen, Grünstreifen.
Häufigkeit: Häufig, gesellig, oft in großen Hexenringen.
Jahreszeit: Frühsommer bis Spätherbst (siehe Pilzkalender).
Hut: Ganz jung stark gewölbt, später groß und flach. Weiß, im Alter etwas ockerlich, bei Berührung langsam gilbend. Glatt, nur am Rand mitunter mit Schüppchen und Velumresten.
Lamellen: In früher Jugend vom weißen Velum eingehüllt, dicht gedrängt, breit, frei; grauweißlich, später dunkelbraun.
Sporenpulver: Sehr dunkel braun (siehe Bild).
Stiel: Basis verdickt, bald hohl; weiß, sich bei Berührung ockerlich färbend, beim Anschneiden nicht gilbend; mit großem, ausdauerndem, hängendem, zweilagigem Ring, dessen Unterseite sternförmig einreißt.
Fleisch: Dick, fest und weiß; im Stiel bräunend. Anisgeruch.

J
F
M
A
M
J
J
A
S
O
N
D

Ähnliche Pilze

Alle Champignons haben freistehende Lamellen und dunkelbraunes Sporenpulver. Zwei in der Größe ähnliche Arten sind:

Karbolchampignon
Agaricus xanthoderma (s. S. 78)
Unterschiede: Unangenehmer, apothekenartiger Geruch. Hut jung abgeflacht. Beim Anschneiden färbt sich das Fleisch in der Stielbasis gelb. Hutrand und Stiel gilben ebenfalls bei Berührung. **Giftig,** verursacht mehrtägige Übelkeit und Durchfälle. Nicht häufig, aber oft in Hexenringen. Auf Wiesen und in Wäldern. (Bild rechts)

Großsporiger Champignon
Agaricus macrosporus
Der sehr große Hut bleibt lange gewölbt. Weiß, aber im Alter oder bei Berührung ocker. Junge Lamellen rosa. Stiel dick, mit winzigen weißen Schüppchen unterhalb des großen Rings. Fleisch in der Basis im Anschnitt rosalich. Eßbar.

Diese Art wächst im **Wald** und kommt nicht so häufig vor. Sie ist kleiner, hat einen gelblichen Hut und einen anisartigen Geruch:

Dünnfleischiger Anis-Champignon
Agaricus silvicola (s. S. 108)
Unterschiede: Schmächtige Waldart. Hut und Stiel weniger fleischig. Hut im Alter dunkelgelb. Stiel oft mit deutlicher Knolle an der Basis. In Laub- und Nadelwäldern. Eßbar. (Bild rechts)

Mairitterling

Calocybe gambosa (Fr.) Donk

ESSBAR

Küchentips
Kann trocken und zäh werden, deshalb nur junge Exemplare sammeln. Der mehlartige Geruch und Geschmack verliert sich beim Kochen etwas. Sein Wert liegt im festen, trockenen und selten madigen Fleisch. Gegrillt oder mit Knoblauch gebraten schmeckt er fein.

Der Pilz erscheint etwa Ende April und hat im Mai Hauptsaison. Mit Ausnahme der Morcheln findet man so früh im Jahr noch keinen anderen Speisepilz. Die Meinungen über den kulinarischen Wert sind geteilt. In einigen europäischen Ländern gilt er als guter Speisepilz, in anderen wird er kaum gegessen. Einige schätzen sein festes Fleisch und das mehlartige Aroma, andere jedoch nicht. Es ist eben alles eine Sache des Geschmacks.

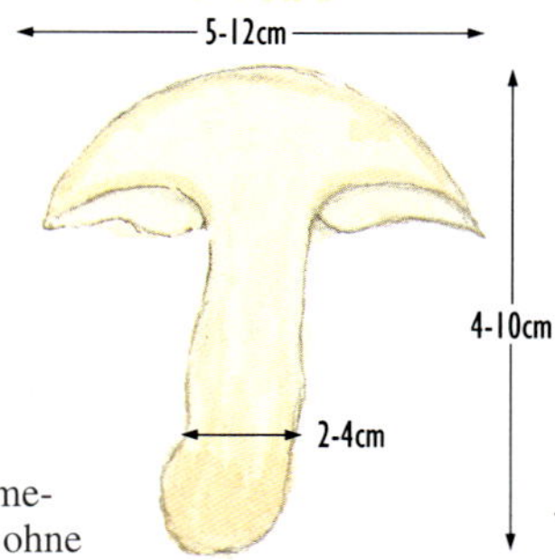

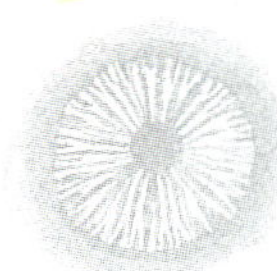

J
F
M
A
M
J
J
A
S
O
N
D

Hauptmerkmale: Hut, Lamellen und Stiel cremeweiß. Hut trocken, fleischig, Rand wellig. Stiel ohne Ring. Lamellen ausgebuchtet angewachsen; Sporenpulver weiß. Geruch und Geschmack nach Mehl.
Standort: Grasflächen, Wälder, Straßenränder, Sanddünen, bei Hecken oder an Waldrändern. Kalkböden.
Häufigkeit: Überall häufig, oft in Hexenringen.
Jahreszeit: April bis Juni (siehe Pilzkalender).
Hut: Jung fleischig und fest, dann stark gewölbt, schließlich verflachend; Hutrand eingerollt, jedoch wellig und manchmal einreißend; weiß, in reifem Zustand blaß lohbräunlich; trocken und glatt.
Lamellen: Gedrängt, wie der Hut gefärbt, ausgebuchtet angewachsen.
Sporenpulver: weiß (siehe Bild).
Stiel: Groß, voll, oft verbogen und basal verdickt, wie der Hut gefärbt.
Fleisch: Weiß, fest, 2–3 cm dick. Geruch und Geschmack stark mehlartig.

Ähnliche Pilze

Ziegelroter Rißpilz

Inocybe erubescens (s. S. 77)

Mit kegeligem Hut und mit einem oft welligen und eingerissenen Hutrand. Ältere Exemplare färben sich auf Druck an Hut, Stiel und Lamellen ziegelrot, diese Verfärbung ist auch an den olivgelben Lamellen und am angeschnittenen Fleisch zu beobachten. Sporenpulver tonbraun. Das Fleisch riecht fruchtig. **Tödlich giftig**. Nicht häufig, aber oft truppweise auf Grasflächen von Wäldern und Parks. Meist auf Kalkböden. Wächst schon im Mai, kann aber bis in den Spätherbst hinein vorkommen. (Bild links)

Riesenrötling

Entoloma sinuatum, (s. S. 76)

Nicht häufig, aber Hexenringe bildend und an ähnlichen Standorten. Hut ebenfalls cremeweiß, groß, fleischig, Rand wellig. Lamellen ausgebuchtet angewachsen. Wenigstens jung mit Mehlgeruch. Lamellen erst blaß gelb, reif rosa. Ältere Exemplare riechen eher ranzig. Er wächst meist später als der Mairitterling, ist **sehr giftig** und verursacht starke Magenbeschwerden. (Bild rechts)

Mehlräsling

Clitopilus prunulus, (s. S. 110)

Kleiner und weniger fleischig, Stiel dünn. Deutlich herablaufende, erst weißliche, dann rosa getönte Lamellen. Starker Mehlgeruch. (Bild links)

Wiesenchampignon

Agaricus campestris (s. S. 47)

Unterschiede: Dunkelbraunes Sporenpulver, anfangs rosafarbene Lamellen, Stiel mit Ring. Der Pilz ist eßbar und gut. (Bild rechts)

ESSBAR

Küchentips
Nur junge Exemplare sammeln und sofort zubereiten. Man legt die Pilzhälften mit den Lamellen nach unten in eine gebutterte Pfanne. Bei hoher Temperatur schnell anbraten, oder erst panieren und dann bräunen. Sehr guter Suppenpilz.

Schopftintling

Coprinus comatus (Muell.: Fr.) Pers.

Wächst in Städten und auf bewirtschaftetem Grünland. Sein Speisewert wird oft unterschätzt. Kann nur mit einer Art verwechselt werden.

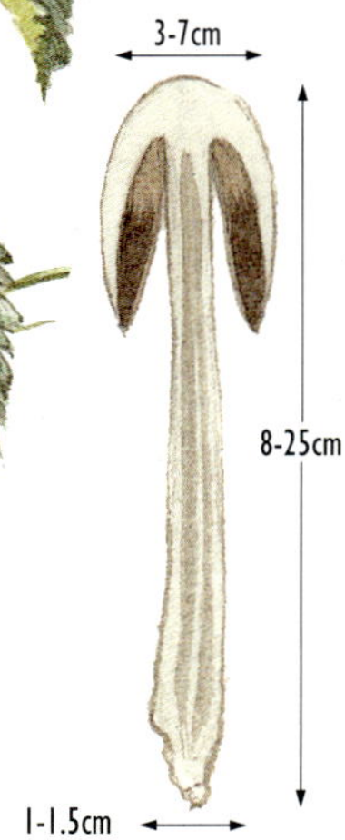

Hauptmerkmale: Jung ist der Stiel unsichtbar. Der Hut ist eingehüllt von weißbräunlichen, zottigen Schuppen. Ältere Hüte lösen sich von unten her zu einer schwarz abtropfenden Flüssigkeit auf.
Standort: Straßenränder, Wiesen, Sportplätze, Ruderalflächen.
Häufigkeit: Häufig, oft in sehr großen Gruppen.
Jahreszeit: Frühling bis Frühwinter (siehe Pilzkalender).
Hut: Jung glatt, weiß und fingerförmig, Stiel nicht zu sehen. Wenn der Stiel länger wird, wölbt sich der Hut etwas nach außen. Die Oberfläche reißt auf und bildet überlappende, zottige, weiße bis blaßbraune Schuppen. Vom Rand her färbt sich der Hut erst rosa, dann schwarz, weitet sich und wird zylindrisch. Zuletzt zerfließt er von unten her zu einer tintenartigen schwarzen Flüssigkeit. Auf dem langen Stiel bleibt nur eine kleine, dünne Kappe zurück.
Lamellen: Zahlreich, gedrängt, frei und langgestreckt; weiß, dann rosalich und schließlich schwarz.
Sporenpulver: Schwarz (siehe Bild).
Stiel: Glatt, weiß, hohl, am Grund etwas breiter; mit beweglichem Ring, der abfallen oder abgestreift werden kann.
Fleisch: Jung weiß und dünn. Geruch pilzartig. Geschmack mild.

Ähnliche Pilze

Grauer Faltentintling
Coprinus atramentarius (s. S. 74)
Meist kleiner und eher glockenförmig, ohne große zottige Schuppen. Rand glatt und grau. Hut oben mit winzigen, rehbraunen Schüppchen. Ringzone undeutlich. In kleinen Gruppen auf Holz oder im Gras über vergrabenem Schutt. Wenn man den Pilz ißt, darf man keinen Alkohol trinken (siehe S. 20). Man sollte ihn deshalb ganz meiden, es sei denn, man ist passionierter Teetrinker! (Bild links)

Spechttintling
Coprinus picaceus
Junge, weiße Exemplare sind leicht mit dem Jugendstadium des Schopftintlings zu verwechseln. Die reifen Hüte sind jedoch grauschwarz und stellenweise weißfleckig, der Stiel ist ringlos. Meist einzeln oder zu zweit in Buchenwäldern. Nicht häufig. Für manche Menschen möglicherweise **giftig**, deshalb meiden. (Bild rechts)

Andere Tintlinge
Gattung *Coprinus*
Sie sind fast alle kleiner und wachsen oft an besonderen Standorten wie an Stümpfen, auf Feuerstellen oder Misthaufen. Alle haben schwarzes Sporenpulver.

Saumpilze
Gattung *Psathyrella*
An ähnlichen Standorten. Mit dunklem Sporenpulver und zerbrechlichen Stielen. Hüte jedoch stärker aufschirmend, nicht zerfließend und ohne Schuppen. Stiele ohne Ring. Meist rehbraun bis braun gefärbt und für die Küche wertlos. (Bild rechts)

Tränender Saumpilz

Lacrymaria lacrymabunda (Bull.: Fr.) Pat.

ESSBAR

Küchentips
Die Hüte in Butter braten. Um den bitteren Geschmack zu kompensieren, kann man dazu Essigfrüchte reichen. Achtung! Der Pilz kann Verdauungsstörungen verursachen.

Der Name rührt daher, daß sich an den Lamellen Tröpfchen bilden. Der Hut ist am Rand meist mit schwarzen Velumresten behangen. Viele Bücher übergehen den Pilz wegen seines etwas bitteren Geschmacks. Er ist jedoch leicht bestimmbar. Wir meinen, daß er eine gute Ergänzung zu anderen Pilzen bildet, mit denen er zusammen wächst.

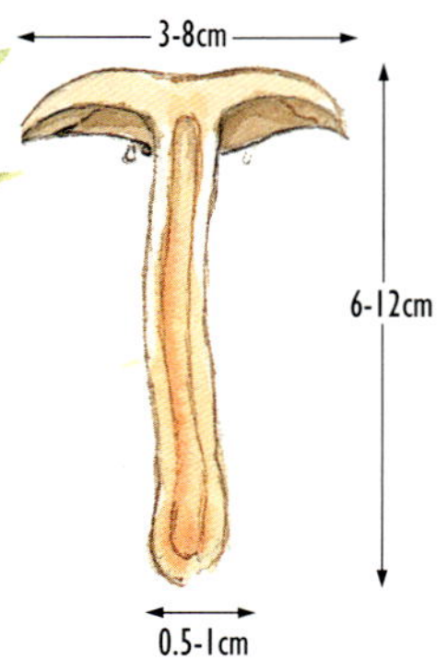

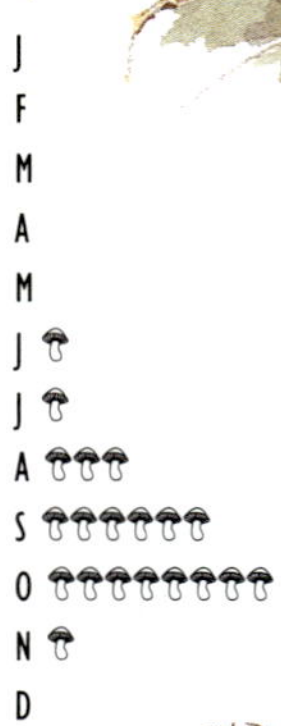

Hauptmerkmale: Hut ockerfarben, faserig, mit Velumresten am Rand. Lamellen braun, marmoriert, bei feuchter Witterung tränend, jung von einem spinnwebartigen Velum umhüllt. Das schwarze Sporenpulver ist als Ringzone am brüchigen, faserigen Stiel zu erkennen.
Standort: Wiesen, Weiden, Grünstreifen und Waldwege.
Häufigkeit: Häufig, eher einzeln oder büschelig wachsend.
Jahreszeit: Sommer bis Frostbeginn (siehe Pilzkalender).
Hut: Glockig, dann verflachend mit breitem Buckel. Rand eingerollt und schwarz fransig behangen. Der ocker- bis rehbraune Hut ist faserig gestreift, nach dem Ausreifen glatt.
Lamellen: Jung braun, mit spinnwebartigem Velum, später marmoriert, dann durch Sporen schwarz (Schneide bleibt weiß). Breit angewachsen, gedrängt, bei Feuchtigkeit Tröpfchen absondernd.
Sporenpulver: Schwarz (siehe Bild).
Stiel: Dünn, zerbrechlich, blaß, faserig, Ringzone schwarz.
Fleisch: Gelbbräunlich, mit etwas bitterem Geschmack.

Ähnliche Pilze

Behangener Faserling
Psathyrella candolleana
Unterschiede: Insgesamt zarter. Blasser, glatter Hut; schlanker, weißer Stiel; Lamellen weder tränend noch marmoriert. In Wäldern und in Gärten. Wertlos. (Bild links)

Grauer Faltentintling
Coprinus atramentarius (s. S. 74)
Unterschiede: Grauer, glockiger Hut, der später tintenartig zerfließt. Stiel glatt. Mit Alkohol giftig. (Bild rechts)

Voreilender Ackerling
Agrocybe praecox
Standorte, Größe und Habitus ähnlich. Aber blaß gelbbrauner Hut, braune Lamellen, braunes Sporenpulver, glatter Stiel, Ring häutig.

Champignon-Arten (s. S. 47 f.) wachsen oft am gleichen Standort, zeigen aber stabileren Wuchs, ein häutiges Velum, freistehende Lamellen, einen Ring. Meist eßbar. Auf Karbolchampignon (S. 78) achten! (Bild rechts)

Rißpilze (Gattung *Inocybe*) haben oft braune, faserige, gebuckelte Hüte, und ihr Sporenpulver ist tonbraun. Einige sind **äußerst giftig** (hier nicht abgebildet).

Parasolpilz

Macrolepiota procera (Scop.: Fr.) Sing.

ESSBAR

Küchentips
Den holzigen Stiel entfernt man und verwendet nur den unzerteilten Hut. Bevor man den Hut in Butter brät, in Paniermehl wälzen, damit er nicht zuviel Fett aufsaugt. Wenn er goldbraun ist, sofort servieren. Gefüllt und dann gebacken, schmeckt er ebenfalls fein. In Scheiben geschnitten, läßt er sich gut trocknen. Selten madig. Im Kühlschrank einige Tage haltbar.

Übertrifft den Schafchampignon in bezug auf die Größe des aufgeschirmten Hutes. Der Parasolpilz ist trocken und schmeckt ausgezeichnet. Seine Größe unterscheidet ihn von kleinen, oft sehr giftigen Schirmlingen (Gattung *Lepiota*). Einige verwandte Arten, wie der Safranschirmling, werden manchmal nicht so gut vertragen. Einige nicht verwandte, ähnliche Arten sind schwach giftig.

Hauptmerkmale: Jung wie ein Paukenschlegel. Später Hut ausgebreitet, sehr groß (nie unter 8 cm), mit dunklem Buckel, darum mehrere Kreise graubrauner Schuppen auf blaßbraunem Grund. Lamellen weiß und frei. Sporenpulver weiß. Stiel lang, schlank, mit brauner Natterung unterhalb des verschiebbaren, doppelten Rings.
Standort: Weiden, Parkrasen und Waldlichtungen, Hecken und Straßenränder.
Häufigkeit: Gelegentlich, einzeln oder in Gruppen. In feuchten Sommern stellenweise häufig.
Jahreszeit: Von August bis zum Spätherbst (siehe Pilzkalender).

Hut: Eiförmig, sich dann streckend, erst glockig, schließlich sehr groß; cremefarben; trocken und flach, außer dem braunen Buckel in der Mitte. Um den Buckel herum Kreise von blaßbraunen Schuppen. Der abgebogene Hutrand ist mit Velumresten behangen.
Lamellen: Im Jugendstadium von einem dicken, weißen Velum eingehüllt; weiß, gedrängt, trocken und frei.
Sporenpulver: Weiß (siehe Bild).
Stiel: Lang, schlank, sich aus einer knolligen Basis heraus nach oben zu verschmälernd. Faserig, hohl und brüchig. Weiß, unter dem großen, doppelrandigen, weißen, verschiebbaren Ring braun genattert.
Fleisch: Dünn (Lamellen viel breiter), weich und weiß, im Anschnitt nicht rötend, Geruch angenehm. Geschmack süßlich, nußartig.

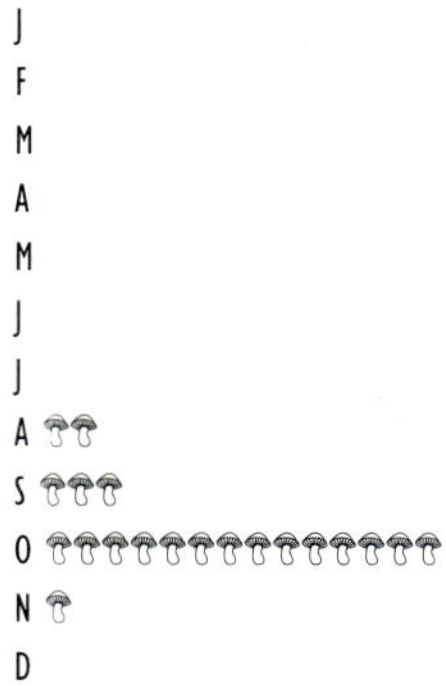

Safranschirmling

Macrolepiota rachodes

Hut etwas kleiner, aber fleischiger und mit weniger deutlichem Buckel, der von großen, blaß beigefarbenen, abgebogenen, faserigen Schuppen umgeben ist. Zwischen den Schuppen blasses Fleisch. Lamellen cremefarben, auf Druck rotbraun verfärbend. Sporenpulver weiß. Stiel stämmiger, glatt, weiß, nicht genattert, verfärbt sich im Alter oder auf Druck rotbraun. Ring wie beim Parasol. Im Anschnitt rotbraun verfärbend, besonders im Stiel. Geruch kräftiger als beim Parasol, etwas süßlich.

Häufiger als der Parasol. Im Frühherbst in Wäldern (besonders im Nadelwald), auch auf Kompost. Im allgemeinen verträglich, kann aber Verdauungsstörungen oder Hautausschläge auslösen. Deshalb **Vorsicht!** (Bild rechts)

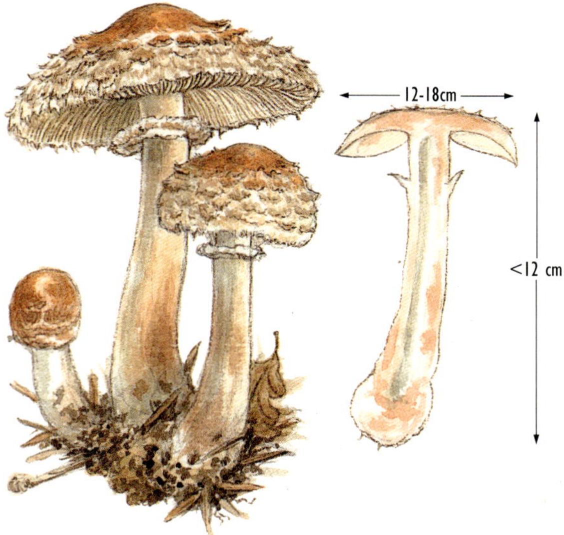

Gartenform des Safranschirmlings

Macrolepiota rachodes var. *hortensis*

Die Gartenform des Safranschirmlings ist eine Varietät der oben beschriebenen Art. Sie ist stämmiger, und der Hut trägt eckigere, haselnußbraune Schuppen. Der Pilz kommt in Gärten, auf Kompost und auf nährstoffreichen Böden vor. In bezug auf die Eßbarkeit gilt dasselbe wie oben. **Vorsicht!** (Bild links)

Ähnlichkeit mit dem Parasol hat aber auch ein etwas kleinerer, eßbarer Pilz (Hutdurchmesser bis zu 12 cm):

Zierliche Form des Sternschuppigen Schirmlings
Macrolepiota gracilenta ss. Cooke, Rea
Kleinerer Hut und weniger auffallende Schuppen. Stiel unauffälliger gezeichnet.

Eßbar ist auch der Sternschuppige Schirmling selbst, sein Hut mit der braunen großflächigen Hutmitte ist kleiner als 12 cm:

Sternschuppiger Schirmling
Macrolepiota konradii
Hutmitte glatt, außen heller. Stiel mit undeutlicherer Zeichnung. Fleisch leicht rötend.

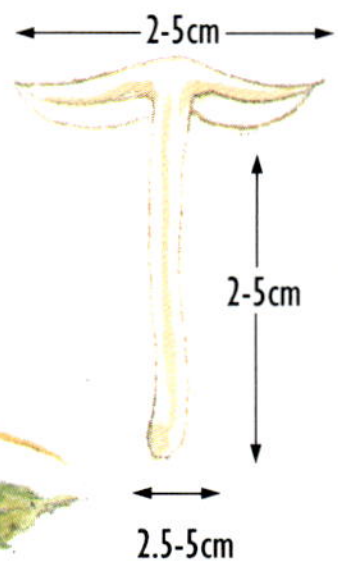

Einige kleine Schirmlinge (*Lepiota* spp.) mit schuppigen Hüten (bis 5 cm), unbeständigerem Ring und fruchtigerem Geruch sind **tödlich giftig**.

Alle oben genannten Pilze haben freie Lamellen und weißes Sporenpulver. Bei dieser Art ist das anders:

Sparriger Schüppling
Pholiota squarrosa
Mittelgroß, wächst büschelig an totem Holz bei Baumstümpfen. Hut orangebraun, von spitzen Schuppen umhüllt, diese bedecken auch den Stiel unterhalb des Rings. Lamellen breit angewachsen, gelb, bei Sporenreife rostbraun. Verursacht Verdauungsstörungen. (Bild rechts)

Orangefarbener Wiesenellerling

Hygrocybe pratensis (Pers.: Fr.) Orton & Watling

ESSBAR

Der Pilz ist eßbar und wohlschmeckend. Er ist kaum mit giftigen Arten zu verwechseln. Er wird oft bei anderen Ellerlingen und Saftlingen gefunden. Einige davon sind leuchtend gefärbt, aber nicht giftig. Alle sind stark rückläufig und sollten geschont werden.

Küchentips
Muß lange schmoren, damit das dicke Fleisch weich wird und die ausgetretene Flüssigkeit verdampft. Der Pilz kann ohne Butter oder Öl zubereitet werden. Knoblauch oder Gewürze verbessern den milden Geschmack. Paßt wegen seines Fleisches und Aromas gut zu Bovisten.

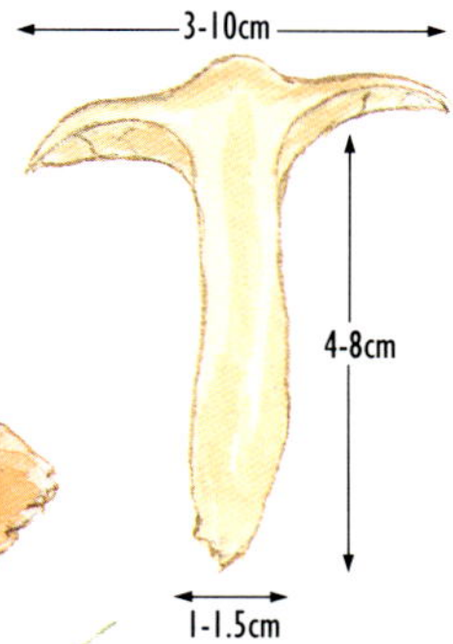

Hauptmerkmale: Dicke, entferntstehende, herablaufende, wachsartige, gelegentlich verzweigte leder- bis aprikosenfarbene Lamellen. Hutform und Hutfarbe variabel, meist aprikosenfarben. Stiel verschmälert sich zur Basis hin.
Standort: Wiesen und Weiden, Rasenflächen, Waldlichtungen.
Häufigkeit: Nur in manchen Gebieten häufig, oft in Hexenringen.
Jahreszeit: Herbst bis Frühwinter (siehe Pilzkalender).
Hut: Gewölbt, dann verflachend bis niedergedrückt, meist gebuckelt, mit ausspitzendem Rand; trocken, oft unregelmäßig geformt und einreißend. Blaß bis dunkel aprikosenfarbig.
Lamellen: Farbe wie Hut, dick, entfernt, stark herablaufend, wachsartig, gelegentlich verzweigt, am Grund auch queraderig verbunden.
Sporenpulver: Weiß (siehe Bild).
Stiel: Kurz, stämmig, blaß, glatt und sich zur Basis hin verschmälernd.
Fleisch: In der Hutmitte dick, strohgelb, feucht.

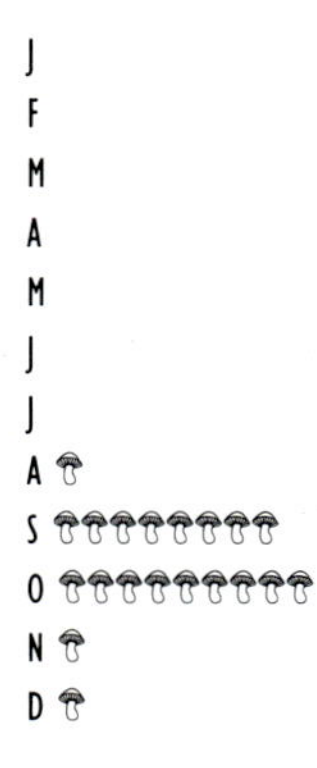

Ähnliche Pilze

Pfifferling
Cantharellus cibarius (s. S. 114)
Ist dem Orangefarbenen Wiesenellerling in Größe, Form und Sporenfarbe ähnlich, hat aber einen fruchtigen Geruch und ist eher gelb gefärbt. Dicke Leisten ersetzen die Lamellen. Im Moos unter Bäumen. Eßbar und sehr schmackhaft.

Falscher Pfifferling
Hygrophoropsis aurantiaca (s. S. 177)
Stärker orange gefärbt und dünnfleischig, mit gedrängten, nicht wachsartigen Lamellen und dünnem Stiel. An Holz auf sauren Böden. Manche Menschen vertragen den Pilz nicht. (Bild rechts)

Zahlreiche andere Saftlinge (Gattung *Hygrocybe*) sind in Farbe und Größe ähnlich und wachsen auf ähnlichen Standorten. Aber keiner von ihnen hat so stark herablaufende Lamellen und einen so dicken Stiel. Sie sind in Deutschland vollkommen geschützt und für die Küche ohnedies wertlos. (Bild links)

Zu den Saftlingen und Ellerlingen zählt als einer der häufigsten roten Saftlinge:

Kirschroter Saftling
Hygrocybe coccinea
Seine Fruchtkörper erscheinen im Spätsommer bis Herbst. Klein, glatt, trocken. Hut orangerot. Stiel und die breit angewachsenen Lamellen etwa gleichfarbig. Andere rote Saftlinge sind weniger wohlschmeckend, aber nicht giftig. In Deutschland ist das Sammeln dieser Pilze verboten.

Glasigweißer Ellerling
Hygrocybe nivea
(= Hygrocybe virginea)
Hut eher dünnfleischig und schmierig; rein weiß, mit durchscheinendem, manchmal aufgebogenem Rand, oben abgeflacht. Lamellen herablaufend, weiß und entferntstehend, durch eine Pilzinfektion manchmal rosafleckig. Fruchtkörper erscheinen von Sommer bis Frostbeginn. Der Glasigweiße Ellerling ist eßbar, darf aber in Deutschland, wie alle Hygrocybe-Arten, nicht gesammelt werden. Man kann den Pilz mit giftigen Arten verwechseln, die am gleichen Standort wachsen, etwa mit dem Feldtrichterling und mit dem Rinnigbereiften Trichterling. Schon wegen der Verwechslungsgefahr mit diesen beiden stark giftigen Pilzen sollte man weiße Ellerlinge nicht sammeln und nicht essen.

Feldtrichterling
Clitocybe dealbata und
Rinnigbereifter Trichterling
Clitocybe rivulosa (s. S. 80)
In bezug auf Farbe, Größe, Form und Sporenpulver ähnlich wie der Glasigweiße Ellerling. Lamellen jedoch herablaufend, gedrängt und nicht wachsartig. Der Rinnigbereifte Trichterling hat einen süßlichen Geruch, der Feldtrichterling riecht nach Mehl. Beide enthalten Muskarin und sind **stark giftig.** (Bild links)

Mattweißer Zärtling
Entoloma sericellum
In Größe und Form ist er dem Orangefarbenen Wiesenellerling zwar ähnlich, hat aber einen cremeweißen Hut, der erst gewölbt und gebuckelt, dann niedergedrückt bis trichterig ist. Lamellen weiß, angewachsen bis etwas herablaufend, sich dann durch das Sporenpulver rosa färbend. Geruch pilzartig. Nicht eßbar, nahe verwandte Arten sogar giftig. (Bild rechts)

Lilastiel-Rötelritterling

Lepista saeva (Fr.) Ort.

ESSBAR

Küchentips
Hut und Stiel in Butter anbraten. Läßt sich – in Stücke geschnitten – trocknen, in Essig einlegen oder einfrieren (vorher blanchieren!).

Ein brauchbarer Speisepilz, eng verwandt mit dem Violetten Rötelritterling (siehe S. 102), mit dem er manchmal verwechselt wird. Auf Wiesen sieht er dem Mairitterling (siehe S. 52) etwas ähnlich, aber das jahreszeitliche Vorkommen und der lila getönte Stiel sind klare Unterscheidungsmerkmale. Sein starkes Aroma und das dicke Fleisch lassen das Sammeln lohnend erscheinen.

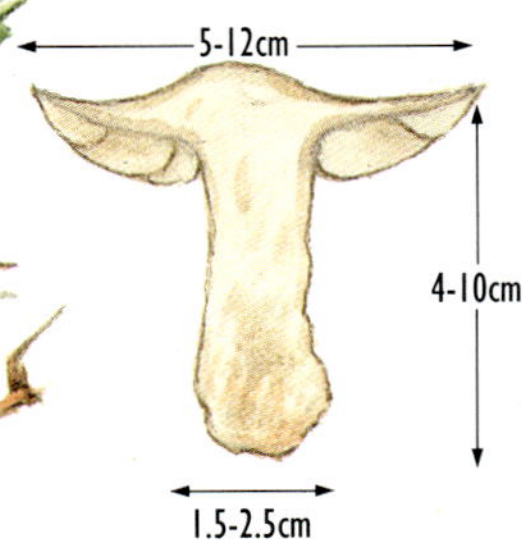

J
F
M
A
M
J
J
A
S
O
N
D

Hauptmerkmale: Mittelgroß, dick. Hut blaß graubraun mit etwas umgebogenem, welligem Rand. Lamellen gedrängt, schmutzig weiß, ausgebuchtet angewachsen. Sporenpulver blaß rosa. Stiel stämmig, leuchtend lilastreifig.
Standort: Wiesen und Waldränder.
Häufigkeit: Gelegentlich, manchmal in Hexenringen.
Jahreszeit: Herbst und Frühwinter (siehe Pilzkalender).
Hut: Gewölbt, sich dann ausbreitend, verflachend bis niedergedrückt; ledergrau; fleischig; glatt und trocken; mit welligem, jung abgebogenem Rand.
Lamellen: Ausgebuchtet angewachsen, gedrängt; schmutzig weißlich bis fleischfarben; sich leicht vom Hutfleisch lösend.

Sporenpulver: Blaß rosa (siehe Bild).
Stiel: Kurz und stämmig, an der Basis oft verdickt; auf blassem Grund lila längsfaserig (besonders in Basisnähe).
Fleisch: Dick, fest und weiß. Geruch schwach mehlig, aber manchmal wenig angenehm. Geschmack pilzartig mit Nußkomponente.

Ähnliche Pilze

Auf Grasflächen besteht Verwechslungsmöglichkeit mit:

Mairitterling
Calocybe gambosa (s. S. 52)
Unterschiede: Frühlingspilz, weißer Stiel, Sporenstaubfarbe. Größe und Form ähnlich. Deutlicher Mehlgeruch. Eßbar. (Bild oben)

Ähnliche Pilze in **Wäldern** und **Parks:**

Nebelkappe
Clitocybe nebularis
Ist größer, Hut und Stiel grau, kurz herablaufende weiße Lamellen. Gut kochen! Oft unverträglich.

Die andere Art, mit der man den Lilastiel-Rötelritterling nicht verwechseln sollte, ist der giftige

Riesenrötling
Entoloma sinuatum (s. S. 76)
Unterscheidet sich durch anfangs gelbe, später fleischfarbene Lamellen und durch das Fehlen von Lilatönen auf dem Stiel. **Sehr giftig**.

Violetter Rötelritterling
Lepista nuda (s. S. 102)
Sehr ähnlich, aber mit lilafarbenen Lamellen. Geruch und Geschmack fruchtig. Gut gekocht eßbar und schmackhaft. (Bild oben)

Einige **Schleierlinge** (Gattung *Cortinarius*) haben auch einen purpurlichen Stiel. Junge Pilze besitzen jedoch ein spinnwebartiges Velum, das die jungen Lamellen schützt. Das Sporenpulver ist rostbraun. Einige Arten sind **sehr giftig.** (Bild links)

Nelkenschwindling

Marasmius oreades (Bolt.: Fr.) Fr.

ESSBAR

Küchentips
Besonders für Suppen, Soßen und Schmorgerichte zu empfehlen. Sehr gut als Omelette-Füllung. Durch Trocknen verstärkt sich das Aroma – die zähen Stiele entfernen, die Hüte auf einen Faden ziehen und an warmer, trockener Stelle aufhängen.

Bildet auffällige, große Hexenringe. Er bevorzugt kurzes Gras. Wenn noch keine Fruchtkörper zu sehen sind, verrät er sich durch Kreise absterbenden Grases, die ein dunkelgrüner Grasring umgibt (vgl. S. 32). Der Pilz ist zwar klein, wächst aber immer gesellig, läßt sich leicht trocknen und schmeckt ausgezeichnet. Einige ähnliche Pilze, die auf gleichen Standorten in Kreisen wachsen, sind tödlich giftig. Die Pilze deshalb sorgfältig prüfen.

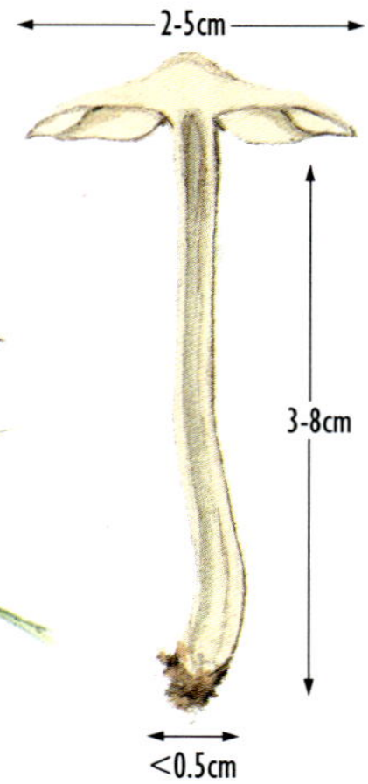

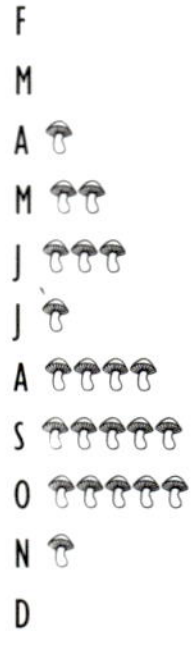

Hauptmerkmale: Klein, glatt, mit gelbbräunlichem Hut und Stiel. Hut erst glockig, dann flach und gebuckelt. Lamellen schmutzig weiß, angeheftet und entferntstehend, zum Rand hin mit kürzeren, intermediären Lamelletten. Sporenpulver weiß. Stiel schlank, aber recht biegsam.
Standort: Kurzes Gras, vor allem Rasenflächen und Parks.
Häufigkeit: Recht häufig, besonders in feuchten Sommern.
Jahreszeit: Frühsommer bis Frostbeginn.
Hut: Klein, glockig, dann flacher und gebuckelt. Glatt, nahe dem welligen Rand oft gerieft. Gelbbräunlich.
Lamellen: Cremeweiß, entferntstehend und angeheftet.Mit kürzeren Lamelletten, die nicht bis an den Stiel heranreichen.
Sporenpulver: Weiß (siehe Bild).
Stiel: Färbung und Dicke wie Stroh, hohl, aber zäh und biegsam.
Fleisch: Weiß, angenehm riechend, Geschmack nußartig süßlich.

Ähnliche Pilze

Zusammen mit dem Nelkenschwindling wachsen oft zwei cremebraune, etwa gleichgroße Arten, die tödlich giftig sind:

Der Rinnigbereifte Trichterling zählt, wie der Feldtrichterling und der Nelkenschwindling, zu den weißsporigen Arten.

Feldtrichterling
Clitocybe dealbata (s. S. 80) !☠
Hut ungerieft. Stiel nicht biegsam. Mehlgeruch.

Rinnigbereifter Trichterling
Clitocybe rivulosa, (s. S. 80) !☠
Mit aufreißender Huthaut mit süßlichem Geruch.

Eine andere ähnliche Art hat rosafarbenes Sporenpulver:

Seidiger Glöckling
Entoloma sericeum
Glockig, dann verflachend, mit Buckel. Dunkelbraun und am Rand gerieft, trocken seidig glänzend. Lamellen angeheftet, grau bis rosa. Fleisch nach Mehl riechend und schmeckend. Einige verwandte Arten sind giftig.

Dies ist eine ähnliche Art, die gelegentlich auch außerhalb des Waldes gefunden werden kann:

Waldfreundrübling ☠
Collybia dryophila
Hut einheitlich gelbbraun, flach und dünn. Lamellen gedrängt und weiß wie das Sporenpulver. Der zähe, gelbbraune Stiel wird zur Basis hin dicker und dunkler. Schwach **giftig.** (Bild rechts)

Riesenbovist

Langermannia gigantea (Batsch: Pers.) Rostkov.

ESSBAR

Wir haben den Pilz zum erstenmal vor über zwanzig Jahren gefunden und eine Gruppe von Studenten eingeladen. Der Pilz wurde brüderlich geteilt und gegessen. Dies war unser Einstieg in die Welt der Pilze und in die Pilzküche. Auch heute noch spüren wir jedesmal ein gewisses Kribbeln, wenn wir den Pilz finden. Einmal haben wir aus der Ferne einen weißen Fußball für den Riesenbovist gehalten, aber dies ist auch die einzige Verwechslungsmöglichkeit. Der Pilz wird gerne benutzt, um sich mit Größenrekorden zu schmücken. Sein Sporenpulver hat man aber auch zum Blutstillen verwendet.

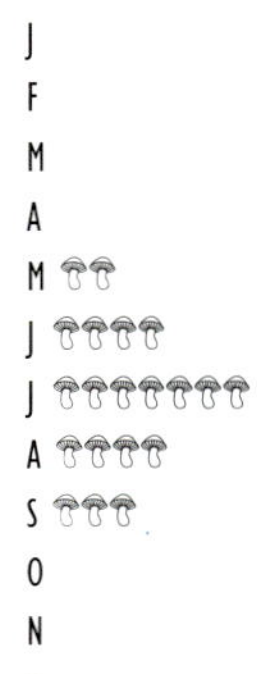

Hauptmerkmale: Sehr groß und rundlich. Die dünne, glatte, weiße Haut des Pilzes wird später erst gelbbraun, dann olivlich und schließlich braun. Ungestielt. Fleisch jung schwammig, reif bildet sich daraus eine baumwollartige Masse, die die Sporen enthält.

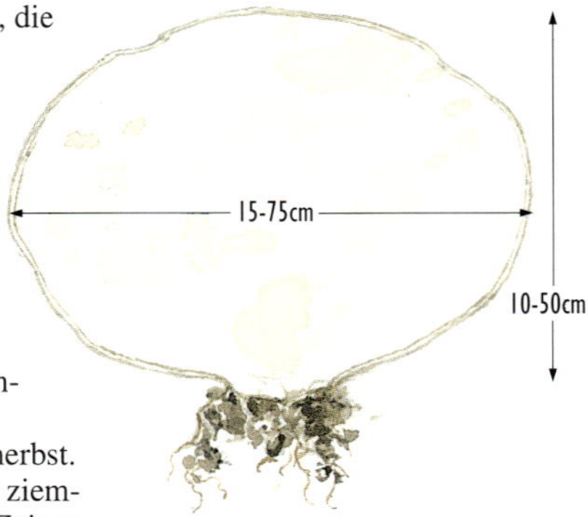

Standort: Wiesen und Weiden, Hecken, Wälder und Gärten, besonders auf nährstoff- oder kompostreichen Böden oder über vergrabenem Müll. Oft zwischen Brennesseln.
Häufigkeit: Gelegentlich, aber recht standorttreu. In kleineren Gruppen, manchmal auch in Hexenringen.
Jahreszeit: Frühsommer bis Frühherbst. Die reifen, alten Fruchtkörper sind ziemlich ausdauernd und noch längere Zeit zu finden.
Fruchtkörper: Ballrund oder kürbisförmig, oft unregelmäßig geformt. An der Basis faltig. Dort über Myzelstränge im Boden verankert. Haut glatt und trocken, zunächst weiß, schließlich olivlich, dann braun. Sie reißt dann auf. Pilzinneres erst weiß und fest, später schwammig. Es färbt sich erst gelblich, dann oliv und zuletzt braun. Dabei bildet sich eine Masse aus baumwollartigen Fasern und Millionen von Sporen. In etwa einer Woche erreicht der Pilz seine volle Größe. Das weiße Fleisch riecht und schmeckt pilzartig.
Sporenpulver: Braun.

Küchentips
Nur unreife, weißfleischige Exemplare verwenden. Die Haut nicht abziehen. Ein einziger Pilz kann eine Mahlzeit von mehreren Kilo liefern. Kleinlebewesen können Teile des Pilzes aushöhlen. Solche Stellen sind aber leicht zu entfernen. Am einfachsten ist es, die Pilze in etwa 2 cm dicke Scheiben zu schneiden und sie in Butter goldbraun zu braten (am besten vorher panieren). Sie lassen sich auch füllen und ganz überbacken. Ein Gericht von Riesenbovisten liegt vielleicht etwas schwer im Magen. Deshalb beim erstenmal nicht zuviel davon essen. Nicht zum Trocknen oder Einfrieren geeignet.

Ähnliche Pilze

Die einzige Verwechslungsmöglichkeit ist ein anderer Bovist, den man – aus der Entfernung gesehen – für einen weißen Hasen oder ein Lämmchen halten kann:

Hasenbovist

Calvatia utriformis

Auf sandigen Wiesen. Kann so groß werden wie ein junger Riesenbovist. Unterschiede: Oben abgeflacht und sterile Basis. Haut doppellagig. Die äußere Schicht reißt auf und bildet pyramidenförmige Warzen, die ein wabenartiges Mosaik auch auf der inneren Hautschicht zurücklassen. Diese wird braun und pergamentartig, löst sich von oben her auf und entläßt das braune Sporenpulver. Meist erst im Herbst. Eßbar, solange innen rein weiß.

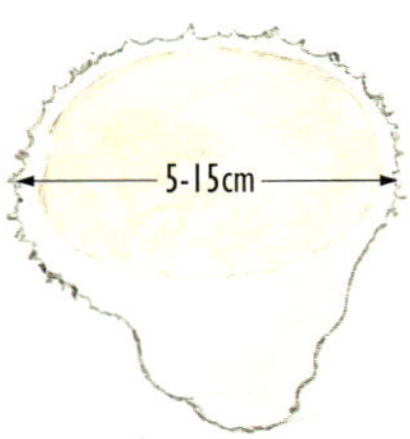

Kleinere Boviste auf Wiesen

ESSBAR

Dünen, Heidegebiete und Moore sind eingeschlossen (für in Wäldern wachsende Boviste siehe S.125–127):

J
F
M
A
M
J
J
A
S
O
N
D

Bleigrauer Zwergbovist
Bovista plumbea

Jung kugelig und weiß (etwa 1–5 cm). Fleisch fest und weiß. Später reißt die äußere Hautschicht auf, sie fällt ab und gibt die dünne, graue, nachdunkelnde innere Haut frei. Sie bricht auf, und man sieht eine rotbraune, baumwollartige Struktur, durchsetzt von Sporen. Der Pilz löst sich jetzt manchmal vom Boden und rollt fort. Er wächst vom Spätsommer bis zum Herbst. Häufig im niedrigen Gras, gesellig wachsend. Eßbar, solange innen noch rein weiß.

J
F
M
A
M
J
J
A
S
O
N
D

Schwärzender Bovist
Bovista nigrescens

Der obigen Art sehr ähnlich, wird jedoch größer (3–6 cm) und ist alt glänzend purpurschwarz gefärbt. Recht häufig. Wächst im Herbst. Eßbarkeit wie oben. Unterschiede beider Pilze zu den Stäublingen: Fehlen eines sterilen Stielteils.

ESSBAR

J
F
M
A
M
J
J
A
S
O
N
D

Wiesen-Staubbecher
Vascellum pratense

Bovistähnlich, aber verflachend und sich nach unten hin zu einem sterilen Stielbereich verschmälernd. Kleine, weiße, abwischbare Stacheln und Körnchen umhüllen die glatte, weiße Haut. Diese reif erst gelb, dann blaß braun. Sommer bis Herbst. Häufig. Eßbar, solange innen fest und rein weiß.

Stinkender Stäubling
Lycoperdon foetidum

Diese Art kommt auch häufig in Heidelandschaften und Mooren vor. Rundlich, mit kleiner, stielähnlicher Basis. Anfangs dicht mit kleinen Gruppen von Stacheln besetzt, deren obere Enden jeweils zeltähnlich zusammenlaufen. Die Stacheln lassen sich abreiben, am Grund bleibt dann ein netzartiges Muster zurück. Durch eine Öffnung am Scheitel tritt das olivbraune Sporenpulver aus. Sommer bis Herbst. Jung eßbar, mild.

J
F
M
A
M
J
J
A
S
O
N
D

J
F
M
A
M
J
J
A
S
O
N
D

Beutelstäubling
Calvatia excipuliformis

Wächst gelegentlich in Parks, Heidelandschaften und Wäldern. Größer und mit langem Stielbereich, der bis zu 75 % der Gesamtlänge des Fruchtkörpers einnehmen kann. Anfangs weiß und mit dünnen Stacheln und Körnchen besetzt, später glatt werdend. Die ockerfarbene Haut reißt dann oben auf, und die Sporen können entweichen. Später löst sich der fruchtbare obere Teil ganz auf. Die sterile Basis bleibt zurück. Spätsommer bis Herbst (siehe Pilzkalender). Eßbar, solange das Fleisch weiß ist. (Bild links)

Ähnliche Pilze

Sehr junge Champignons (*Agaricus* spp., siehe S. 47–51) sehen manchmal wie Boviste aus. Wenn man die Pilze durchschneidet, erkennt man aber den Stiel und die jungen Lamellen.(Aber Achtung, einige Champignons sind giftig!)

Kartoffelbovist ☠
Scleroderma citrinum (s. S. 162)
Rundlich bis etwas abgeflacht, beinahe stiellos. Unterschiede zu den Stäublingen: Zähe, dicke, gelbbraune, reptilartig gefelderte Haut; das Fleisch im Innern ist nur ganz jung weiß, färbt sich dann schnell purpurschwärzlich und bleibt lange fest. Geruch eigentümlich gummiartig. Die Sporen entweichen, wenn der Fruchtkörper oben unregelmäßig aufreißt. Vom Spätsommer bis in den Winter. **Giftig,** noch bis zu 4 Stunden nach der Mahlzeit können Erbrechen und Durchfälle auftreten.

Braunwarziger Hartbovist ☠
Scleroderma verrucosum (s. S. 162)
Ähnlich wie der Kartoffelbovist, aber mit kurzem, oft im Boden eingesenktem, faltigem Stiel und mit dünnerer Haut, die erst von kleinen braunen Schüppchen umhüllt ist und im Alter glatt wird. Geruch schwach. Leicht **giftig.** Verursacht auch Erbrechen und Durchfälle.

Wenn etwa in Parks einzelne Bäume stehen, kann man dort auch diesen Pilz finden:

Birnenstäubling
Lycoperdon pyriforme
Wächst an Holz. Dieser Pilz und andere in Wäldern wachsende Stäublinge (*Lycoperdon* spp., siehe S. 71) sind jung eßbar. (Bild links)

Giftige Pilze auf Wiesen und Weiden

Grauer Faltentintling

Coprinus atramentarius (Bull.: Fr.) Fr.

GIFTIG

Weniger auffallend als der Schopftintling (siehe S. 54), mit dem er manchmal am gleichen Standort wächst, aber genauso häufig. An recht unterschiedlichen Plätzen, auch in Wohngebieten. Eßbar, in Verbindung mit Alkohol aber giftig.

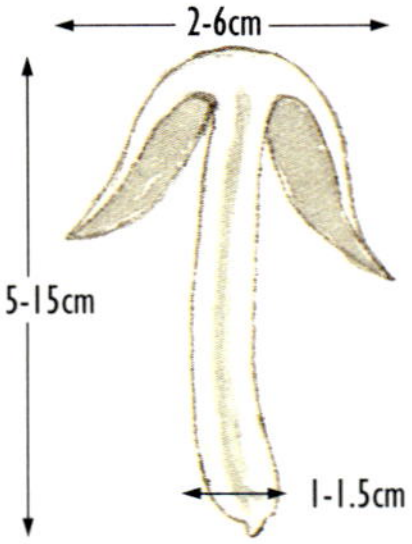

Giftwirkung

Bis zu 48 Stunden vor und nach der Pilzmahlzeit keinen Alkohol trinken. Trifft das Coprin des Pilzes im Blut mit Alkohol zusammen, kommt es zu Übelkeit, Durchfällen, starkem Herzklopfen und einem metallischen Geschmack im Mund. Die Symptome können so heftig werden, daß man ein Krankenhaus aufsuchen muß, klingen aber bald und ohne Dauerfolgen ab.

Standort: Wächst zwar auf dem Boden, steht aber immer mit moderigem oder vergrabenem Holz in Verbindung. Meist in der Nähe von Stümpfen in Wäldern, aber auch in Gärten, auf Sportplätzen.
Häufigkeit: Häufige Art, meist in Gruppen wachsend.
Jahreszeit: Frühling bis Frühwinter.
Hut: Erst eiförmig; glockig, wenn die Sporenreife einsetzt. Grau bis schmutzig rehbraun, glänzend, faltig, mit kleinen, braunen Schüppchen auf dem Scheitel. Kann am Rand wellig sein oder einreißen. Löst sich zuletzt selbst zu einer schwarzen, tintenartigen Flüssigkeit auf. Nur ein kleiner Rest des Hutes bleibt übrig.
Lamellen: Zahlreich, gedrängt und frei. Erst weiß, dann grau und schließlich schwarz, wenn die Sporenreife beginnt.
Sporenpulver: Schwarz (siehe Bild).
Stiel: Glatt, weiß und hohl, an der Basis etwas dicker, unmittelbar darüber schließt sich manchmal eine undeutliche Ringzone an.
Fleisch: Dünn, weiß und mit Pilzgeruch.

Mutterkorn

Claviceps purpurea (Fr.) Tul.

GIFTIG

Wenn Vergiftungen mit diesem Pilz heute auch selten geworden sind, so hat das Mutterkorn doch jahrhundertelang – besonders in Frankreich und in Mitteleuropa – schwere Erkrankungen und Todesfälle verursacht. Die ältesten Berichte darüber stammen aus dem 9. Jahrhundert. Der Pilz lebt parasitisch an Gräsern, also auch an Getreide, besonders an Roggen. Eine ausführliche Beschreibung seiner Geschichte und seiner Verwendung in der Medizin findet sich auf den Seiten 33 und 36. Heute liegt das Hauptproblem darin, daß das Vieh Gräser fressen könnte, die mit dem Pilz infiziert sind.

Standort: Blüten von Gräsern, auch Getreide, besonders Roggen, Raygräser und Knäuelgras.
Häufigkeit: Recht häufig an Gräsern. Durch den Einsatz von Fungiziden nur noch selten am Getreide.
Jahreszeit: Das Sklerotium (siehe Bild) wird vom Sommer bis zum Herbst gefunden.
Sklerotium und Fruchtkörper: Es bildet sich zunächst ein Sklerotium, das einer dünnen, harten, dunkelbraunen bis purpurschwarzen Banane gleicht. Es wächst aus Gräserblüten heraus und wirkt wie ein übergroßes Samenkorn. Je nach dem Wirtsgras variiert die Länge zwischen 3 und 10 mm. Die Dicke beträgt etwa 1 mm. Das Sklerotium fällt im Herbst ab und überwintert. Erst im Spätfrühling entwickeln sich Fruchtkörper, die wie winzige, purpurrosaliche Paukenschlegel aussehen. Die Sporen dieser Fruchtkörper infizieren neue Gräserblüten, und schließlich entsteht daraus ein neues Sklerotium, das „Mutterkorn“.

Giftwirkung
Das Sklerotium enthält mindestens 12 Alkaloide auf Lysergsäure-Basis, Histamine und Ergosterol. Deren Wirkung zeigt sich, wenn man aus Mehl von infiziertem Getreide Brot bäckt und dieses Brot ißt. Symptome: ein Gefühl innerlichen Verbrennens, Wundbrand, Halluzinationen und Blindheit. Bei Tieren löst das Mutterkorn Durchfallerkrankungen und Fußfäule aus.

Riesenrötling

Entoloma sinuatum (Bull.: Fr.) P. Kumm.

GIFTIG

Giftwirkung
Selten lebensgefährlich, verursacht Übelkeit, Darm-Beschwerden und Magenkrämpfe. Noch schwerwiegender: Kann unter Umständen zu dauerhaften Leberschäden führen.

Obwohl der Pilz nicht allzu häufig ist, kann er schwere Vergiftungen verursachen. Meist wird er mit dem Mairitterling (S. 52), mit dem Mehlräsling (S. 110), dem Lilastiel-Rötelritterling (S. 64) und sogar mit dem Wiesenchampignon (S. 47) verwechselt. In Frankreich ist er für etwa 80 % aller Pilzvergiftungen verantwortlich.

Standort: Feldwege, Waldränder, auch Waldwege und lichter Laubwald, gerne Buchenwald. Bevorzugt nährstoffreiche Böden.
Häufigkeit: Nicht häufig, aber gelegentlich in größeren Gruppen.
Jahreszeit: Sommer bis Herbst.
Hut: Groß, fleischig, breit gebuckelt, mit unregelmäßig welligem, jung eingerolltem Rand; trocken, glatt, anfangs mit matter Oberfläche, später glänzend. Die Farbe variiert von Elfenbeinweißlich über

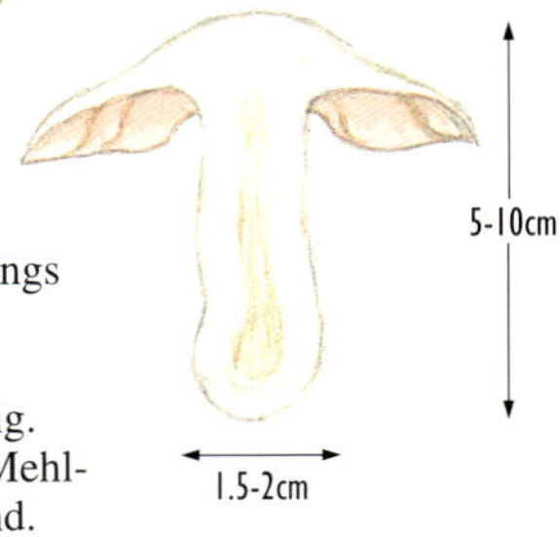

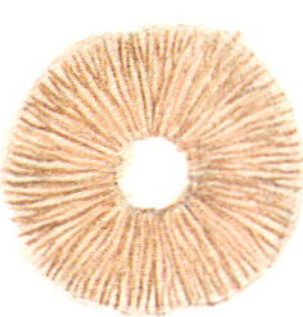

schmutzig Gelb bis Graubraun.
Lamellen: Ausgebuchtet angewachsen, anfangs strohgelb, ausgereift lachsrosa.
Sporenpulver: Schmutzig rosa (siehe Bild).
Stiel: Kräftig, weißlich, alt hohl, Basis faserig.
Fleisch: Anfangs weiß und mit deutlichem Mehlgeruch. Später braun und eher ranzig riechend.

Ziegelroter Rißpilz

Inocybe erubescens Blytt

GIFTIG

Etwa 100 Rißpilzarten sind bekannt. Viele davon enthalten Muskarin. Die meisten Rißpilze sind klein und deshalb kaum mit Speisepilzen zu verwechseln. Der größere Ziegelrote Rißpilz verursacht jedoch schwere Erkrankungen, wenn man ihn für den Wiesenchampignon (S. 47) oder den Mairitterling (S. 52) hält.

Giftwirkung
Enthält mindestens hundertmal so viel Muskarin wie der Fliegenpilz. Erste Symptome nach etwa 45 Minuten: Tränenfluß, Verlangsamung des Herzschlags, Atemnot. Tod durch Herzstillstand oder Ersticken. Gegenmittel: Atropin (das Gift der Tollkirsche)- nur unter ärztlicher Aufsicht!

Standort: Gras in Waldschneisen oder an Waldrändern, auch in Parks. Besonders bei Buchen auf Kalkböden, aber auch im Nadelwald.
Häufigkeit: Nicht häufig, aber mitunter in Gruppen.
Jahreszeit: Spätfrühling bis Herbst.
Hut: Sehr jung kugelig, dann dem Wiesenchampignon ähnelnd, bald kegelig und schließlich verflachend mit breitem Buckel in der Mitte. Fleischig und stellenweise seidig glänzend. Rand wellig und häufig einreißend. Die Farbe variiert von Elfenbeinweiß bis Strohgelb, an Druckstellen oder im Alter färben sich die radialen Fasern ziegelrot.
Lamellen: Angeheftet, gedrängt, erst blaß rosa, dann olivgelb, schließlich ziegelrötlich durch Berührung.
Sporenpulver: Schmutzig braun (siehe Bild).
Stiel: Gleichdick oder mit knolliger Basis, dick, fest und oft verbogen. Weiß mit ziegelroten Fasern.
Fleisch: Fest und weiß, aber im Anschnitt rötend. Mit etwas fruchtigem Geruch, ältere Pilze riechen strenger oder stinken sogar.

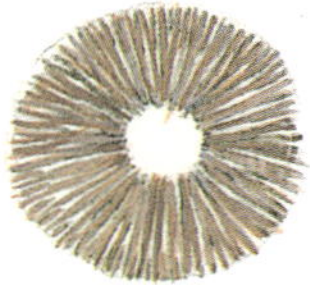

Karbolchampignon

Agaricus xanthoderma Genev.

GIFTIG

Giftwirkung
Typische Krankheitssymptome sind Magenschmerzen, Übelkeit und Durchfälle. Das Krankheitsbild entwickelt sich innerhalb von 2 Stunden und hält bis zu 48 Stunden an, meist ohne Langzeitfolgen. Manchmal kann es aber auch zu ernsthaften Erkrankungen wie zu Atemnot oder sogar zum Koma kommen.

Nicht häufig, aber wenn man ihn findet, leicht mit dem Wiesenchampignon (S. 47), dem Schafchampignon (S. 50) oder dem Dünnfleischigen Anis-Champignon (S. 108) zu verwechseln. Einige vertragen den Pilz, bei anderen verursacht er Magen-Darm-Erkrankungen.

Standort: Grasflächen, Unterholz, Wälder, Parks und Gärten.
Häufigkeit: Gelegentlich, in manchen Jahren häufiger. Meist gesellig.
Jahreszeit: Sommer bis Herbst.
Hut: Im Jugendstadium oben abgeflacht, sich dann ausbreitend und verflachend. Cremeweiß, in der Mitte oft mit winzigen, graubraunen Schüppchen. Wenn man die Huthaut in Randnähe ankratzt oder sie drückt, färbt sie sich gelb.
Lamellen: Anfangs weißrosalich, dann blaß graurosa, schließlich dunkelbraun. Gedrängt und frei.
Sporenpulver: Sehr dunkel braun (siehe Bild).
Stiel: Weiß, am Grunde verdickt, mit einem großen, herabhängenden Ring.
Fleisch: Weiß, aber in der angeschnittenen Stielbasis sofort chromgelb werdend. Der Geruch wird unterschiedlich beschrieben: tintenartig, nach Karbol (Apotheke) oder sogar nach Mäuse-Urin!

Spitzkegeliger Kahlkopf

Psilocybe semilanceata (Fr.) Quél.

GIFTIG

In Nord- und Südamerika wurden Kahlkopf-Arten schon in alten Zeiten für rituelle Zeremonien verwendet. In Europa ist es in den sechziger Jahren Mode geworden, den Spitzkegeligen Kahlkopf als Rauschpilz zu nutzen. Der winzige Pilz enthält einen Psilocin-Ester (siehe S. 20), der als Rauschdroge gilt und dessen Verwendung gesetzlich verboten ist.

Giftwirkung
Manchen Menschen wird gleich nach dem Essen übel. Halluzinationen setzen nach etwa 40 Minuten ein und halten einige Stunden lang an. Sie können Psychosen und Gedächtnislücken verursachen. Rückfälle sind möglich.

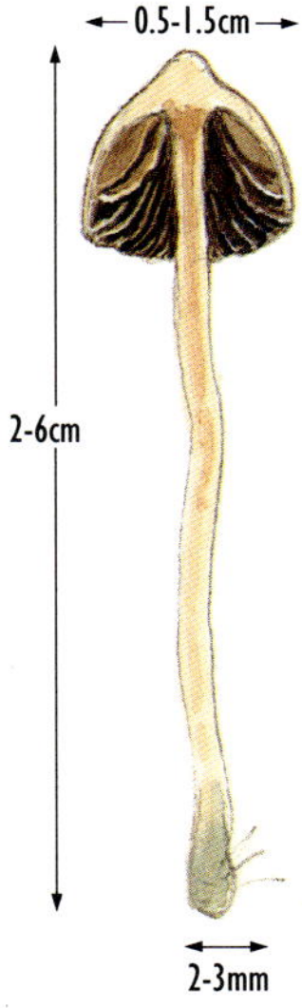

Standort: Weiden, Parks, Sportplätze und Wiesen. Immer an ungedüngten Plätzen.
Häufigkeit: Recht häufig, oft in größerer Zahl, besonders nach Regenfällen.
Jahreszeit: Sommer bis Herbst.
Hut: Glockig, aber immer mit spitzem Buckel. Nicht aufschirmend. Feucht schleimig und dunkel olivbraun, strohblaß eintrocknend. Rand anfangs etwas eingerollt, später gerieft.
Lamellen: Gedrängt, angewachsen oder angeheftet, bis zur Hutspitze hinaufreichend, anfangs grau, reif jedoch sehr dunkel braun mit weißbleibender Schneide.
Sporenpulver: Dunkel purpurbraun (siehe Bild).
Stiel: Blaß strohfarbig, sehr schlank und selten gerade. Beim Aufsammeln an der Basis oft blau werdend.
Fleisch: Dünn und blaß. Trocken mit strengem Geruch.

Feldtrichterling und Rinnigbereifter Trichterling

Clitocybe dealbata (Sow.: Fr.) P. Kumm.
Clitocybe rivulosa (Pers.: Fr.) P. Kumm.

GIFTIG

Giftwirkung
Beide Pilze enthalten Muskarin (siehe S. 21). Krankheitszeichen zeigen sich innerhalb von 30 Minuten: Übelkeit, Schmerzen beim Wasserlassen, starker Tränenfluß und Schweißausbrüche. Starker Flüssigkeitsverlust. Gegenmittel: Atropingaben unter ärztlicher Kontrolle.

Beide Pilze kommen häufig in Grasflächen vor, sie werden ab und zu als Nelkenschwindlinge (S. 66) oder als Glasigweiße Ellerlinge (S. 63) aufgesammelt. Die Farbe, die herablaufenden Lamellen und der Mehlgeruch des Feldtrichterlings erinnern auch an den Mehlräsling (S. 110). Diese beiden Wiesen-Trichterlinge und einige im Wald wachsende eng verwandte Arten sind sehr giftig und verursachen schwere Erkrankungen, verbunden mit heftigen Schweißausbrüchen.

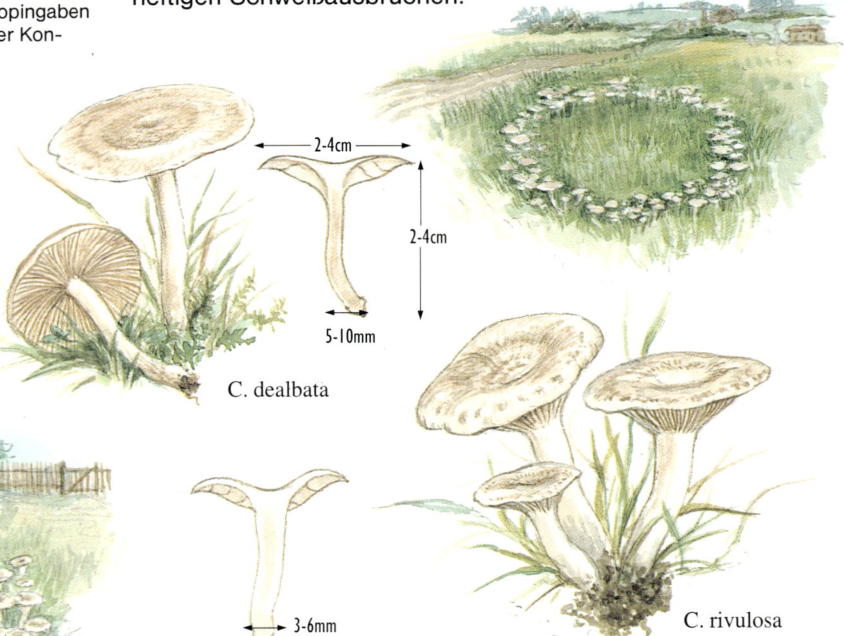

Standort: Wiesen, Weiden, Grünstreifen an Straßenrändern, in Parks.
Häufigkeit: Häufig, gesellig, oft in Hexenringen.
Jahreszeit: Mittsommer bis Spätherbst.
Hut: Beim Feldtrichterling gewölbt, dann abflachend und etwas niedergedrückt. Rand eingerollt und wellig. Cremegrau bis blaß ocker mit fleischfarbenem Ton. Trocken und glatt. Beim Rinnigbereiften Trichterling wie oben, aber Hutoberfläche bereift und ledergelblich gezont.
Lamellen: Beim Feldtrichterling gedrängt, gerade angewachsen bis kurz herablaufend, weiß bis grauocker. Beim Rinnigbereiften Trichterling etwas stärker herablaufend.
Sporenpulver: Weiß (siehe Bild).
Stiel: Glatt und weiß, zäh, aber nicht biegsam.
Fleisch: Beim Feldtrichterling dünn, weiß, Mehlgeruch. Beim Rinnigbereiften Trichterling weiß, Geruch süßlich oder fehlend.

Stinkschirmling

Lepiota cristata (Bolt.: Fr.) P. Kumm.

GIFTIG

Häufigster kleiner Schirmling. Wird mitunter für einen kleinen Parasolpilz (S. 58) gehalten. Der Pilz ist nicht tödlich giftig, der Genuß einiger eng verwandter Pilze kann jedoch das Leben kosten. All diese kleinen Schirmlinge haben kaum über 6 cm große schuppige Hüte, weißliche, frei stehende Lamellen und weißes Sporenpulver. Die Stiele sind beringt, besitzen aber keine Scheide am Stielgrund.

Giftwirkung
Der Stinkschirmling ist nicht eßbar, wahrscheinlich giftig. Verwandte Arten – einige davon mit angenehmem Geruch und mit dunkleren Schuppen – sind jedoch äußerst giftig. Sie lösen ähnliche Symptome aus wie der Grüne Knollenblätterpilz (siehe S. 151).

Standort: Kurzes Gras und Laubstreu im Wald, Weiden, Wiesen und Gärten.
Häufigkeit: Ausgesprochen häufig, im allgemeinen gesellig.
Jahreszeit: Sommer bis Herbst.
Hut: Klein, erst glockig, dann flach mit breitem Buckel. Weiß mit rotbrauner Mitte, die von Kreisen winziger, ähnlich gefärbter Schüppchen umgeben ist.
Lamellen: Sehr dicht gedrängt, frei und weiß, im Alter bräunlich.
Sporenpulver: Weiß (siehe Bild).
Stiel: Schlank, gebrechlich, seidig weiß, mit einem kleinen, flüchtigen Ring und rosalicher Basis.
Fleisch: Dünn, weiß bis rosa. Geruch stark unangenehm, wie Abgase oder nach Gummi.

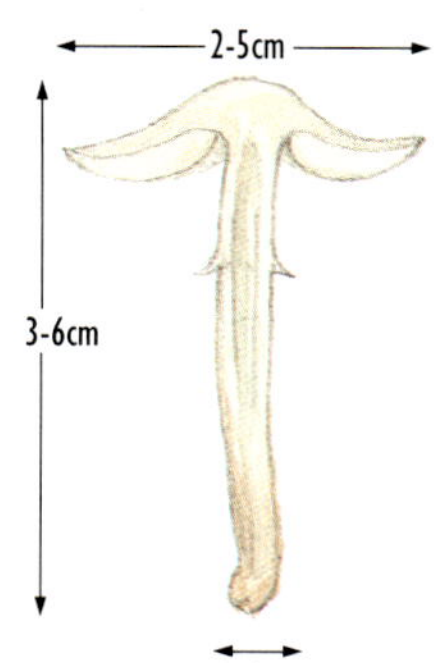

Eßbare Pilze im Laubwald

Zu den Waldpilzen gehören unter anderem Mykorrhizapilze und Saprophyten (siehe S. 8). Einige kommen in verschiedenen Wäldern vor, andere sind auf einen ganz bestimmten Waldtyp oder bestimmte Baumarten spezialisiert. Eine gute Kenntnis der Baumarten ist für das Bestimmen von Waldpilzen daher hilfreich. Nicht bei allen Bäumen wachsen reichlich Pilze. Für den Sammler sind Buchen, Eichen und Birken am ergiebigsten. In diesem Kapitel werden auch Parkbäume und Hecken als Standorte einbezogen. Ein geschlossener Wald ist nicht unbedingt erforderlich. Manchen Pilzen genügt ein einzelner Baum, damit sie gedeihen können.

Täublinge

ESSBAR

Von den über 150 mitteleuropäischen Täublingen (Gattung *Russula*) fallen viele durch leuchtende Farben auf. Alle stehen mit Bäumen in Verbindung (vergleiche S. 8). Im allgemeinen sind die Fruchtkörper groß. Das Fleisch ist brüchig. Täublinge haben weißes, cremefarbenes oder gelbes Sporenpulver. Bei den meisten Arten fehlen intermediäre, kürzere Lamelletten. Die Gattung *Russula* ist leicht bestimmbar. Das Bestimmen der Art ist schwieriger, vor allem, weil Täublinge sehr farbvariabel sind. Viele Arten sind eßbar, aber nicht unbedingt gute Speisepilze. Sie bilden jedoch eine wichtige Nahrungsquelle für Schnecken und andere Tiere. Besonders unter den roten Täublingen finden sich giftige Arten (siehe S. 178).

Küchentips
Die Meinungen über den Speisewert dieses Pilzes gehen weit auseinander. Wir essen ihn gern, weil er schon so früh im Jahr wächst. Man entfernt den am Hut anhaftenden Schmutz oder man zieht die Huthaut ab (geht relativ leicht). Dann beträufelt man die Pilze mit etwas Zitronensaft und brät sie in Butter.

Gelber Graustieltäubling
Russula claroflava Grove

Diesen leuchtend gelben Täubling kann man im feuchten Birkenwald von der Sommermitte an finden. Unter den zahlreichen häufigen ockergelben Täublingen ist diese Art durch ihre Farbe, den Geruch und den Standort leicht zu bestimmen.

Hauptmerkmale: Hut glänzend, leuchtend chromgelb, mit blaß gelben Lamellen. Stiel weiß, an Druckstellen oder alt dunkelgrau. Geruch fruchtig. Geschmack mild. Fleisch brüchig (wie bei allen Täublingen).

Standort: Feuchte Böden unter Birken (auch unter Erlen). Oft in Torfmoos-Beständen.
Häufigkeit: Am optimalen Standort häufig.
Jahreszeit: Sommer bis Frühherbst (siehe Pilzkalender).
Hut: Chromgelb, im Alter blasser, schließlich glänzend und etwas schmierig; flach bis niedergedrückt mit leichter Randriefung. Die Huthaut läßt sich etwa zur Hälfte abziehen.
Lamellen: Cremefarben, im Alter blaß gelb.
Sporenpulver: Ockergelb (siehe Abbildung).
Stiel: Weiß, im Alter oder auf Druck grau fleckend. Basis blaß gelb.
Fleisch: Weiß, an Bruch- oder Fraßstellen färbt sich das Stielfleisch grau. Geruch stark fruchtig. Geschmack mild (junge Exemplare manchmal ein bißchen schärflich).

Ähnliche Pilze

Ockertäubling
Russula ochroleuca
Hut eher ockergelb. Stiel leicht hutfarben, graut erst im Alter. Lamellen und Sporenpulver sehr blaß cremefarben. Geschmack oft scharf.

Dottertäubling
Russula risigallina
Hut 3–7 cm, Lamellen aprikosenfarbig, Sporenpulver ockergelb. Geruch fruchtig bis süßlich. Geschmack mild. Wertlos. (Bild oben)

Gallentäubling
Russula fellea
Der Gallentäubling ist ein häufiger Buchenbegleiter. Er zeigt einheitliche Färbung. Hut, Stiel und Lamellen sind schmutzig ockerfarben, nicht grauend. Sporenpulver blaß cremefarben. Das weiße Fleisch riecht fruchtig oder nach Pelargonien. Es schmeckt scharf, der Pilz ist deshalb ungenießbar. (Bild rechts)

Grünfelderiger Täubling

Russula virescens (Schaeff.) Fr.

ESSBAR

Küchentips
Viele meinen, dieser Täubling sei dem Steinpilz gleichwertig. Leider sehen die Maden das auch so! Besonders gut schmeckt er kurz gebraten oder gegrillt – zu lange geschmort, kann er weich und unansehnlich werden. Am besten ist er frisch zubereitet, läßt sich aber auch trocknen.

Der wohl bekannteste eßbare Täubling läßt sich leicht bestimmen, kommt allerdings nicht sehr häufig vor.

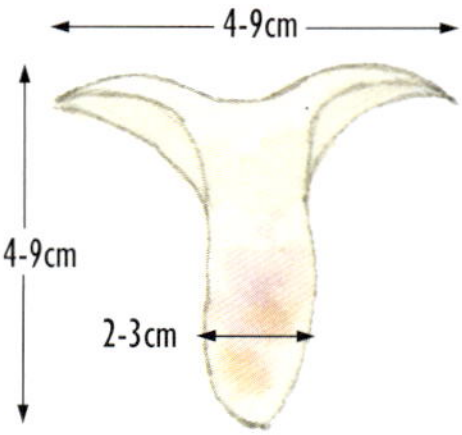

Hauptmerkmale: Die Huthaut ist meist grünspanfarbig, mit dunkelgrünen und ockerlichen Flecken, dazwischen wird das weiße Hutfleisch sichtbar. Der Hut wirkt dadurch felderig. Stiel, Lamellen, Fleisch und Sporenpulver sind weiß.
Standort: Lichter Wald, besonders bei Buchen oder Eichen.
Häufigkeit: Nicht häufig, eher stellenweise.
Jahreszeit: Sommer bis Frühherbst.
Hut: Bald verflachend, oft niedergedrückt mit abgebogenem Rand. Die trockene, blasse Haut ist erst cremefarben, später blaßgrün mit dunkleren grünen und gelbbraunen Flecken; sie reißt schließlich felderig auf, so daß das weiße Hutfleisch zu sehen ist.
Lamellen: Cremeweiß (siehe Bild).
Sporenpulver: Weiß (siehe Bild).
Stiel: Stämmig, gleichdick oder sich an der Basis verschmälernd; weiß mit einigen braunen Flecken (mit Eisensulfat rosa verfärbend, siehe S. 42).
Fleisch: Weiß und krümelig, riecht nach unreifen Haselnüssen und schmeckt nach rohen Kartoffeln.

Ähnliche Pilze

Im Laubwald findet man einige andere grüne Täublinge:

Grasgrüner Täubling
Russula aeruginea
Dem Grünen Speiseläubling ähnlich, aber Hut eher graugrün, Lamellen gelblich, gegabelt. Mit Eisensulfat graurosalich. Bei Birken. Beschwerden möglich.

Grüner Speisetäubling
Russula heterophylla
Hut glatt, gelbgrün. Lamellen weiß, gedrängt, etwas herablaufend, gegabelt. Stiel weiß (mit Eisensulfat rosalich). Eßbar.

Dunkelgrüner Täubling
Russula cutefracta
Mit aufreißender, manchmal dunkelgrüner Huthaut, aber auch mit purpurlichen bis bronzefarbenen Tönen. Mit Eisensulfat nicht rosa. Eßbar. (Bild links)

Drei andere, seltenere Täublinge sind auch grün gefärbt:

Grüne Varietät des Frauentäublings (s. S. 88)

Grüner Herings-Täubling
Russula elaeodes
Hutmitte dunkelgrün. Lamellen queraderig verbunden, blaß ockerlich. Stiel mitunter rosa überhaucht, an Druckstellen braun. Geruch heringsartig.

Grüner Herings-Täubling

Speisetäubling (s. S. 89)

Grüne Täublinge sind oft ähnlich wie:

Grüner Knollenblätterpilz
Amanita phalloides
(s. S. 151)
Hut olivfarben, glänzend, Sporenpulver weiß, Lamellen weiß. Großer, weißer Ring, Stielbasis mit Scheide, Fleisch nicht krümelig. **Tödlich giftig!**

Frauentäubling

Russula cyanoxantha (Schaeff.) Fr.

ESSBAR

Küchentips
Fraßstellen von Schnecken entfernen. Hüte und Stiele junger Exemplare sind fest und fleischig. Am besten schneidet man sie und brät sie mit viel Zitronensaft, Knoblauch oder Gewürzen. Zur Abwechslung mit stärker aromatischen Pilzen mischen oder mit Steinpilzpulver würzen.

Einer der häufigsten Täublinge. Er fällt auf, weil die Lamellen nicht so spröde und splitternd sind wie bei anderen Täublingen. Wird dennoch oft mit ähnlichen Arten verwechselt. Der Geschmack ist mild und angenehm.

Hauptmerkmale: Hut fest, mit unterschiedlicher Färbung, teilweise mischen sich Purpur, Grau, Blau, Grün und Gelb. Lamellen weiß und für einen Täubling ungewöhnlich elastisch. Stiel weiß. Fleisch im Geschmack mild. Sporenpulver weiß. Hutfleisch und Stielfleisch spröde.
Standort: Laubwälder, besonders bei Buchen.
Häufigkeit: Sehr häufig.
Jahreszeit: Sommer bis Spätherbst (siehe Pilzkalender).
Hut: Anfangs gewölbt, später flach und oft niedergedrückt. Fest, fleischig, glatt und glänzend. Farbe sehr variabel, siehe oben. Hutmitte eher braun und grün. Eine Varietät ist grün gefärbt (var. *peltereaui*), eine andere eher gelb (var. *chlora*).
Lamellen: Gedrängt, weiß, gegabelt, etwas schmierig und biegsam (nicht brüchig).
Sporenpulver: Weiß (siehe Bild).
Stiel: Gleichdick, fest, aber spröde, glatt und weiß.
Fleisch: Fest und dick, unter der Huthaut stellenweise etwas rötlich getönt, sonst weiß.

Ähnliche Pilze

Trotz eindeutiger Merkmale ist der Frauentäubling zu verwechseln mit:

Langes Frauentäubling
Russula langei
Lamellen cremefarben, Stiel purpurlich überhaucht. Eßbar.

Wechselfarbiger Speitäubling
Russula fragilis
Rosapurpurlicher Ton. Kleiner als der Frauentäubling, sehr zerbrechlich. Hutrand gerieft. Lamellenschneiden fein gekerbt. Geruch fruchtig, Geschmack scharf. (Bild links)

Blaugrüner Reiftäubling
Russula parazurea
Hut blaugrün, schuppig. Fleisch blaßgelb. Eßbar.

Dickblättriger Schwärztäubling
Russula nigricans
Fast doppelt so groß wie der Frauentäubling. Hut weißbräunlich bis schwarz. Stiel und Lamellen heller, sehr entfernt stehend. Fleisch an Bruchstellen erst rosa, dann schwärzlich. Ungenießbar.

Speisetäubling
Russula vesca
Hut wein- bis fleischfarben. Huthaut endet vor dem Rand, Fleisch und Lamellenoberseite dort sichtbar. Stiel weiß, sich zur Basis hin verschmälernd, fleckt stellenweise braun. Fleisch fest. Eßbar.

Milchlinge im Laubwald

ESSBAR

Zu den bekanntesten unter ihnen zählen der Milchbrätling (*Lactarius volemus*), der Pfeffermilchling (*Lactarius piperatus*), der Kleine Duftmilchling (*Lactarius glyciosmus*) und der Kampfermilchling (*Lactarius camphoratus*). Die Milchlinge sind den Täublingen nahe verwandt und ebenfalls Mykorrhizapilze (siehe S. 8). Wie alle Täublinge haben sie brüchiges Fleisch, im Anbruch scheiden sie jedoch einen je nach Art verschieden gefärbten Milchsaft aus. Nur wenige Milchlinge sind eßbar, bei vielen schmecken Milch oder Fleisch scharf. Die besten Milchlinge, die rotmilchenden Reizker, wachsen im Nadelwald (siehe S. 166). Der unten beschriebene Milchbrätling darf aber in Deutschland nur in kleinen Mengen für den Eigenbedarf gesammelt werden.

Milchbrätling
Lactarius volemus
Hut groß, orange- bis rotbraun, trocken, fühlt sich wildlederartig an. Stiel dick, wie der Hut gefärbt. Lamellen etwas herablaufend, blaß gelb, an Druckstellen bräunend. Beim Ankratzen färbt weiße Milch die Lamellen braun. Sporenpulver weiß. Das cremefarbene Fleisch milcht ebenfalls, es riecht fischartig. Wird immer seltener, deshalb in Deutschland geschützt. (Bild links)

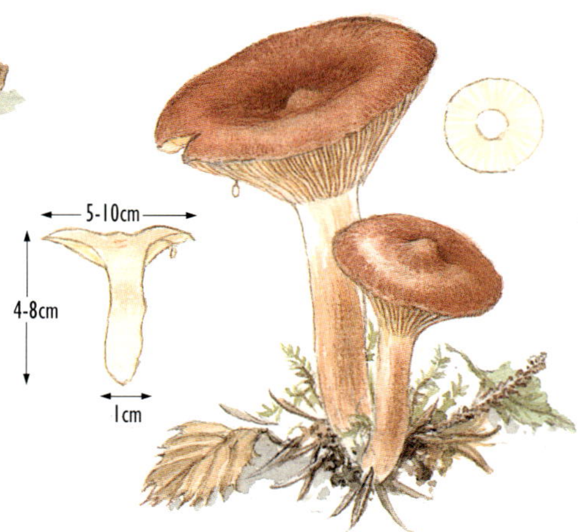

Rotbrauner Milchling
Lactarius rufus
In der Farbe ähnlich, aber etwas kleiner. Er wächst bei Nadelbäumen und bei Birken. Der Hut ist in der Mitte gebuckelt, das weißliche Fleisch schmeckt sehr scharf. Deshalb gilt der Pilz als nicht eßbar.

Andere Laubwald-Milchlinge sind:

Kleiner Duftmilchling
Lactarius glyciosmus
Hut klein, flach, graurosa. Lamellen gelblich. Milch weiß. Kokosgeruch. Bei Birken.

Kampfermilchling
Lactarius camphoratus
Einer der vielen rotbraunen Milchlinge. Fällt durch seinen stumpfen Buckel auf. Stiel und Lamellen wie der Hut gefärbt, Sporenpulver cremefarben, Milch wäßrigweiß. Getrocknet riecht er nach Zichorie oder Liebstöckel. Vermahlen kann er als Gewürz dienen. Kommt auch im Nadelwald vor.

Pfeffermilchling
Lactarius piperatus
Hut breit, trichterförmig, elfenbeinweiß, mit eingerolltem Rand. Lamellen sehr dicht gedrängt, cremegelb. Die weiße Milch schmeckt scharf. Kein Speisepilz.

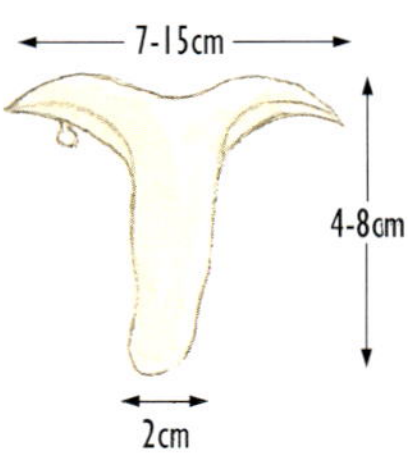

Wolliger Milchling
Lactarius vellereus
Ähnlich, aber Hut bis zu 20 cm groß. Lamellen weiß, entfernt. Geschmack sehr scharf, kein Speisepilz. Herbstpilz.

ESSBAR

Küchentips
Junge Steinpilze kann man ganz (also einschließlich Stiel) zubereiten oder sauer einlegen. Sogar roh in Scheiben geschnitten schmecken sie köstlich. Bei Pilzen mittleren Alters dreht man die Stiele ab, schält sie, schneidet sie grob und verwertet sie zusammen mit den Hüten. Durchfeuchtete und schon oliv gefärbte Röhren sollte man entfernen. Ältere Exemplare sind oft madig, besonders im Stiel. Zum Trocknen schneidet man Hut und Stiel in grobe Stücke, zieht die Stücke auf einen Faden und hängt sie zum Trocknen auf. Durch Einweichen in warmem Wasser quellen sie. Getrocknete und pulverisierte Steinpilze geben Braten und Soßen ein unvergleichliches Aroma.

Steinpilz

Boletus edulis Bull.

Nach den Trüffeln ist dies der teuerste europäische Speisepilz. Von den wenigen giftigen Arten aus derselben Familie ist er leicht zu trennen. Steinpilze lassen sich gut trocknen und aufbewahren. In Deutschland darf man nur kleine Mengen für den Eigenbedarf sammeln.

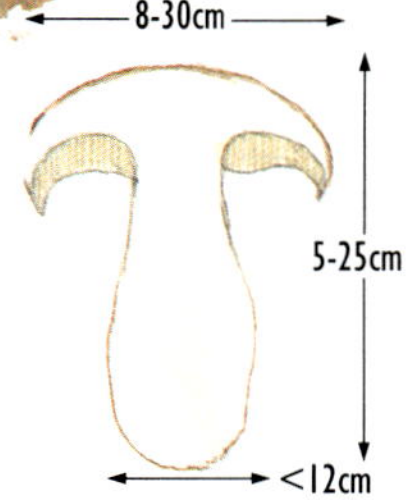

Hauptmerkmale: Poren (offene Enden der Röhren) weiß bis blaß strohgelblich, verfärben sich nicht auf Druck. Stiel dick, erhabenes weißliches Netz am oberen Ende. Auf Druck kein Verfärben.
Standort: Laub- und Nadelwälder, besonders bei Eichen, Buchen, Birken und Fichten. Waldränder oder Waldwege, auch im Gras, wenn Bäume in der Nähe stehen.
Häufigkeit: In manchen Jahren häufig, meist in kleinen Gruppen.
Jahreszeit: Frühsommer bis Herbst (siehe Pilzkalender).
Hut: Zunächst kleiner als der Stiel, dann dick gewölbt und mit weißem Reif, später flacher. Farbe von Weiß bis Braun. Rand meist blasser.
Poren: Klein, rund, weiß, im Alter strohgelblich bis etwas olivlich, verfärben sich auf Druck nicht.
Röhren: Frei (leicht von Hut und Stiel ablösbar), wie die Poren gefärbt.
Sporenpulver: Olivbraun (siehe Bild).
Stiel: Jung zur Basis hin stark verdickt. Blaß braun, die feine, weiße, wabenartige Netzzeichnung ist oben deutlicher.
Fleisch: Dick, weiß, unter der Huthaut manchmal braun. Geruch angenehm, Geschmack nußartig.

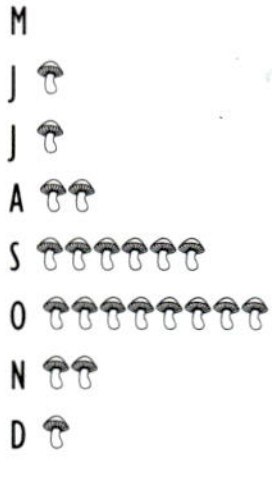

Ähnliche Pilze

Zu verwechseln ist der Steinpilz nur mit Arten derselben Familie. Hexenröhrlinge und der Satanspilz haben rötliche Poren. Beim Wurzelnden Bitterröhrling sind sie zitronengelb. Auch der Schönfußröhrling mit blaßgelben Poren und rötlichem Stiel ist ähnlich.

Ein anderer eßbarer Pilz wächst oft am gleichen Standort wie der Steinpilz:

Maronenröhrling
Xerocomus badius (s. S. 94)
Hut braun. Poren blaßgelb, auf Druck blaugrün.

Dem Steinpilz sehr ähnlich sind der Sommersteinpilz, der Schwarzhütige Steinpilz und der Kiefernsteinpilz:

Sommersteinpilz
Boletus reticulatus
Der graubraune Hut reißt felderig auf. Der Stiel ist hell genetzt, die Netzzeichnung dunkel zunehmend. Schon früh im Sommer, bei Buchen und Eichen.

Schwarzhütiger Steinpilz
Boletus aereus
Hut sehr dunkel braun. Poren und Fleisch weiß, aber bei Berührung weinrötlich verfärbend. Stiel gänzlich braunnetzig. Bei Buchen und Eichen. In Deutschland gilt Sammelverbot.

Kiefernsteinpilz
Boletus pinophilus
Hut und Stiel rotbraun. Bei Waldkiefern. (Bild rechts)

Gallenröhrling
Tylopilus felleus
Der braune Hut, die weißen Poren und der olivbraun genetzte Stiel lassen junge Exemplare wie Steinpilze aussehen. Die Poren bräunen jedoch bei Berührung und werden alt rosalich. Die Netzzeichnung ist grober und dunkler olivbraun. Geschmack sehr bitter, deshalb ungenießbar.

ESSBAR

Küchentips
Den Pilz von Pflanzenteilen und Schmutz befreien. Nun kann man ihn wie den Steinpilz verwenden. Stiel aber faserig. Gut zu trocknen.

Maronenröhrling

Xerocomus badius (Fr.) Kühn.: Gilb.

Etwa so groß wie der Steinpilz, wächst oft an denselben Standorten. Nach feuchten Sommern auch häufig. Sehr guter Speisepilz, der nur selten madig ist. Vorsicht! Wie der Maronenröhrling blauen auch einige Giftpilze auf Druck.

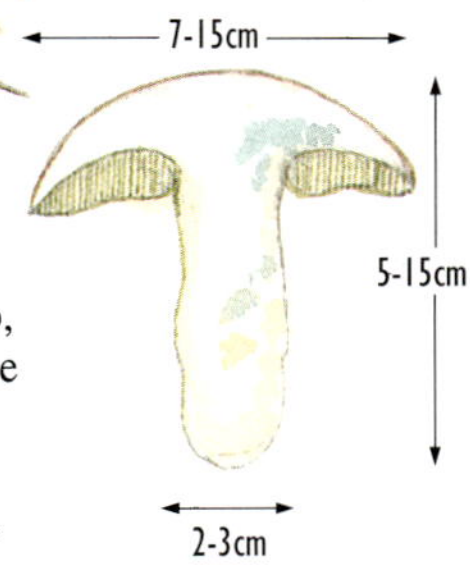

Hauptmerkmale: Hut leuchtend rotbraun. Poren gelb, auf Druck blaugrün werdend. Stiel nicht verdickt, ohne Netzzeichnung und ohne schwarze Schüppchen. Im Anschnitt blaut das Fleisch etwas.
Standort: Bei Laub- und Nadelbäumen, saure Böden.
Häufigkeit: Häufige Art, einzeln oder in Gruppen.
Jahreszeit: Sommer bis Herbst (siehe Pilzkalender).
Hut: Dunkel rotbraun, jung samtig, feucht etwas schmierig, nach Regen dunkler. Erst gewölbt, im Alter verflachend.
Poren: Deutlich erkennbar, eckig; erst cremefarben, dann blaß gelb, sich auf Druck blaugrün verfärbend.
Röhren: Angewachsen bis frei, gelb bis grün, kurz und leicht vom Hutfleisch ablösbar.
Sporenpulver: Olivbraun (siehe Bild).
Stiel: Zylindrisch, an der Basis nicht verdickt, jedoch oft verbogen, gelbbraun und braun überfasert.
Fleisch: Fest, blaß gelb, im Anschnitt etwas blauend. Geschmack mild.

Ähnliche Pilze

Steinpilz
Boletus edulis (s. S. 92)
Unterschiede: Rundlichere, hellere Poren, nicht blauendes Fleisch, verdickte Stielbasis und weißliche Netzzeichnung im oberen Stielteil. (Bild links)

Auch drei andere häufige, gelbbraune Röhrlinge mit gelben oder orangen Poren blauen bei Berührung:

Flockenstieliger Hexenröhrling
Boletus erythropus (s. S. 160)
Häufig in Wäldern auf sauren Böden. Großer Pilz (Hut bis 20 cm) mit dickem, gelbem Stiel, der mit roten Flöckchen besetzt ist. Poren orangerot, auf Druck blau. Fleisch in Hut und Stiel gelb, im Anschnitt blau. Nur gut gekocht genießbar.

Rotfußröhrling
Xerocomus chrysenteron
Sehr häufig, viele Monate zu finden. Hutfarbe variabel, meist gelbbraun, Huthaut oft felderig aufreißend. Dabei wird eine rosarote Pigmentschicht sichtbar. Poren groß, eckig, manchmal rötlich überhaucht. Eßbar, aber oft durchfeuchtet und madig, gern von einem Schimmelpilz befallen.

Ziegenlippe
Xerocomus subtomentosus
Dem Rotfußröhrling ähnlich, aber ohne rote Pigmentschicht unter der Huthaut. Poren groß, eckig, goldgelb, blauen auf Druck. Stiel ohne Rottöne.

Birkenrotkappe

Leccinum versipelle (Fr. et Hök) Snell

ESSBAR

Küchentips
Holzige Stiele und schwammige Röhren, bei jungen Pilzen nur die Stielschuppen vor der Zubereitung entfernen. Das Fleisch färbt sich bei Erhitzen dunkelgrau.

Hat einen großen orangefarbenen Hut und einen langen, rauhschuppigen Stiel. Typischer Birkenbegleiter. Auch alle ähnlichen Pilze sind eßbar. In Deutschland sind nur kleine Mengen für den Eigenbedarf erlaubt.

J
F
M
A
M
J
J
A
S
O
N
D

Hauptmerkmale: Hut orange. Enge, graue Poren. Weißer, schwarz-braun schuppiger Stiel. Fleisch im Anschnitt erst blaugrün, dann schwarz.
Standort: Lichte Birkenwälder (auch bei Pappeln), oft bei Farnen.
Häufigkeit: Häufig. Ein Exemplar läßt meist auf weitere schließen.
Jahreszeit: Frühsommer bis Herbst. In Schüben nach Regen.
Hut: Jung fest, ziegelrot. Dann sich ausbreitend, trocken, orangebraun. Haut am Rand überhängend.
Poren: Rund, schmutzig weiß bis grau, dann blaßbraun.
Röhren: Grau, angeheftet.
Sporenpulver: Braun (siehe Bild).

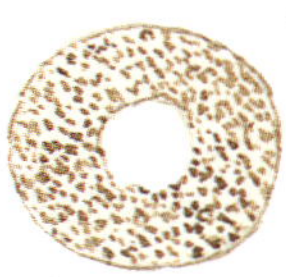

Stiel: Lang, sich von der verdickten Basis her nach oben zu verschmälernd. Weiß, mit Längsreihen kleiner, brauner bis schwarzer Schüppchen. Basis oft blaugrün verfärbend.
Fleisch: Sehr dick, fest, weiß oder blaß rosa, im Anschnitt blaugrün verfärbend. Stielfleisch faserig werdend, am Grund mitunter blauend.

Ähnliche Pilze

Von allen Rauhstielröhrlingen sind in Deutschland nur kleine Mengen für den Eigenbedarf erlaubt.

Eichenrotkappe
Leccinum quercinum
Unterscheidet sich durch rotbraunen Hut und ebensolche Stielschuppen. Wächst bei Eichen. Nicht häufig. Eßbar.

Espenrotkappe
Leccinum rufum
Ähnlich wie die Eichenrotkappe, aber bei Zitterpappeln. Nicht häufig. Eßbar. (Bild links)

Gemeiner Birkenpilz
Leccinum scabrum
(s. S. 98)
In Birkenwäldern häufig, oft zusammen mit der Birkenrotkappe. Der Pilz ist kleiner und braunhütig. Die Huthaut hängt am Rand nicht über. Die Poren färben sich auf Druck braun, das Stielfleisch behält seine Farbe. Eßbar. (Bild oben)

Auch manche Schmierröhrlinge (Gattung *Suillus*) sehen ähnlich aus, haben aber einen schleimigen Hut und keine Stielschuppen. Sie wachsen bei Nadelbäumen. Ein Beispiel dafür ist der

Goldröhrling
Suillus grevillei (s. S. 172)
Halb so groß wie die Birkenrotkappe, wächst immer bei Lärchen. Eßbar.

Gemeiner Birkenpilz

Leccinum scabrum (Bull.: Fr.) Gray

ESSBAR

Küchentips
Nur junge, festfleischige Exemplare nehmen. Vor dem Zubereiten die Röhren am besten entfernen (sie lassen sich leicht vom Hutfleisch lösen). Gut für Suppen und Eintöpfe.

Der häufigste Rauhstielröhrling. Mit Birken vergesellschaftet. In Deutschland nur in kleinen Mengen für den Eigenbedarf erlaubt!

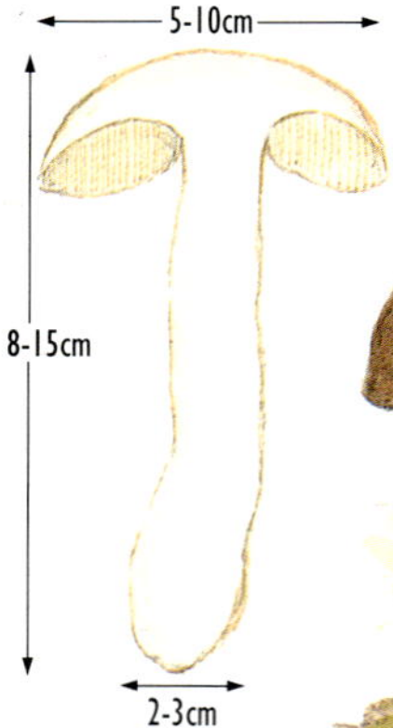

J
F
M
A
M
J
J
A
S
O
N
D

Hauptmerkmale: Mittelgroßer, brauner Hut, bei feuchter Witterung schmierig und bald schwammig. Die engen, grauen Poren färben sich bei Berührung braun. Der schlanke Stiel ist fein braunschwarz schuppig.
Standort: Bei Birken.
Häufigkeit: Sehr häufig, stellenweise in größeren Mengen.
Jahreszeit: Frühsommer bis Herbst (siehe Pilzkalender).
Hut: Blaß graubraun, erst gewölbt und fest, dann verflachend und weich. Ohne überhängende Huthaut. Bei feuchter Witterung schmierig.
Poren: Sehr eng, grau und bei Berührung schmutzig braun.
Röhren: Schmutzig weiß, fast frei, um den Stiel kürzer.
Sporenpulver: Tabakbraun (siehe Bild).
Stiel: Sich von der dickeren Basis her nach oben verschmälernd; weiß, mit winzigen, braunschwarzen Schüppchen.
Fleisch: Dick, weich, entweder unveränderlich oder sich im Anschnitt rosalich färbend. Mit angenehmem Geruch.

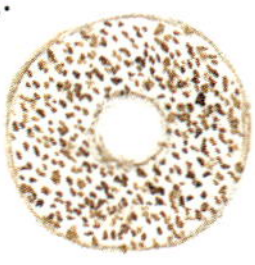

Ähnliche Pilze

Birkenrotkappe
Leccinum versipelle
(s. S. 96)
Ebenfalls bei Birken, mit großem, orangefarbenem Hut, dessen Haut am Rand etwas überhängt. Das Fleisch färbt sich im Anschnitt graublau und schwärzt beim Kochen. Eßbar und gut. (Bild rechts)

Auch einige andere, seltenere Rauhstielröhrlinge (alle mit schuppigem Stiel) wachsen bei Birken:

Verschiedenfarbiger Rauhstielröhrling
Leccinum variicolor
Hut grau gesprenkelt.

Fleisch rosa. Das Stielfleisch blaut in der Basis. Eßbar.

Zigarrenbrauner Rauhstielröhrling
Leccinum roseofractum
Hut dunkelbraun. Fleisch im Anschnitt rosalich. Eßbar. (Bild oben)

Moor-Birkenpilz
Leccinum holopus
Hat einen sehr blassen Hut. Er wächst in Torfmoos-Beständen. Eßbar, weniger wertvoll.

Auch einige braunhütige Steinpilz-Verwandte (siehe S. 92–93) sind ähnlich. Ihr Stiel ist jedoch nicht schuppig. Braunhütige Schmierröhrlinge (s. S. 170–171) haben einen schleimigen Hut, Stielschuppen fehlen ebenfalls. Außerdem wachsen sie bei Nadelbäumen.

ESSBAR

Küchentips
Hüte und Stiele in kleine Stücke schneiden und trocknen. Dadurch verstärkt sich das Aroma. Die Pilzstücke oder Pilzpulver lassen sich statt Anis zum Würzen verwenden. Bei Fischgerichten ersetzt der Pilz Fenchel als Würze.

Grüner Anistrichterling

Clitocybe odora (Bull.: Fr.) P. Kumm.

Aus den meisten Speisepilzen, die in diesem Buch beschrieben werden, läßt sich ein Hauptgericht oder eine Beilage zubereiten. Den Grünen Anistrichterling kann man jedoch nur als Würzpilz verwenden, so wie man Anis oder Fenchel zum Würzen nimmt. Die grünlichblaue Farbe und der starke anisartige Geruch sind untrügliche Kennzeichen.

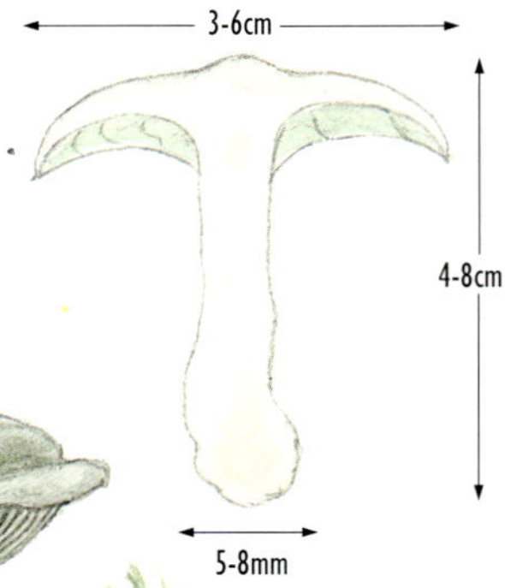

J
F
M
A
M
J
J
A
S
O
N
D

Hauptmerkmale: Kleiner bis mittelgroßer Hut, blaugrün. Stiel und Lamellen ähnlich gefärbt, aber etwas blasser. Lamellen laufen etwas am Stiel herab, Sporenpulver weiß. Starker Anis- oder Fenchelgeruch.
Standort: Laubstreu, besonders bei Buchen und Eichen auf Kalkböden.
Häufigkeit: Gelegentlich, einzeln oder in kleinen Gruppen.
Jahreszeit: Spätsommer bis Herbst (siehe Pilzkalender).
Hut: Gewölbt bis flach; Rand jung eingerollt, später wellig; glatt und matt. Jung grünlichblau, dann graugrün und schließlich fast cremefarben, wenn der Pilz trocken wird.
Lamellen: Breit angewachsen bis leicht herablaufend, gedrängt. Jung cremefarben, später graugrün.
Sporenpulver: Cremeweiß (siehe Bild).
Stiel: Schlank, unten dicker und weißlich, stellenweise wie der Hut getönt.
Fleisch: Dünn, weich, weiß bis blaß grün. Anisgeruch.

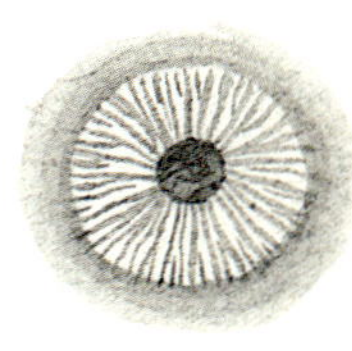

Ähnliche Pilze

Die beiden einzigen Arten mit ähnlicher Farbe sind zwei eng miteinander verwandte Träuschlinge:

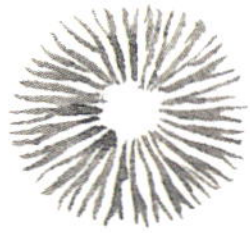

Langstieliger Dufttrichterling
Clitocybe fragrans
Waldart mit kleinerem, niedergedrücktem Hut und mit langem, dünnem Stiel. Hut blaß gelbbraun. Lamellen fleischfarben. Zwar eßbar, aber mit einigen cremebraunen, äußerst giftigen Trichterlingen (Feldtrichterling und Rinnigbereifter Trichterling, siehe S. 80) leicht zu verwechseln.

Grünspanträuschling
Stropharia aeruginosa
Blauer Träuschling
Stropharia caerulea
Hut jung schleimig. Lamellen braun mit blassen Schneiden. Stiel unterhalb des Rings schuppig.

Einige Trichterlinge sind ebenfalls eßbar, werden aber nicht von jedem vertragen:

Keulenfüßiger Trichterling
Clitocybe clavipes
Hut graubraun, 5–10 cm, trichterförmig. Lamellen herablaufend. Stielbasis keulig verdickt. Geruch unangenehm. In Verbindung mit Alkohol giftig.

Nebelkappe
Clitocybe nebularis
Sehr groß (Hut bis 20 cm), fleischig, trichterig bis ausgebreitet, grau. In Laub- und Nadelwald, oft in Hexenringen. Jung eßbar, kann aber starke Beschwerden auslösen. Meiden!

Violetter Rötelritterling

Lepista nuda (Bull.: Fr.) Cooke

ESSBAR

Küchentips
Am besten jung, ältere Pilze werden wäßrig und madig. Außerdem wird der Stiel zäh. Starker Eigengeschmack, daher gut als Schmorpilz geeignet. Nicht roh essen. Manche vertragen ihn nur gut gekocht.

Der Pilz ist eng verwandt mit dem Lilastiel-Rötelritterling (siehe S. 64) und häufig. Er ist an seinem violetten Farbton gut zu erkennen und bis um die Weihnachtszeit zu finden. Dieser ergiebige Speisepilz schmeckt angenehm, wird allerdings gerne mit anderen, auch giftigen Pilzen verwechselt. Auf Wochenmärkten wurden schon „falsche" Rötelritterlinge verkauft.

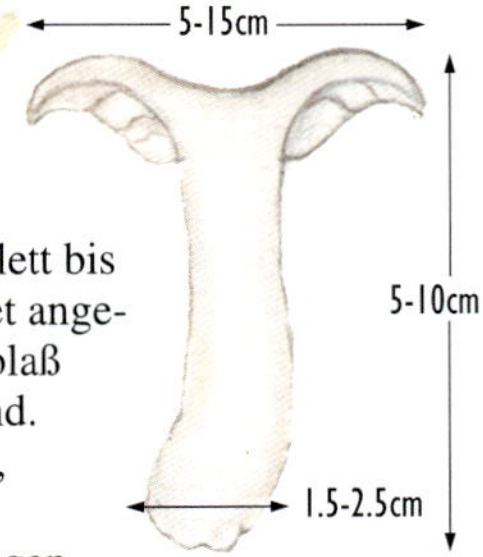

Hauptmerkmale: Hut mittelgroß bis groß, dick, violett bis braun, mit eingerolltem Rand. Lamellen ausgebuchtet angewachsen, gedrängt, lila bis bräunlich. Sporenpulver blaß rosa. Stiel fleischig, violett, dann langsam verblassend.
Standort: Laub- und Nadelwälder, Unterholz, Parks, Laubstreu, Gärten.
Häufigkeit: Häufig, gesellig, manchmal in Hexenringen.
Jahreszeit: Herbst bis Spätwinter (siehe Pilzkalender).
Hut: Gewölbt, abgeflacht bis niedergedrückt; Fleischig, glatt, feucht etwas schmierig. Blauviolett bis gelbbraun. Im Alter gelbbraun.
Lamellen: Ausgebuchtet angewachsen, gedrängt, erst lila, dann rosabraun. Leicht vom Hutfleisch ablösbar.
Sporenpulver: Blaß rosa (siehe Bild).
Stiel: Violett, am oberen Ende meist mit weißlichen Fasern, im Alter verblassend. Voll, gleichdick oder mit knolliger Basis.
Fleisch: Violettlich getönt. Geruch fruchtig.

Ähnliche Pilze

Zwei eng verwandte, ebenfalls eßbare Arten sind:

Schmutziger Rötelritterling
Lepista sordida
Kleiner Hut und Stiel fleischbraun, Lamellen blaß lilafarben, Bittermandel-Geruch.

Lilastiel-Rötelritterling
Lepista saeva (s. S. 64)
Unterschiede: Keine Violettöne auf Hut und Lamellen. Stiel stämmiger und lila-längsstreifig auf weißem Grund.

Auch andere Waldpilze sind auf Hut, Stiel oder Lamellen violett gefärbt, zum Beispiel einige Schleierlinge (Gattung *Cortinarius*). Die einzelnen Arten können leicht verwechselt werden. Einige sind tödlich giftig. Es gilt: Violette Pilze mit braunem Sporenpulver meiden!

Violetter Schleierling
Cortinarius violaceus
Größe ähnlich. Hut, Stiel und Lamellen dunkelviolett. Jung mit spinnwebartigem Velum. Sporen rostbraun.

Purpurfleckender Klumpfuß
Cortinarius purpurascens
Recht häufige Art, aber mit purpurbraunem Hut. Sie wächst manchmal zusammen mit dem Violetten Rötelritterling und wird dann gern mit ihm verwechselt. Geruch auch fruchtig, dieser Klumpfuß hat jedoch rostbraunes Sporenpulver und besonders im Stiel purpurfarbenes Fleisch.

Blasser Schleimkopf
Cortinarius largus
Hut und Stiel blaß lilabräunlich. Lamellen blaß blau. Sporenpulver rostbraun.

Von oben betrachtet, kann man den Violetten Rötelritterling auch mit einigen purpurfarbenen Täublingen (Gattung Russula) verwechseln:

Frauentäubling
Russula cyanoxantha (s. S. 88)
Leicht zu unterscheiden durch die weißen Lamellen, den weißen Stiel und die Brüchigkeit des Fleisches, die für alle Täublinge charakteristisch ist. Wie alle milden Täublinge eßbar. (Bild rechts)

Drei viel kleinere Pilze mit violettem oder lilafarbenem Hut (< 5 cm) und mit ebensolchem Stiel sind:

Lilaseidiger Rißpilz
Inocybe geophylla var. *lilacina*
Hut gebuckelt. Ein spinnwebartiges Velum schützt die jungen, breit angewachsenen Lamellen, die sich bei Sporenreife tonbraun färben. Besonders an Waldwegen häufig. **Sehr giftig.**

Violetter Lacktrichterling
Laccaria amethystina (s. S. 113)
Hut und Stiel violett. Lamellen entferntstehend und breit angewachsen bis herablaufend. Durch seine geringe Größe, den dünnen Stiel und das weiße Sporenpulver leicht zu unterscheiden. Häufig. Eßbar.

Rettichhelmling
Mycena pura
Hut, Lamellen und Stiel lila oder rosagrau. Lamellen breit angewachsen und mit heller Schneide. Stiel hohl und oft verdreht. Weißes Sporenpulver. Geruch nach Rettich. Häufig in der Laubstreu. **Giftig** (enthält Muskarin). (Bild links)

Großer Waldchampignon

Agaricus haemorrhoidarius Schulz. ap. Kalchbr.

ESSBAR

Durch seinen braunen Hut ist er in der Laubstreu und auf dem Boden gut getarnt. Stiel und Lamellen färben sich auf Druck rot, das angeschnittene Fleisch läuft blutrot an. Es handelt sich um einen guten Speisepilz.

Küchentips
Wie der Wiesenchampignon (S. 47) oder der Kleine Waldchampignon (S. 168), aber festfleischiger.

Hauptmerkmale: Hut haselnußbraun. Lamellen fleischfarben. Der lange, feste Stiel rötet bei Berührung, er besitzt einen doppelten Ring und eine knollige Basis. Die Lamellen und das Fleisch färben sich im Anschnitt blutrot. Bei Laubbäumen.
Standort: Bei Laubbäumen, besonders Eichen.
Häufigkeit: Recht häufig, aber selten in größerer Zahl.
Jahreszeit: Herbst (siehe Pilzkalender).
Hut: Haselnußbraun, die Oberfläche etwas schuppig aufreißend.
Lamellen: Jung rosa, von einem weißen Velum eingehüllt. Dann dunkler werdend und bei Berührung rötend. Freistehend.
Sporenpulver: Sehr dunkel braun (siehe Bild).
Stiel: Lang, fest, hohl, mit knolliger Basis. Der große, schlaffe Ring ist unterseits bräunlich. Unter dem Ring ist der Stiel von kleinen, weißen Schüppchen bedeckt.
Fleisch: Weiß, sich im Anschnitt blutrot färbend; dick mit schwachem Geruch.

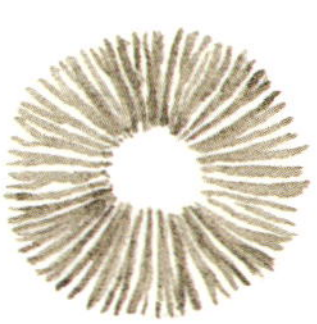

J
F
M
A
M
J
J
A
S
O
N
D

Ähnliche Pilze

Der Große Waldchampignon ist am ehesten mit anderen Champignons zu verwechseln. Die meisten von ihnen sind eßbar.

Kleiner Waldchampignon
Agaricus silvaticus (s. S. 168).
Ist die ähnlichste Art. Doch ist er schlankstieliger und wächst im Nadelwald. Eßbar. (Bild links)

Wollfuß-Champignon
Agaricus lanipes
Gelegentlich bei Buchen und Eichen. Der Hut ist von großen, schokoladenbraunen Schüppchen eingehüllt. Stiel kurz, keulenförmig, an der braunschuppigen Basis sehr dick. Das Stielfleisch färbt sich oben rosalich, zur Basis hin eher orange. Süßlich riechend. Eßbar, aber nicht wertvoll.

Perlhuhn-Champignon
Agaricus praeclaresquamosus
Bei Laubbäumen, selten. Hut mit konzentrisch angeordneten dunklen Schüppchen besetzt. Sowohl der weiße Stiel als auch der Ring und das weiße Fleisch in der Basis färben sich bei Berührung gelb. Der Geruch erinnert an Tinte oder Karbol. **Giftig**. (Bild links)

Riesenchampignon

Agaricus augustus

Er wächst unter verschiedenen Bäumen im Gras. Der große, schuppige Hut färbt sich auf Druck dunkelgelb, sein Rand ist meist mit Velumresten behangen. Auch der Stiel gilbt bei Berührung. Das Fleisch ist nicht rötend, es riecht nach Bittermandeln. Eßbar und wohlschmeckend.

Ähnlich, aber mit weißem Sporenpulver und Geruch nach Gummi:

Wurzelnder Champignon

Agaricus romagnesii

Standort wie oben. Huthaut blaß, mit haselnußbraunen Schüppchen, in der Mitte etwas niedergedrückt. Die Stielbasis färbt sich bei Berührung gelb und verschmälert sich zu dicken Myzelsträngen. Ring dünn, flüchtig. Fleisch weiß, nur im oberen Stielbereich etwas getönt, Geruch schwach karbolartig. Wahrscheinlich **giftig,** daher meiden! (Bild oben)

Spitzschuppiger Schirmling

Echinoderma asperum

Hut braun, mit spitzen Schuppen. Lamellen weiß, oft gegabelt. Giftverdächtig.

Dünnfleischiger Anis-Champignon

Agaricus silvicola (Vitt.) Sacc.

ESSBAR

Küchentips
Ähnlich wie der Schafchampignon, aber nicht so ergiebig und schmeckt stärker nach Anis. Angeblich vertragen manche Menschen ihn nicht.

Dieser weißhütige Pilz ist eher mit auf Wiesen beheimateten Champignons vergleichbar. Manchmal wird er für einen kleinen Schafchampignon gehalten. Außerdem gilbt er, Verwechslungen mit dem Karbolchampignon (S. 78) sind daher möglich. Sogar für den Kegelhütigen Knollenblätterpilz (S. 152) wurde er schon gehalten. Beim geringsten Zweifel lieber verzichten.

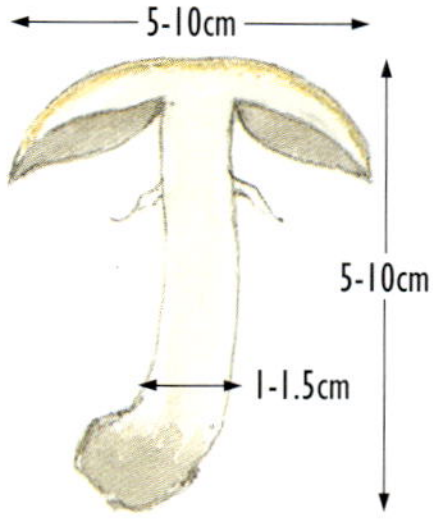

Hauptmerkmale: Hut und Stiel weiß, auf Druck gilbend. Stiel schlank mit knolliger Basis. Lamellen jung rosagrau, reif dunkelbraun. Geruch anisartig.
Standort: Laub- und Nadelwälder.
Häufigkeit: Gelegentlich, meist truppweise.
Jahreszeit: Herbst.
Hut: Gewölbt, aber bald verflachend, dünnfleischig. Glatt und anfangs cremeweiß, im Alter oder auf Druck langsam gelbockerlich verfärbend.
Lamellen: In der Jugend graurosa und von einem weißen Velum eingehüllt, im Alter dunkelbraun; gedrängt, frei.
Sporenpulver: Ziemlich dunkel braun (siehe Bild).
Stiel: Schlank, glatt und dem Hut gleichfarbig; sich nicht verschmälernd, aber mit knolliger Basis; hohl. Der herabhängende, einlagige Ring reißt oft ein und ist oben weiß, unterseits dunkler.
Fleisch: Dünn, unter der Huthaut gelb, in der Stielbasis dunkelbraun werdend. Geruch nach Anis.

Ähnliche Pilze

Auch dieser Speisepilz riecht nach Anis.
Er wächst auf Wiesen und Weiden:

Schafchampignon
Agaricus arvensis (s. S. 50)
Geruch auch anisartig, wächst aber auf Wiesen und Weiden. Ist robuster und bis doppelt so groß. Ring zweilagig. Eßbar.

Großsporiger Champignon
Agaricus macrosporus
Der Hut bleibt gewölbt. Unterhalb des Rings ist der dicke, stämmige Stiel feinschuppig. Stielbasis im Anschnitt rosalich. Eßbar.

Karbolchampignon
Agaricus xanthoderma (s. S. 78)
Unterschiede: Hut und Stiel färben sich auf Druck schnell chromgelb. Das Fleisch in der Stielbasis wird beim Anschneiden sofort leuchtend gelb. Geruch tinten- bis apothekenartig. **Giftig.**

Kegelhütiger Knollenblätterpilz
Amanita virosa
(s. S. 152)
Stielbasis mit Scheide. Lamellen und Sporen weiß.
Tödlich giftig.

Mehlräsling

Clitopilus prunulus (Scop.: Fr.) P. Kumm.

ESSBAR

Küchentips
Zubereitet soll der Mehlräsling an Kalbsbries erinnern. Am besten schmeckt er frisch in Butter gebraten und auf Toast angerichtet. Nur wenig würzen, etwas Zitronensaft zugeben. Eignet sich zum Trocknen.

Er zählt zu den schmackhaftesten Speisepilzen. In Pilzkochbüchern wird er wohl deshalb kaum erwähnt, weil er selten in großen Mengen zu finden ist. Und man muß sehr vorsichtig sein, um ihn nicht mit einem giftigen Trichterling zu verwechseln.

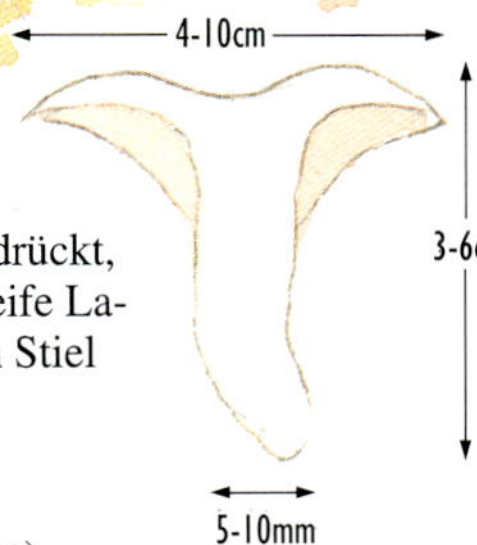

J
F
M
A
M
J
J
A
S
O
N
D

Hauptmerkmale: Hut cremeweiß, flach bis niedergedrückt, fühlt sich wie Ziegenleder an. Starker Mehlgeruch. Reife Lamellen fleischfarben und weit am etwas exzentrischen Stiel herablaufend. Sporenpulver rosa.
Standort: Im Gras, Parks, Waldstreu.
Häufigkeit: Häufig, meist in kleineren Gruppen.
Jahreszeit: Spätsommer bis Herbst (siehe Pilzkalender).
Hut: Cremeweiß bis grau; anfangs gewölbt mit eingerolltem Rand, später abgeflacht bis niedergedrückt und mit welligem Rand; trocken, fühlt sich wie Ziegenleder an.
Lamellen: Stark herablaufend. Erst weißlich, im Alter rosa.
Sporenpulver: Rosa (siehe Bild).
Stiel: Nicht immer in der Hutmitte, kurz und voll.
Fleisch: Weiß, fest; Geruch und Geschmack stark nach frischem Mehl.

Ähnliche Pilze

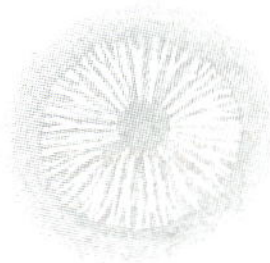

Mairitterling
Calocybe gambosa (s. S. 52)
Riecht ebenfalls nach Mehl. Eine häufige Art des Spätfrühlings, die gänzlich weiß ist und weißes Sporenpulver hat. Die Lamellen sind ausgebuchtet angewachsen. Hut und Stiel sind viel fleischiger. Festfleischig, eßbar und gut. (Bild links)

Riesenrötling
Entoloma sinuatum
(s. S. 76)
Nicht häufig, aber an ähnlichen Standorten wie der Mehlräsling. Ebenso mit eingerolltem, welligem Hutrand, fleischfarbenen Lamellen und rosafarbenem Sporenpulver. Aber viel größer, mit dickem Stiel, schmutzigweißem Hut und ausgebuchtet angewachsenen Lamellen. **Giftig,** verursacht Magen-Beschwerden und wahrscheinlich auch Leberschäden.

Feldtrichterling
Clitocybe dealbata (s. S. 80)
Häufig in Grasflächen, oft in Hexenringen. Dem Mehlräsling recht ähnlich, aber kleiner, mit glänzender Huthaut und cremefarbenen Lamellen, die nur wenig herablaufen. Das Sporenpulver ist weiß. Enthält Muskarin und ist **äußerst giftig.** Größere, weiße Trichterlinge mit mehlartigem Geruch und weißem Sporenpulver sind gleichfalls unbedingt zu meiden. (Bild links)

Rötlicher Lacktrichterling

Laccaria laccata (Scop.: Fr.) Cooke

ESSBAR

Küchentips
Die Hüte sind selten madig. Die zähen Stiele entfernt man gleich am Fundort. Eignet sich am besten als Mischpilz für Pilzgemüse oder als Suppen- und Soßenpilz.

Einer der häufigsten Pilze, aber auch einer der variabelsten. Er gehört zwar nicht zu den besten Speisepilzen, ist aber oft in großer Zahl zu finden, vor allem auch in Trockenperioden. Gern wächst er zusammen mit seinem engsten Verwandten, dem Violetten Lacktrichterling, der ebenfalls eßbar ist.

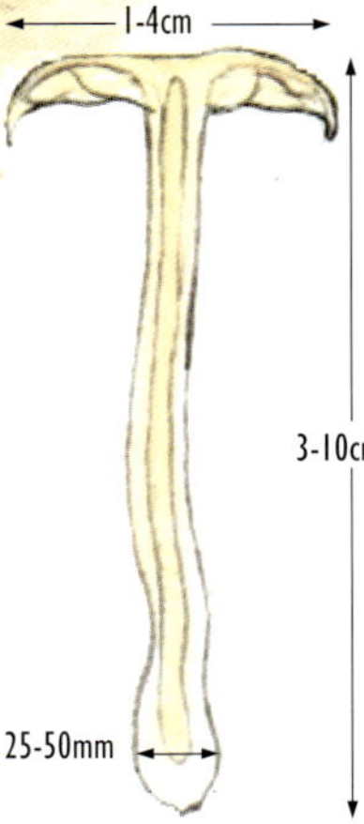

J
F
M
A
M
J
J
A
S
O
N
D

Hauptmerkmale: Hut klein, flach, Mitte etwas niedergedrückt und schuppig. Matt, feucht braun, beigefarben eintrocknend. Stiel dünn, faserig, gleichfarbig, Länge sehr variabel. Lamellen dick, entferntstehend, fleischfarben, gerade angewachsen bis leicht herablaufend. Sporenpulver weiß.
Standort: Streu bei Laub- und Nadelbäumen.
Häufigkeit: Sehr häufig, oft in großer Zahl.
Jahreszeit: Spätsommer bis Herbst (siehe Pilzkalender).
Hut: Bald verflachend, in der Mitte etwas niedergedrückt und schuppig, Rand wellig. Rotbraun, mitunter mit fleischfarbenem Ton.
Lamellen: Gerade angewachsen oder etwas herablaufend, dick, entfernt; fleischfarben; reif rötlichbraun, durch die Sporen weiß bestäubt.
Sporenpulver: Weiß (siehe Bild).
Stiel: Länge äußerst variabel; dünn, gleichfarbig, faserig, oft verdreht.
Fleisch: Dünn, rotbraun, geruchlos, ohne besonderen Geschmack.

Ähnliche Pilze

Auch viele andere kleine, braunhütige, weißsporige Pilze sind im Wald zu finden, etwa:

Rüblinge (Gattung *Collybia*) – Stiele biegsam, Lamellen gedrängt – sind nicht eßbar,

z. B. **Waldfreundrübling**

Helmlinge (Gattung *Mycena*), sehr kleine, zarte Pilze mit glockigem Hut, sind nicht eßbar,

z. B. **Purpurschneidiger Helmling**

Alt und trocken ist diese verwandte Art ähnlich:

Violetter Lacktrichterling
Laccaria amethystina
Genauso häufig, besonders unter Buchen, aber auch im Nadelwald. Dem Rötlichen Lacktrichterling ähnlich, jung jedoch gänzlich violett, später hellockerlich mit leichtem Violett-Ton. Eßbar. (Bild rechts)

Diesen Pilz darf man nicht für den Violetten Lacktrichterling halten:

Rettichhelmling
Mycena pura
Typisch sind die rosaviolettliche Hutfarbe, die rosagrauen Lamellen und der Rettichgeruch. Der hohle Stiel ist oft verdreht, das Sporenpulver weiß. In Laub- und Nadelwäldern. **Giftig** (enthält Muskarin).

Lilaseidiger Rißpilz
Inocybe geophylla var. *lilacina*
Diese sehr giftige Art hat einen gebuckelten Hut, gedrängte, braune Lamellen und braunes Sporenpulver. (Bild links)

Pfifferling

Cantharellus cibarius Fr.

ESSBAR

Achtung! Alle Pfifferlingsarten (Gattung *Cantharellus*) dürfen in Deutschland nur in kleinen Mengen für den Eigenbedarf gesammelt werden.

Küchentips
Große Pilze kleinschneiden. Mit Knoblauch, Petersilie oder Zitronensaft braten. Fein als Omelette-Füllung. Auch roh eßbar. Läßt sich gut sauer einlegen. Nicht einfrieren oder trocknen!

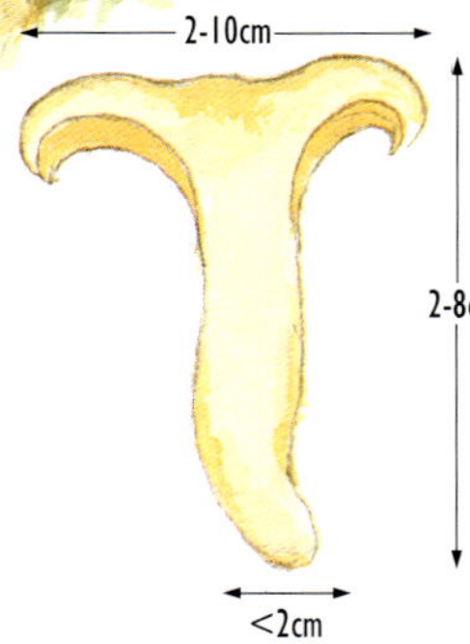

J
F
M
A
M
J
J
A
S
O
N
D

Hauptmerkmale: Trichterförmig, aber nicht mit echten Lamellen, sondern mit gegabelten und queraderig verbundenen Leisten. Geruch etwas aprikosenartig.
Standort: Wälder, bei Buchen und Eichen, aber auch unter Birken, Kiefern und Fichten. Wächst an Stellen mit geringem Pflanzenbewuchs, oft im Moos in Hanglagen.
Häufigkeit: Einzeln oder truppweise.
Jahreszeit: Sommer bis Herbst (s. Pilzkalender).
Hut: Jung gewölbt, dann verflachend, schließlich trichterig und in der Mitte niedergedrückt, dickfleischig. Oberfläche trocken. Rand stumpf, jung etwas eingerollt, später unregelmäßig wellig. Huthaut nicht abziehbar, ihre dottergelbe Farbe verblaßt mit zunehmendem Alter.
Lamellen: Keine echten Lamellen, sondern Leisten, die selten über 2 mm dick sind, stumpfe Schneiden haben, sich mehrfach gabeln und wieder zusammenlaufen. Farbe wie der Hut, am Grund queraderig-netzig miteinander verbunden. Sie laufen deutlich am Stiel herab und wirken fächerartig.
Sporenpulver: Blaß ockergelb (siehe Bild).
Stiel: Fleischig, voll, oben am breitesten und sich zur Basis hin allmählich verschmälernd. Meist etwas blasser als der Hut.
Fleisch: Blaß gelb, verfärbt sich auf Druck oder im Anschnitt nicht. Geruch etwas aprikosenartig. Roh etwas pfefferiger Nachgeschmack.

Ähnliche Pilze

Falscher Pfifferling
Hygrophoropsis aurantiaca (s. S. 177)
Hut dünn, Rand eingerollt. Echte Lamellen, nicht queraderig verbunden. Stiel dünn. Für manche unverträglich.

Orangefarbener Wiesenellerling
Hygrocybe pratensis (s. S. 61)
Wiesenart. Mit dicklichen Lamellen und orangem Hut.

Semmelstoppelpilz
Hydnum repandum (s. S. 118)
Von oben dem Pfifferling sehr ähnlich, oft an denselben Standorten. Hutunterseite mit pfriemlichen Stacheln. Laub- und Nadelwälder, oft im Moos. Eßbar.

Der **Spitzgebuckelte Rauhkopf** (*Cortinarius rubellus;* Bild oben) und der **Orangefuchsige Rauhkopf** (*C. orellanus*) ähneln jung dem Pfifferling. Sporen rostbraun. Spinnwebartiges Velum. **Tödlich giftig** (vergleiche S. 19).

Leuchtender Ölbaumpilz
Omphalotus illudens
An Stümpfen und vergrabenem Holz der Eßkastanie (und der Eiche). Charakteristisch sind stark herablaufende Lamellen, die im Dunkeln leuchten. Geruch unangenehm. Selten. **Giftig.**

Herbsttrompete

Craterellus cornucopioides (L.) Pers.

ESSBAR

Küchentips
Pilze vor der Zubereitung auseinanderreißen, um Schmutzreste und Ungeziefer zu entfernen. Dann langsam anbraten und in Suppen oder Soßen verwenden. Gut ist Pilzpulver aus Herbsttrompeten.

Durch die düstere Färbung und das lederige Aussehen lädt sie nicht gerade zum Verzehr ein. Sie schmeckt aber ausgezeichnet, und Pilzgerichte mit Herbsttrompeten sind in aller Regel sehr teuer. Die einzige Art, mit der die Herbsttrompete von der Gestalt, der Größe und der Farbe her verwechselt werden kann – der Graue Leistling –, ist ebenfalls eßbar.

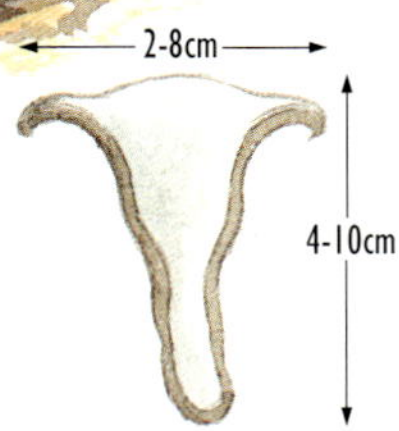

J
F
M
A
M
J
J
A
S
O
N
D

Hauptmerkmale: Trompetenartige Form, braunschwarze Farbe, fast glatt. Die Sporen entstehen an der Außenseite des Pilzes.
Standort: Buchenwälder, auch bei Eiche und Weißtanne, oft unter dem Laub.
Häufigkeit: Gelegentlich, mitunter truppweise.
Jahreszeit: Sommer bis Frühwinter.
Hut: Trompeten- bis trichterförmig, schmutzig braun, bis zur Basis hohl, oberer Rand nach außen gerollt, wellig, mitunter einreißend.
Lamellen: Nicht vorhanden. Sporenbildung auf der Außenseite des Fruchtkörpers. Sie ist etwas runzelig, anfangs fast schwarz, erst bei Sporenreife wird der Pilz außen grauweißlich.
Sporenpulver: Weiß (siehe Bild).
Stiel: Kein Stiel oder sehr kurz gestielt.
Fleisch: Dünn, grau und lederig. Geruch schwach. Roh etwas „erdig“ schmeckend.

Ähnliche Pilze

Wegen der dunklen Farbe und der charakteristischen Form sind es nur wenige Pilze, mit denen die Herbsttrompete verwechselt werden kann:

Grauer Leistling
Cantharellus cinereus
Ähnlich in Größe, Form und Farbe, aber die Sporen reifen wie beim Pfifferling (siehe S. 114) an Leisten. Kommt im Laubwald vor, gerne bei Buchen und oft zusammen mit der Herbsttrompete. Nicht häufig. Eßbar. Darf in Deutschland, wie alle Pfifferlingsarten (Gattung *Cantharellus*) nur in kleinen Mengen für den Eigenbedarf gesammelt werden.

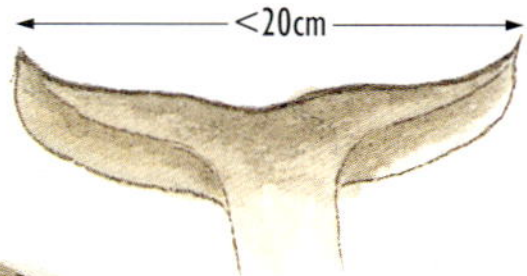

Dickblättriger Schwärztäubling
Russula nigricans
(s. S. 89)

Alte Exemplare sind schwarz, hart und trichterig, sehen jedoch ganz anders aus als die Herbsttrompete. Bis zu 20 cm groß, mit Hut, Stiel und Lamellen. Kein Speisepilz.

Semmelstoppelpilz

Hydnum repandum L.: Fr.

ESSBAR

Küchentips
Der etwas bittere Geschmack verliert sich bei der Zubereitung. Sicherheitshalber vor dem Anbraten kurz blanchieren. Bei älteren Exemplaren Stacheln entfernen. In Stücke schneiden und bei niedriger Hitze braten. Läßt sich sauer einlegen, trocknen oder nach vorherigem Kochen einfrieren.

Für Pilzsammler ist es beruhigend zu wissen, daß der einzige gelbliche Pilz mit Stacheln auf der Unterseite ein guter Speisepilz ist. In vielen europäischen Ländern wird er als Marktpilz gehandelt. Manche Pilzbücher erwähnen einen eng verwandten Rötlichen Stoppelpilz (*Hydnum rufescens*). Wir sehen darin nur eine Varietät.

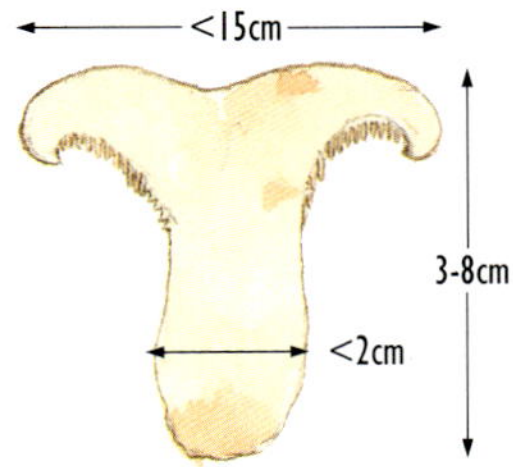

J
F
M
A
M
J
J
A
S
O
N
D

Hauptmerkmale: Mittelgroß. Hut fleischig; cremefarben bis gelborange (orangerot beim Rötlichen Stoppelpilz); oft unregelmäßig geformt. Stacheln dichtgedrängt und am Stiel herablaufend (nur kurz herablaufend beim Rötlichen Stoppelpilz). Stiel kurz und oft exzentrisch.
Standort: Unter Laub- und Nadelbäumen, besonders bei Buchen, oft im Moos.
Häufigkeit: Gelegentlich, stellenweise häufig. Manchmal in Kreisen.
Jahreszeit: Herbst (siehe Pilzkalender).
Hut: Fleischig, matt, von schmutzig Weißlich über Gelb bis Orangerot (Rötlicher Stoppelpilz). Rand eingerollt, wellig; oft unregelmäßig.
Stacheln: Blasser als der Hut; gedrängt, brüchig, ungleich lang (bis 5 mm), herablaufend (weniger beim Rötlichen Stoppelpilz).
Sporenpulver: Weiß (siehe Bild).
Stiel: Kurz, stämmig (beim Rötlichen Stoppelpilz schlanker). Oft außerhalb der Hutmitte und unregelmäßig geformt. Blasser als der Hut.
Fleisch: Dick, brüchig, blaß gelb, angenehm im Geruch. Ältere Fruchtkörper schmecken roh etwas bitter.

Ähnliche Pilze

Becherförmiger Duftstacheling
Phellodon tomentosus
Weniger als halb so groß wie der Semmelstoppelpilz. Mit gezontem, braunem Hut, graubraunem, dünnem Stiel und grauen Stacheln. Eine seltene Art des Laubwaldes. Zäh und ungenießbar. (Bild links)

In Nadelwäldern finden sich einige nicht eßbare Stachelinge, die meist etwas kleiner und zähfleischig sind. Dort wächst auch eine jung eßbare Art:

Habichtspilz
Sarcodon imbricatus
Größer als der Semmelstoppelpilz. Hut gänzlich graubraun grobschuppig. Etwas streng schmeckend, aber ganz jung und als Würzpilz brauchbar. (Bild rechts)

Von oben gesehen, sind Verwechslungen mit einem in Farbe, Größe und Form ähnlichen Pilz möglich. Ein Blick auf die Hutunterseite klärt den Irrtum schnell auf:

Pfifferling
Cantharellus cibarius (s. S. 114)
Leicht zu unterscheiden, weil der Pfifferling keine Stacheln, sondern dickliche Leisten besitzt. An ähnlichen Standorten, eßbar und sehr wohlschmeckend. In Deutschland ist nur das Sammeln kleiner Mengen für den Eigenbedarf erlaubt.

ESSBAR

Küchentips
In Deutschland dürfen nur Kleinmengen gesammelt werden. Bodenreste vorsichtig entfernen und dünne Scheibchen zu Fleischfüllungen oder Pasteten geben. Trüffeln schmecken auch im Rührei oder im Omelette. Für ein Hauptgericht Pilze in trockenem Weißwein köcheln. Stets frisch verzehren. Konservieren in Öl beeinträchtigt den Geschmack.

Sommertrüffel

Tuber aestivum Vitt.

Trüffeln sind die begehrtesten Speisepilze. Im Handel erzielen sie Spitzenpreise. Die wertvollsten Trüffelarten, die Perigord-Trüffel und die Piemont-Trüffel, fehlen in Mitteleuropa. Die Sommertrüffel wächst jedoch auch hier, wird allerdings selten gefunden. Unterirdisch wachsende Pilze galten lange als Kuriosität. Die Trüffelsporen entstehen im Innern des Fruchtkörpers. Sie werden durch Tiere verbreitet, die ein charakteristischer Duft der Pilze anlockt. In Teilen Frankreichs und Italiens ist die Trüffelernte lokal ein wichtiger Wirtschaftsfaktor. In Deutschland dürfen echte Trüffeln (Gattung *Tuber*) nicht gesammelt werden.

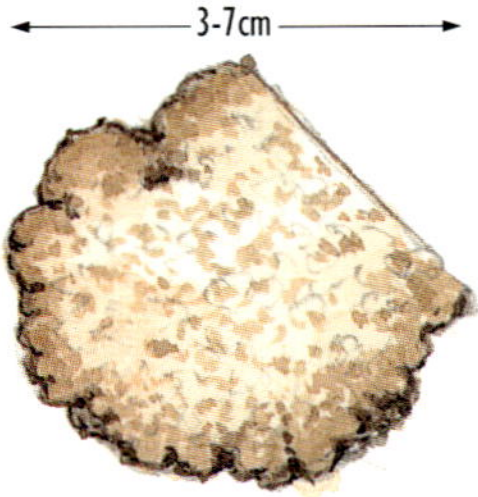

Hauptmerkmale: Unterirdisch wachsender, knolliger Fruchtkörper, der durch die dunkelbraune, pyramidenartig-warzige Oberfläche wie ein abgerundeter alter Kiefernzapfen aussieht. Das blasse Fleisch wird reif bräunlich. Es riecht stark, aber angenehm.
Standort: Im Boden. Kalkböden, meist bei Buchen.
Häufigkeit: Wird selten gefunden, ist an optimalen Standorten aber häufiger als angenommen.
Jahreszeit: Spätsommer und Herbst.
Fruchtkörper: Rundlich und hart, mit einer braunschwarzen, regelmäßigen, pyramidenförmig-warzigen Oberfläche.
Fleisch: Blaß bräunlich und weiß marmoriert. In den braunen Bereichen reifen die gelblichbraunen Sporen. Mit starkem, aber angenehmem Geruch und mit deutlich nußartigem Geschmack.

Ähnliche Pilze

Wintertrüffel
Tuber brumale
Wie Sommertrüffel, nur kleiner, Fleisch blaugrau marmoriert. Im Frühwinter. Eßbar.

Perigord-Trüffel
Tuber melanosporum
Südeuropäische Art. Schwarze Warzen gekerbt, vieleckig. Weiße Fleischbereiche im Anschnitt rötlich. Bei Eichen. (Bild rechts)

Eine Reihe anderer unterirdisch wachsender Pilze wurde schon benutzt, um die teuren Trüffeln zu ersetzen. Dazu gehören:

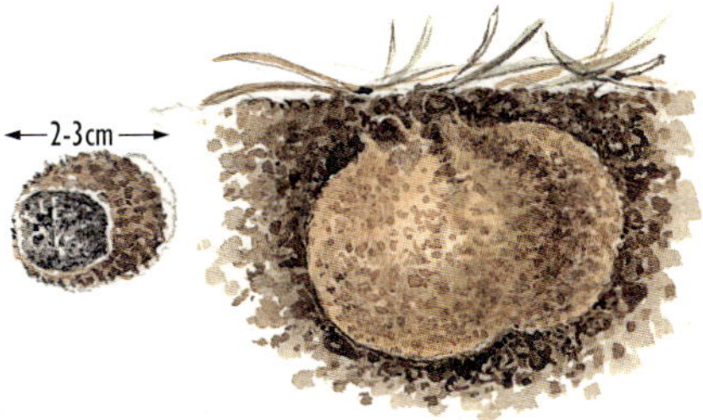

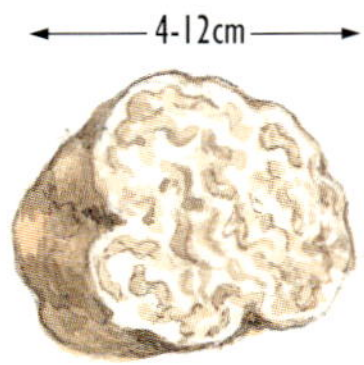

Kleinwarzige Hirschtrüffel
Elaphomyces granulatus
Kleiner. Außenhaut blaß braun und kleinwarzig. Innere Hautschicht dick, goldgelb, Sporenmasse schwarz. Nadelwaldart. Kein Speisepilz.

Rotbräunliche Trüffel
Tuber rufum
Größe ähnlich, ist jedoch außen fast glatt und braun bis rot gefärbt. In Mitteleuropa. (Bild oben)

Weißtrüffel
Choiromyces meandriformis
Kartoffelähnlich mit gelbbrauner, glatter Oberfläche und aderig-marmoriertem Fleisch, das sehr stark fruchtig riecht. Nicht häufig. Bei Laub- und Nadelbäumen. Eßbar, aber ein schlechter Ersatz für die ähnlich aussehende Piemont-Trüffel (*Tuber magnatum*), die in Mitteleuropa fehlt. (Bild rechts)

Obwohl sie oberirdisch wachsen, wurden schon Hartboviste, die etwas im Boden steckten, mit Trüffeln verwechselt oder zum Strecken von Trüffelgerichten verwendet:

Kartoffelbovist
Scleroderma citrinum (s. S. 162)
Braunwarziger Hartbovist
Scleroderma verrucosum (s. S. 162)
Von der Sommertrüffel durch die gelbbraune Farbe und die dicken Fasern im Innern und von den Weißtrüffeln durch die dicke Haut und die purpurschwarze Sporenmasse zu unterscheiden. Schwach giftig, vor allem roh.

Speisemorchel

Morchella esculenta Vitt.

ESSBAR

Morcheln sind die begehrtesten Frühlingspilze. Ihr Fundort verspricht weitere Ernten – in Deutschland sind aber nur kleine Mengen für den Eigenbedarf erlaubt. Einige ähnliche Arten aus der Familie der Lorcheln (*Helvellaceae*) sind roh giftig. Die Frühjahrslorchel ist sogar äußerst giftig.

J
F
M
A
M
J
J
A
S
O
N
D

Hauptmerkmale: Hut wabenartig gekammert. Der hohle Hut und der hohle Stiel sind miteinander verwachsen und bilden eine Einheit. Der Pilz ist brüchig-spröde.
Standort: Wasserdurchlässige Kalkböden oder alte Brandstellen. Lichte Wälder, Hecken, Gärten.
Häufigkeit: Nicht häufig, aber am Fundort oft zahlreich.
Jahreszeit: April bis Mai nach Regenfällen (siehe Pilzkalender).
Hut: Sehr variabel in Form und Farbe. Nach seiner Form werden oft mehrere Arten unterschieden (siehe nächste Seite). Kugelig oder eiförmig und sogar kegelig, manchmal asymmetrisch, hohl. Oberfläche wabig gekammert; hell ocker bis braun, grau oder schwarz. Im Alter und nach Frösten dunkler werdend. Die Wandungen der Kammern sind gleichfarbig oder blasser.
Sporenpulver: Cremegelb.
Stiel: Weiß bis blaß braun, faltig gefurcht, mit dem Hut verwachsen. Hut und Stiel durchgehend hohl.
Fleisch: Dünn und fest. Geruch pilzartig bis spermatisch.

Küchentips
Stielbasis abschneiden oder Pilze längs durchschneiden und auf Würmer oder Schnecken prüfen. Große Exemplare füllen und überbacken. Unzerschnittene Morcheln lassen sich leicht trocknen, durch Einweichen in Wasser und Milch werden sie wieder frisch. Morchelpulver hat hohe Würzkraft. Morcheln stets lang köcheln lassen. Nicht roh verzehren! Von parasitischen Pilzen befallene Exemplare wegwerfen, da schwere Vergiftungen möglich.

Ähnliche Pilze

Ebenfalls eßbar und wohlschmeckend sind die beiden folgenden Arten, die so ähnlich sind, daß sie oft nur als Varianten betrachtet werden:

Rundmorchel
Morchella rotunda
Hut größer, breiter, ockerfarben. Stiel und Hut durch eine tiefe Einbuchtung getrennt.

Die Rundmorchel gedeiht auf schweren Böden. Sie erscheint später als die Speisemorchel.

Zwei andere eßbare Arten haben schlanke, spitz zulaufende Hüte:

Spitzmorchel
Morchella conica
Mit langgestreckten, rechteckigen Waben. Nahezu geruchlos; Geschmack mild.

(Beide Arten wurden getrocknet in einem Beutel unter der Bezeichnung „Spitzmorcheln" verkauft.)

Gemeine Morchel
Morchella vulgaris
Hat graubraune, unregelmäßig angeordnete Waben mit gleichfarbigen Wandungen. (Bild oben)

Gerippte Morchel
Morchella costata
Mit etwas vorstehenden, parallelen Längsrippen und nicht ganz so dunklen Querrippen.

Diese gesellige Morchel-Art ist zwar ebenfalls eßbar, aber wenig ergiebig und längst nicht so gut wie die Speisemorchel:

Halbfreie Morchel
Morchella gigas
Hat einen kleinen Hut, dessen unterer Teil frei ist. Der Hut ist also erst weiter oben mit dem langen, weißen, mehlig bereiften Stiel verwachsen. Im Spätfrühling in feuchten Wäldern, auch auf Wiesen. (Bild links)

Zwei Lorcheln sehen morchelartig aus, wachsen aber erst im Herbst:

Herbstlorchel
Helvella crispa
Hut cremeweiß, brüchig, sattelförmig, gelappt. Stiel hohl, tief grubig.

Grubenlorchel
Helvella lacunosa
Wie Herbstlorchel, aber Hut grau bis schwarz.

Zu den Frühlingsarten zählt auch ein äußerst giftiger Pilz (vgl. Seite 19), der Morcheln ähnlich ist:

Frühjahrslorchel
Gyromitra esculenta
In Kiefernwäldern. Selten. Hut haselnuß- bis dunkelbraun, tief hirnartig gewunden. Stiel mehrkammerig. Roh **tödlich giftig.** (Bild rechts)

Stäublinge und Boviste im Laubwald

ESSBAR

Die folgenden Arten sind typische Laubwaldpilze, sie können aber auch bei Nadelbäumen wachsen. Alle Boviste (außer den Hartbovisten) und Stäublinge sind eßbar, solange sie innen rein weiß sind. Einige andere knollige Pilze kann man aber nicht essen (wie zu sehen sein wird).

Küchentips
Stäublinge müssen fest und weiß sein, wenn man sie in der Küche verwenden will. Die Warzen kann man abwischen. Bei einigen Arten läßt sich die Haut abziehen. Pilze zerschneiden und ungewaschen in Butter braten.

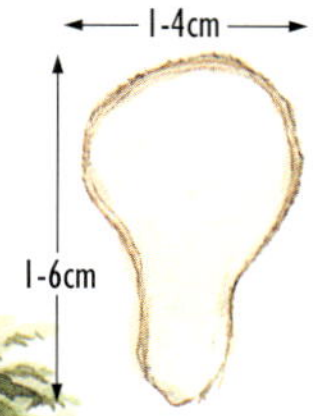

J
F
M
A
M
J
J
A
S
O
N
D

Birnenstäubling

Lycoperdon pyriforme

Der einzige Stäubling, der an moderigen Stümpfen, Ästen und Wurzeln wächst. Meist in Gruppen. Der birnenförmige Fruchtkörper hat eine weißliche, körnige Haut, die reif ockerlich und glatt wird. Eine Öffnung am Scheitel entläßt das olivfarbene Sporenpulver. Die schwammige Basis bleibt hell. Geruch etwas fischartig.

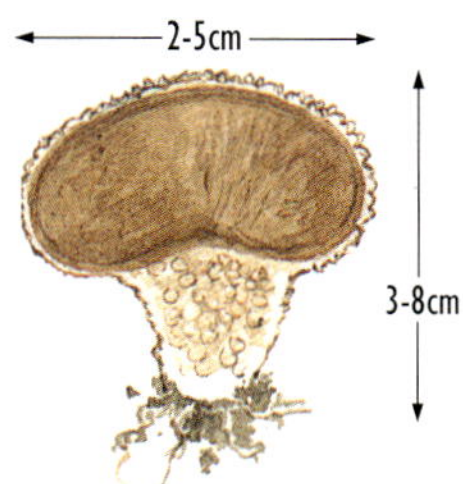

J
F
M
A
M
J
J
A
S
O
N
D

Flaschenstäubling

Lycoperdon perlatum

In der Form ähnlich wie der Birnenstäubling, aber größer, weiß und mit kegeligen Warzen, die später abfallen. Der Pilz wird dann bräunlich, und durch eine Scheitelöffnung können die olivbraunen Sporen austreten. August bis Oktober.

ESSBAR

J
F
M
A
M
J
J
A
S
O
N
D

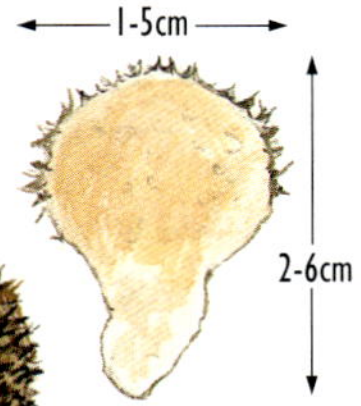

Stinkender Stäubling
Lycoperdon foetidum
Anfangs braunstachelig, später braun genetzt. Geruch unangenehm.

J
F
M
A
M
J
J
A
S
O
N
D

Igelstäubling
Lycoperdon echinatum
Nicht so häufig. Meist bei Buchen, oft einzeln. Stacheln bis zu 5 mm lang.

Beutelstäubling
Calvatia excipuliformis
Gelegentlich. Stößelförmig, mit einem Stielbereich, der etwa 75 % der Gesamtlänge haben kann. Anfangs weiß und mit dünnen Stacheln und Körnchen besetzt, dann glatt und ockerlich. Beim reifen Pilz reißt die Haut oben auf. Stiel steril.

Ähnliche Pilze

Kartoffelbovist
(s. S. 162)

Braunwarziger Hartbovist
(s. S. 162)

In ganz jungem Zustand sind auch andere Pilze rundlich und können mit Bovisten verwechselt werden:

Grüner Knollenblätterpilz
Amanita phalloides (s. S. 151)
Wie viele *Amanita*-Arten jung kugelig und ganz vom Velum umhüllt. Ein Längsschnitt zeigt aber Hut und Stiel. **Tödlich giftig**.

Stinkmorchel
Phallus impudicus
Das bovistähnliche „Hexenei“ fühlt sich kalt und weich an. Im Querschnitt gelatinös. Weißer Stiel und morchelähnlicher Hut mit stinkender Sporenmasse wachsen aus dem Ei. (Bild links)

Birkenporling
Piptoporus betulinus
Immer an Birkenholz. Alte Pilze dick und scheibenförmig, junge eiförmig. Feste, gummiartige Struktur. Ungenießbar. (Bild links)

Austernseitling

Pleurotus ostreatus (Jacq.: Fr.) P. Kumm.

ESSBAR

Küchentips
Nur kleine Hüte nehmen, kurz braten. Würzen, dazu Sahne oder Joghurt. Nicht einfrieren oder trocknen.

Einer der wenigen eßbaren Pilze an Baumstämmen. Wird auch als Zuchtpilz kultiviert. Vor allem im Herbst und Winter zu finden. Keine Ähnlichkeit mit Giftpilzen.

J
F
M
A
M
J
J
A
S
O
N
D

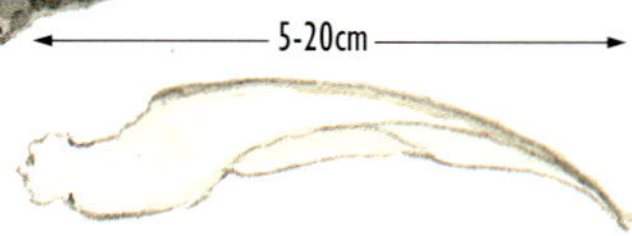

Hauptmerkmale: Bildet Gruppen von großen, flachen, fächerförmigen grauen Hüten. Lamellen weiß bis blaß strohfarben, Sporenpulver blaß lilafarben, Stiel kurz, exzentrisch oder seitlich.

Standort: Stämme von Laubbäumen, besonders Buche, selten Nadelbäume. Häufig auch auf Stümpfen, sogar an Zaunpfosten. Die bläuliche Varietät (var. *columbinus*) wächst meist an Pappeln.

Häufigkeit: Nicht selten. In dichten, einander überlappenden Büscheln.

Jahreszeit: Spätherbst und Winter (siehe Pilzkalender).

Hut: Farbe sehr variabel, meist schieferblau (wie Austern). Ältere grau über ledergelb bis fast weiß, var. *columbinus* eher bläulich. Fächerförmig, jung mit eingerolltem Rand, glatt.

Lamellen: Weiß, im Alter strohgelblich, entferntstehend, herablaufend und unverzweigt, auf dem Stiel etwas queraderig.

Sporenpulver: Blaß lila (siehe Bild), unter dem Mikroskop farblos.

Stiel: Exzentrisch, seitlich oder ganz fehlend; zäh. Jung flaumig. Stiele verwachsen oft miteinander, tragen dann Hüte verschiedenen Alters.

Fleisch: Fest, weiß, mit Pilzgeruch. Bei älteren Exemplaren ist das Stielfleisch mitunter zäh und madig.

Achtung! Das Einatmen der Sporen kann Allergien auslösen und zu Erkrankungen der Lunge führen.

Ähnliche Pilze

An vergleichbaren Standorten finden sich noch drei andere Seitlingsarten, der Rillstielige Seitling, der Berindete Seitling und der Cremeweiße Seitling (siehe S. 130–131).

Weitere seitenstielige Arten mit Lamellen sind:

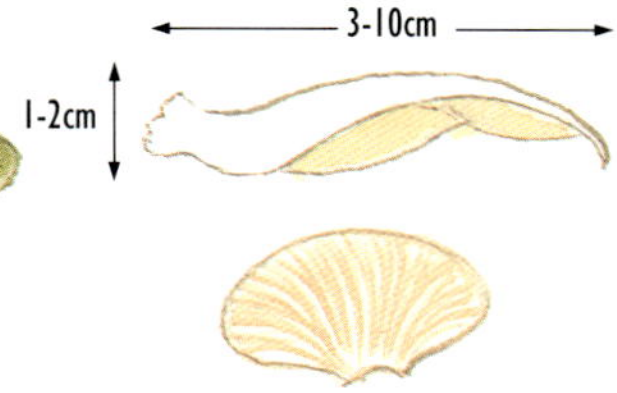

Gelbstieliger Muschelseitling
Sarcomyxa serotina
An Totholz von Laub- und Nadelbäumen (meist an Buche). Mit schleimigem, erst olivfarbenem und später braunem Hut, dunkelgelben bis orangefarbenen Lamellen, braunen Schüppchen auf dem Stiel und gelatinösem Fleisch. Nicht eßbar. (Bild oben)

Gallertfleischiges Stummelfüßchen
Crepidotus mollis
Klein (bis 6 cm). Hut weißlich. Lamellen gedrängt, jung weiß, dann durch Sporen braun. Nicht eßbar.

Spatelförmiger Muscheling
Hohenbuehelia petaloides
Hut beigefarben, trocken. Lamellen weiß. Fleisch gelatinös, mehlartig riechend. Achtung, kann Darmerkrankungen auslösen! (Bild oben)

An Holz wachsen noch zahlreiche viel kleinere seitlingsartige Pilze mit Lamellen auf der Unterseite. Sie sind alle keine Speisepilze.

Rillstieliger Seitling

Pleurotus cornucopiae (Paulet: Pers.) Roll.

ESSBAR

Küchentips
Nur kleinere Hüte nehmen und wie den Austernseitling zubereiten.

Wird meist auf Ulmenstümpfen oder an abgestorbenen Ulmenstämmen gefunden. In jüngerer Zeit breitete er sich als Folge des Ulmensterbens stark aus.

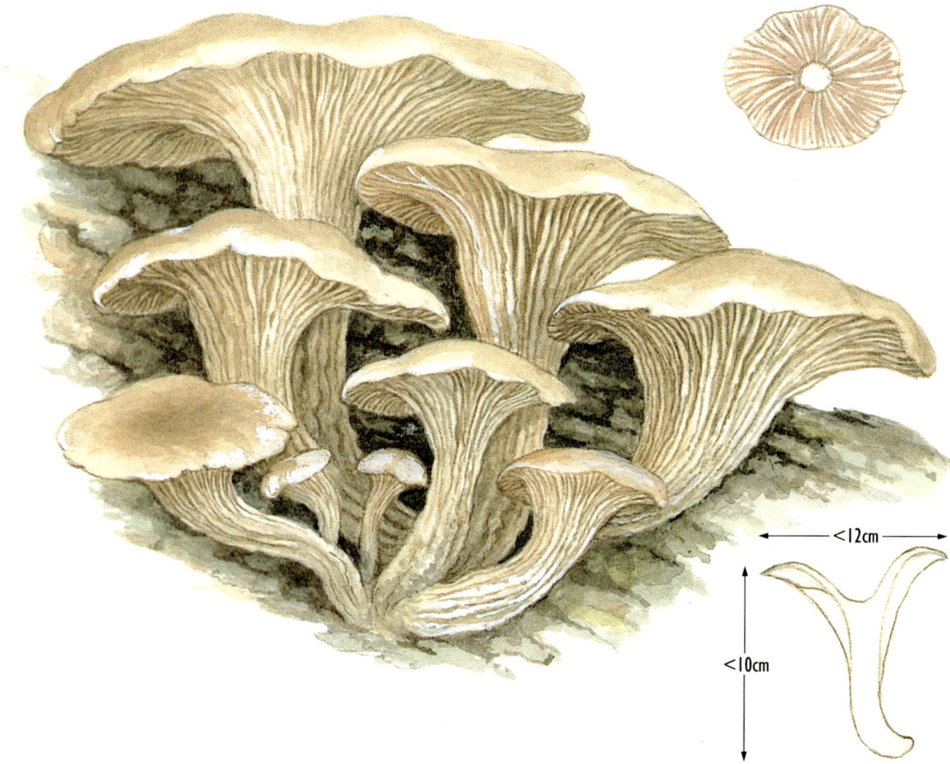

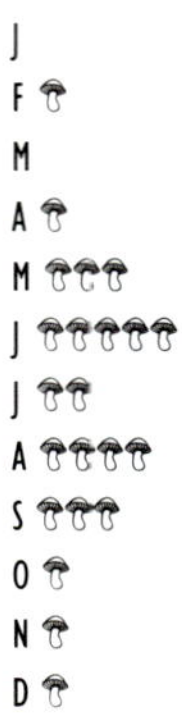

Hauptmerkmale: Büschel von mittelgroßen, trichterigen, cremefarbenen bis blaßbraunen Hüten. Die herablaufenden Lamellen sind auf dem exzentrischen bis zentralen Stiel queraderig verbunden.
Standort: Am Holz von toten Ulmen, seltener an Buchen.
Häufigkeit: Häufig, dicht büschelig.
Jahreszeit: Sommer bis Frühherbst. Früher als der Austernseitling.
Hut: Cremefarben bis blaßbraun, in der Mitte dunkler, glänzend; erst rundlich, dann eiförmig, am Ende abgeflacht und schließlich niedergedrückt bis trichterig.
Lamellen: Schmutzig weißlich, herablaufend. Sie setzen sich auf dem Stiel fort und verzweigen sich dort netzartig.
Sporenpulver: Blaß lila (siehe Bild), unter dem Mikroskop farblos.
Stiel: Etwas exzentrisch; länger und stärker aufgerichtet als beim Austernseitling; Stiele an der Basis oft miteinander verwachsen; jung glatt.
Fleisch: Weiß, mit unangenehmem Geruch.

Ähnliche Pilze

Der Rillstielige Seitling wird am ehesten mit dem Austernseitling verwechselt (siehe S. 128). Zwei weitere Seitlingsarten sind:

Berindeter Seitling
Pleurotus dryinus
Meist an Eiche oder Buche, nicht büschelig, mit schmutzig weißem Hut (bis zu 12 cm Durchmesser). Die Oberfläche reißt kleinschuppig auf, am Rand Velumreste. Lamellen weiß bis blaß gelb. Stiel seitlich stehend, mit deutlich ringartiger Zone unter dem Lamellenansatz – sie fehlt später. Sporen weiß. Herbst bis Winter. Jung eßbar.

Cremeweißer Seitling
Pleurotus pulmonarius
Sieht aus wie eine cremefarbene Variante des Austernseitlings (S. 128). Eßbar. (Bild rechts)

Eine weitere Verwechslungsmöglichkeit:

Birken-Knäueling
Lentinus torulosus
Wächst büschelig auf alten Stümpfen. Der trichterförmige Hut ist oft gelappt und jung flaumig, gelbbräunlich und bis zu 12 cm im Durchmesser. Lamellen rosabraun. Sporenpulver weiß. Das Fleisch ist zäh. Nicht eßbar. (Bild links)

Küchentips
Gerne madig, vor allem zur Hauptwachstumszeit. Die zartfleischigen (wenig schmackhaften) Hüte eignen sich am besten für Mischpilzgerichte.

Rehbrauner Dachpilz

Pluteus cervinus (Schaeff.) P. Kumm.

Die Meinungen über seinen Speisewert gehen weit auseinander. Der etwas schärfliche Geschmack ist nicht immer beliebt. Wer aber das etwas nußartige Aroma mag, hat hier einen häufig vorkommenden Pilz, der leicht zu bestimmen ist und über einen längeren Zeitraum hinweg wächst.

Hauptmerkmale: Hut flach, mittelgroß, graubraun bis dunkelbraun, radial gestreift. Lamellen gedrängt, frei, weißlich, später durch Sporenpulver rosa. Stiel auf weißem Grund braun längsfaserig.
Standort: Vermoderndes Holz – Laub- und Nadelholzstümpfe, abgefallene Äste, Sägespäne.
Häufigkeit: Häufig, aber oft einzeln.
Jahreszeit: Hauptwachstumszeit Spätsommer bis Herbst.
Hut: Erst glockig, dann aufschirmend, feucht schmierig, graubraun mit dunkleren, radialen Fasern.
Lamellen: Frei, dünn, gedrängt; anfangs weiß, dann durch das Sporenpulver fleischrosa werdend.
Sporenpulver: Lachsrosa (siehe Bild).
Stiel: Voll, weiß mit braunen Längsfasern, an der Basis oft verdickt.
Fleisch: Weiß, weich, schwach rettichartig riechend, etwas schärflich im Geschmack.

Ähnliche Pilze

Außer den selteneren, eßbaren Scheidlingen (Gattung *Volvariella*, mit sackähnlicher Scheide am Stielgrund) gehören alle größeren holzbewohnenden Pilze mit gedrängten, freien, rosafarbenen Lamellen und rosafarbenem Sporenpulver zu den Dachpilzen (Gattung *Pluteus*):

Schwarz-schneidiger Dachpilz
Pluteus atromarginatus
Unterschiede: Hut dunkelbraun, Lamellenschneiden schwarz punktiert.

Schwarzflockiger Dachpilz
Pluteus umbrosus
Hut mit unregelmäßigem Muster aus dunkelbraunen Rippen. Lamellen rosa, Schneide braun.

Ein recht häufiger Pilz ähnlicher Größe, mit graubraunem, streifigem Hut, wächst ebenfalls an moderigem Holz:

Grauer Dachpilz
Pluteus salicinus
Kleiner. Hut blaugrau, Stielbasis ähnlich gefärbt. Gern an moderigem Weidenholz. Soll Psilocybin enthalten. (Bild oben)

Breitblättriger Holzrübling
Megacollybia platyphylla
Unterscheidet sich durch weiße, angeheftete, entferntstehende, breite Lamellen, durch weißes Sporenpulver und durch dicke Myzelstränge am Stielgrund. Kein Speisepilz.

ESSBAR

Küchentips
Die zähen Stiele entfernen. Die Hüte geben einer Pilzsuppe, einer Soße oder einem Pilzgemüse eine schöne braune Farbe. Durch ihr gutes Aroma verbessern Stockschwämmchen den Geschmack eines Mischpilzgerichts. Ein großes Büschel von Stockschwämmchen reicht meist für eine Mahlzeit.

Stockschwämmchen

Kuehneromyces mutabilis (Schaeff.: Fr.) Sing. et Sm.

Die meisten kleinen braunsporigen Pilze sind giftig. Das Stockschwämmchen bildet eine Ausnahme. Es ist zwar klein, wächst aber zahlreich in großen Büscheln und läßt sich viele Monate im Jahr finden. Wegen seines milden, angenehm „pilzartigen" Geschmacks wird das Stockschwämmchen gerne als Speisepilz gesammelt. Für die Küche eignen sich allerdings nur die Hüte.

Hauptmerkmale: In Büscheln. Hut glatt, dattelbraun. Mitte bei Trockenheit ockerlich, Stiel oben blaß braun, unten dunkler schuppig. Lamellen gedrängt, angeheftet, blaß gelb, dann rostbraun.
Standort: Stümpfe und umgefallene Stämme. Meist an Laubholz.
Häufigkeit: Häufig.
Jahreszeit: Mai bis Dezember.
Hut: Kuppelförmig, dann abflachend und breit gebuckelt, glatt, aber Rand gelegentlich gerieft. Feucht dattelbraun, einheitlich glänzend, trocken in der Mitte blaß ockerlich – wirkt so oft zweifarbig.
Lamellen: Gedrängt, angeheftet. Blaß strohgelb, dann rostbraun.
Sporenpulver: Rostbraun (auf dem Ring gut zu erkennen).
Stiel: Schlank, oft verbogen; oberhalb des flüchtigen, häutigen Rings glatt und blaßbraun, darunter dunkelbraun und schuppig.
Fleisch: Im Hut dünn und strohbräunlich, im Stiel braun, wäßrig.

J
F
M
A
M
J
J
A
S
O
N
D

Ähnliche Pilze

Zahlreiche andere Pilze sind etwa gleich groß und wachsen büschelig an totem Holz. Manche von ihnen sind giftig.

Samtfußrübling
Flammulina velutipes (s. S. 136)
An Laubholz. Stiele am Grund miteinander verwachsen, ringlos, oben gelblich, unten dunkelbraun. Sporenpulver weiß. (Bild links)

Wässeriger Saumpilz
Psathyrella piluliformis
Bildet große Büschel an Laubholzstümpfen und Baumwurzeln. Die braunen Hüte trocknen in der Mitte blasser ein. Lamellen dunkelbraun und breit am Stiel angewachsen. Stiele brüchig, glatt, weißlich und ringlos. Sporenpulver dunkelbraun. Eßbar, aber etwas bitter und deshalb nicht zu empfehlen. (Bild rechts)

Nadelholzhäubling
Galerina marginata
In kleinen Büscheln, an Nadelholz. Ebenfalls zweifarbig und mit braunem Sporenpulver. Aber Stiele nicht schuppig; Geruch mehlartig. Durch Amatoxine **tödlich giftig** (s. S. 18).

Grünblättriger Schwefelkopf
Hypholoma fasciculare (s. S. 163)
Hüte gelbbraun, Stiel nicht schuppig, Sporenpulver purpurbraun, sieht auf den gelben Lamellen olivbraun aus. **Giftig.** (Bild rechts)

Junge **Hallimasch**-Fruchtkörper (*Armillaria mellea,* siehe S. 138) sind kräftiger, ausgewachsen viel größer und haben weißes Sporenpulver. Eßbar nach Abkochen.

ESSBAR

Küchentips
Die Stiele sind zäh und wertlos für die Küche. Von den Hüten die anhaftenden Schmutzteile und Reste des Hutschleims abwischen. Der Pilz schmeckt zwar nicht besonders gut, aber er wächst im Winter. Man kann ihn sogar in gefrorenem Zustand sammeln und weiterverarbeiten. Das Gericht läßt sich mit Steinpilz- oder Morchelpulver verbessern.

Samtfußrübling

Flammulina velutipes (Curt.: Fr.) Sing.

Am auffälligsten am Samtfußrübling ist, daß er in den Wintermonaten wächst. Die Pilze schmücken in großen Büscheln Laubholzstümpfe und umgefallene Stämme. Als Speisepilze sind sie jedoch nicht besonders wertvoll. Eine blassere Kulturform findet man mitunter im Handel. Ein ähnlich gefärbter Giftpilz kann auch im Winter wachsen.

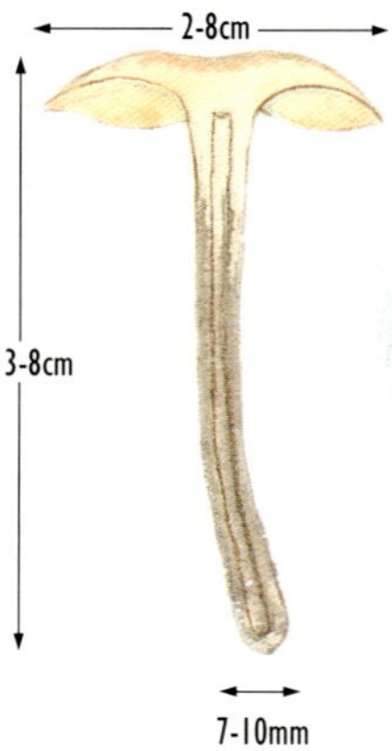

Hauptmerkmale: Büschel aus kleinen, gelbbraunen, etwas schmierigen Hüten auf dunkelbraunen, samtigen Stielen. An totem Laubholz. Lamellen weißlich bis gelbbraun. Sporenpulver weiß.
Standort: Stümpfe und Stämme von Laubbäumen und Sträuchern, gerne an Ulme, Buche und Pappel.
Häufigkeit: Häufig. In dichten Büscheln.
Jahreszeit: Ganzjährig, aber hauptsächlich in den Wintermonaten.
Hut: Klein, Rand eingerollt, dann verflachend. Feucht schmierig und glänzend, trocken matt. Von blaß gelb über gelbbraun bis orangebraun.
Lamellen: Angeheftet, breit, gedrängt, erst weiß, dann hutfarben.
Sporenpulver: Weiß (siehe Bild).
Stiel: Oben gelb, zur Basis hin samtig und braun, im Alter am Stielgrund noch dunkler. Etwas abgeflacht und verbogen, hohl, zäh.
Fleisch: Dünn, wie der Hut gefärbt, süßlich riechend.

Ähnliche Pilze

Viele Pilze wachsen büschelig an Laubholz. Aber nur diese eine Art ist in Farbe und Größe so ähnlich, daß es zu Verwechslungen kommen kann:

Grünblättriger Schwefelkopf
Hypholoma fasciculare
Das ganze Jahr über häufig auf Stümpfen. Büschelig wachsend. Hut schwefelgelb. Stiel ringlos, oben gelbgrünlich, zur Basis hin dunkler, ohne samtige Stielbekleidung. Lamellen erst gelb, später durch die purpurbraunen Sporen olivbraun. **Giftig.** (Bild links)

Stockschwämmchen
Kuehneromyces mutabilis (s. S. 134)
Hut dattelbraun, Mitte oft heller. Lamellen zimtfarben. Sporenpulver braun. Stiel unter dem häutigen Ring dunkelbraun schuppig. (Bild links)

Buntstieliger Helmling
Mycena inclinata
Auf Eichenstümpfen. Hüte trocken, kleiner, glockig, braun. Lamellen und Sporen weiß. Stiele oben weiß, Mitte orange, unten braun. (Bild links)

Zitronengelber Erlenschüppling
Pholiota alnicola
Hut gelbbraun, fettig glänzend, am Rand Velumreste. Lamellen gelb, durch Sporenpulver rostbraun. Stiel glatt, oben gelb, unterhalb des Rings dunkler.

Vorsicht! Verwechslung mit dem **tödlich giftigen** Nadelholzhäubling (siehe S. 135) ist möglich.

Hallimasch

Armillaria mellea (Vahl: Fr.) P. Kumm. s. l.

ESSBAR

J
F
M
A
M
J
J
A
S
O
N
D

Dieser häufige Spätherbstpilz ist so variabel in Größe, Form und Farbe, daß oft mehrere Arten unterschieden werden. Drei eng verwandte Arten sind heute allgemein anerkannt: der Honiggelbe Hallimasch (Bild unten), der Keulige Hallimasch und der Dunkle Hallimasch. Wir betrachten sie hier als einen Komplex sehr ähnlicher Arten. Von Forstleuten wird der Hallimasch gefürchtet, weil er Bäume und Sträucher zerstören kann. Sein Myzel breitet sich über dicke, schwarze Rhizomorphen von Baum zu Baum aus. Der Keulige Hallimasch lebt jedoch nicht parasitisch. Er ernährt sich von moderigem Holz. Der Hallimasch muß stets gut gekocht werden. Trotzdem reagieren manche Menschen mit Allergien.

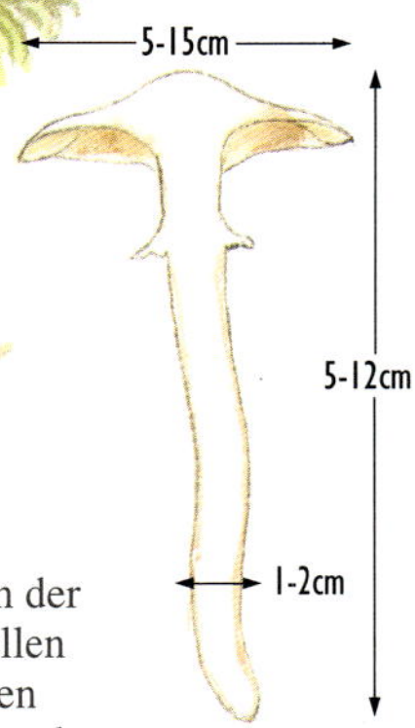

Küchentips
Nur junge Hüte mit weißen Lamellen sammeln. Nicht roh essen! Blanchieren, dann langsam schmoren. Selbst gut gekocht wird der Hallimasch nicht von jedem vertragen. Daher erst wenig sammeln und probieren. Junge Pilze lassen sich gut sauer einlegen.

Hauptmerkmale: Büschelig, honigbraun. Hüte jung in der Mitte haarschuppig. Das Velum über den jungen Lamellen bleibt als baumwollartiger Ring am Stiel. Stiele wachsen aus schwarzen Myzelsträngen heraus. Lamellen kurz herablaufend, schmutzig weiß, dann gelblich und im Alter dunkler fleckig. Sporenpulver weiß.
Standort: Der Honiggelbe Hallimasch und der Dunkle Hallimasch wachsen an Stämmen und Wurzeln lebender Bäume und Sträucher (auch an Nadelbäumen, Obstbäumen und Ligusterhecken). Alle drei Arten findet man auf und bei Stümpfen und auf Totholz.
Häufigkeit: Häufig, oft in großen Büscheln.
Jahreszeit: Spätsommer bis Frühwinter (siehe Pilzkalender).
Hut: Erst stark gewölbt, später verflachend, sogar niedergedrückt und

dann mit eingerolltem Rand. Honiggelb bis dunkelbraun mit olivfarbenen und gelben Tönen. Dunkelbraune Haarschüppchen.
Lamellen: Jung durch ein meist gelblichweißes Velum verdeckt. Breit angewachsen bis etwas herablaufend, gedrängt, schmutzig weiß bis fleischfarben, im Alter gelblich mit rostfarbenen Stellen.
Sporenpulver: Cremefarben (oft auf den unteren Hüten zu sehen).
Stiel: Beim Honiggelben Hallimasch Stiele dicht büschelig, lang, schlank. Ring weiß bis gelb, baumwollartig, unterseits mit gelben Schüppchen. Beim Keuligen Hallimasch Stiele weniger büschelig, kurz, stämmig, Basis knollig. Ring flüchtig, weiß oder gelb, spinnwebartig. Stiel des Dunklen Hallimaschs kurz, stämmig, keulig. Wolliger Ring mit braunen Schüppchen. Oberhalb des Rings ist der Stiel weiß, in Basisnähe jung gelb und faserig, im Alter glatter und dunkler.
Fleisch: Dünn, weich und weiß. Geschmack roh bitter und seifenartig.

Keuliger Hallimasch
Armillaria cepistipes
Stiel kürzer und stämmiger, mit weißem, baumwollartigem Ring und mit verdickter Basis.

Dunkler Hallimasch
Armillaria ostoyae
Ähnlich wie der Keulige Hallimasch, aber Ring am Rand mit dunkelbraunen Schuppen besetzt.

Ähnliche Pilze

Sparriger Schüppling
Pholiota squarrosa
So groß wie der Hallimasch, aber Hüte und Stiele strohgelb und von sparrigen Schuppen eingehüllt, die abgebogen sind und spitz zulaufen. Lamellen blaßgelb, dann durch das Sporenpulver rostbraun. An verletzten Laubbäumen, seltener an Nadelholz. Das bittere Fleisch riecht rettichartig. Nicht eßbar. Giftig in Verbindung mit Alkohol. (Bild links)

Stockschwämmchen
Kuehneromyces mutabilis (s. S. 134)
Kleiner, mit dattelbraunem Hut, der in der Mitte blasser eintrocknet. Der Stiel ist unter dem Ring dunkler schuppig. Die angehefteten Lamellen werden im Alter durch die ausfallenden Sporen rostbraun. Auf totem Holz. Eßbar. (Bild links)

Beringter Flämmling
Gymnopilus junonius
In der Größe dem Hallimasch ähnlich, aber leuchtend orange oder gelbbraun bis braun. Hut mit faserigen Schüppchen. Die breit angewachsenen gelben Lamellen werden durch die Sporen rostbraun. Das zähe, bittere Fleisch ist **giftig**. Soll Psilocybin enthalten und dadurch halluzinogene Wirkungen haben.

Leuchtender Ölbaumpilz
Omphalotus illudens
An Eßkastanie oder Eiche. Orangefarbener Hut glatt, Lamellen herablaufend, orange, Sporenpulver cremeweiß. **Giftig.** (Bild oben)

Grünblättriger Schwefelkopf
Hypholoma fasciculare (s. S. 163)
Kleiner. Schwefelgelbe Farbe, ähnlich einem jungen Hallimasch. Aber Hut glatt, Sporenpulver purpurbraun. Fleisch bitter. **Giftig.**

Schwefelporling

Laetiporus sulphureus (Bull.: Fr.) Murr.

ESSBAR

Einer der wenigen Porlinge, der so weichfleischig ist, daß man ihn essen kann. Geschmack und Konsistenz etwa wie bei einer Hühnerbrust. Gut an der Farbe zu erkennen. Vorsicht, soll schon Übelkeit und Schwindelanfälle verursacht haben.

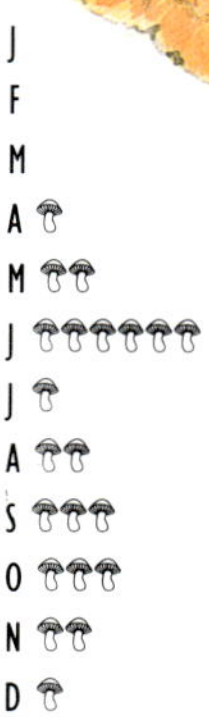

Hauptmerkmale: Dick, wellig, fächerförmig, dachziegelig wachsend. Oberfläche wildlederartig, orange bis schwefelgelb, cremegelblich verblassend. Unterseits winzige, zitronengelbe Poren. Jung saftig, dann trocken und brüchig werdend. Sporenpulver weiß.
Standort: Laubbäume, moderige Stümpfe.
Häufigkeit: Häufig, büschelig. Mehrere Jahre lang an denselben Stellen.
Jahreszeit: Vom Frühsommer an. Alte Fruchtkörper überwintern oft.
Hut: Einander überlappende, oft miteinander verwachsene, wellige, fächerförmige Konsolen. Anfangs saftig, Rand abgebogen, Oberfläche leuchtend orangefarben, wildlederartig. Später eher schwefelgelb, kalkweiß eintrocknend.
Röhren und Poren: Röhren nur etwa 5 mm lang. Poren winzig, rundlich bis länglich, gelb und frisch gelbe Tröpfchen absondernd.
Sporenpulver: Weiß.
Fleisch: Dick, jung blaßgelb, weich, dann blasser, zuletzt kalkweißlich.

Küchentips
Kann Beschwerden hervorrufen. Ältere Fruchtkörper sind zäh und ungenießbar. Die Pilze werden in Scheiben geschnitten und mit Öl bepinselt, dann gegrillt oder gebraten. Man kann die Scheiben auch panieren oder mit Zitronensaft beträufeln. Dann schmecken sie ähnlich wie Hühnerfleisch. Nicht trocknen, nicht ungekocht einfrieren.

Leberreischling

Fistulina hepatica Schaeff.: Fr.

ESSBAR

Küchentips
Nur jüngere Pilze nehmen. Ganz junge Fruchtkörper schmecken oft bitter durch Tannin. Der Pilz eignet sich roh für Salate. Sonst kleinschneiden und vor der Weiterverarbeitung mehrmals abbrühen, um das Tannin zu entfernen.

Im Volksmund wird dieser Porling „Ochsenzunge“ genannt. Er läßt sich kaum verwechseln. Anders ist es mit den Aussagen über den geschmacklichen Wert. Die Beurteilungen reichen vom „Beefsteak der Armen“ bis zu „roh in Salaten ausgezeichnet“. Wie immer, ist hier der persönliche Geschmack entscheidend.

J
F
M
A
M
J
J
A
S
O
N
D

Hauptmerkmale: Groß, dick, zungenförmig, feucht-fleischig. Oberseite abgerundet, uneben, schmierig und orangebraun, später flacher, glatter, trocken und rotbraun. Poren gelb, auf Druck rotbraun und blutroten Saft absondernd. Die Röhren sind feucht und lassen sich voneinander trennen. Fleisch dick, streifig.
Standort: Alte Eichen oder Eßkastanien, am unteren Stammteil.
Häufigkeit: Selten. Wächst einzeln, jahrelang an derselben Stelle.
Jahreszeit: Spätsommer bis Herbst (siehe Pilzkalender).
Fruchtkörper: Halbkreis- oder zungenförmig, gewölbt, dann abflachend. Rand abgebogen, später scharf. Stiel kurz oder undeutlich. Jung weich und feucht, dann fest und trocken. Oberfläche erst uneben, schmierig, rosa bis ziegelrot; im Alter glatter, trocken, rotbraun.
Röhren und Poren: Röhren etwa 1 cm lang, nicht miteinander verwachsen. Poren deutlich sichtbar, rund, vereinzelt (siehe Bild), cremefarben bis blaßgelb, auf Druck und im Alter rotbraun, sondern oft einen blutroten Saft ab.
Sporenpulver: Rosalichgelb.
Fleisch: Dick, schwer und saftig. Geruch angenehm. Geschmack mild.

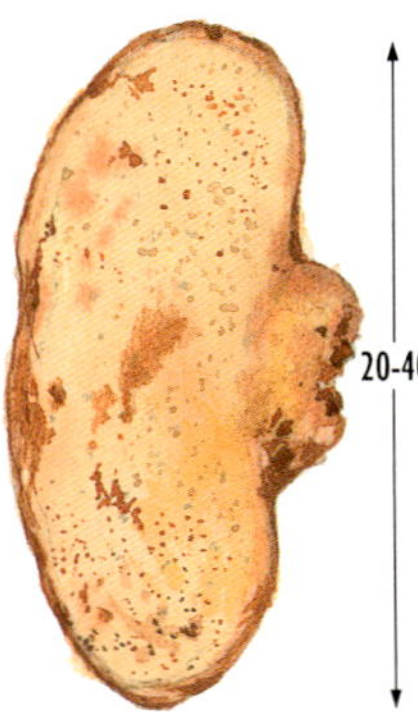

Schuppiger Schwarzfußporling

Polyporus squamosus (Hudson): Fr.

Ein schon früh im Jahr wachsender grobschuppiger Porling.

ESSBAR

Küchentips
Nur ganz junge Exemplare bzw. deren zarten Rand essen. Dünne Scheiben gut durchbraten. Gekocht wird der Pilz zäh.

Hauptmerkmale: Große, fleischige, halbkreis- oder sattelförmige, cremegelbe Konsolen mit konzentrischen Zonen brauner Schuppen. Unterseite mit blaßgelben, vieleckigen Poren. Der seitliche oder exzentrische Stiel ist meist kurz und am Grund schwarzbraun.
Standort: Laubbäume, besonders Ulme, Esche und Buche. Stümpfe, aber auch lebende Bäume, oft in mehreren Metern Höhe.
Häufigkeit: Häufig, in großen, einander überlappenden Konsolen.
Jahreszeit: Frühjahr bis Sommer (siehe Pilzkalender).
Fruchtkörper: Rundlich, dann halbkreis- oder fächerförmig. Hut mit Kreisen brauner Schuppen. Stielgrund schwarzbraun samtig.
Röhren und Poren: Röhren etwa 1 cm lang, in Stielnähe länger. Poren cremegelb, gut erkennbar, unregelmäßig vieleckig.
Sporenpulver: Weiß (siehe Bild).
Fleisch: Cremeweiß, erst weich, im Alter korkig. Geruch etwas mehlartig.

ESSBAR

Klapperschwamm

Grifola frondosa (Dicks.: Fr.) Gray

Ein großer, zäher Pilz, der meist an Eichen wächst.

Küchentips
Wegen des faserigen Fleisches vor der Zubereitung in Streifen schneiden, langsam bei niedriger Hitze schmoren. Keine Delikatesse, zäh.

J
F
M
A
M
J
J
A
S
O
N
D

Hauptmerkmale: Bildet eine blumenkohlähnliche Rosette aus einander überlappenden, graubraunen, dünnen, fächerförmigen Hüten. Die Unterseite der Fruchtkörper ist weiß wie das Sporenpulver.
Standort: Stammbasis lebender Laubbäume, auch Stümpfe. Besonders gern an Eiche.
Häufigkeit: Gelegentlich, oft viele Jahre an derselben Stelle.
Jahreszeit: Herbst (siehe Pilzkalender).
Fruchtkörper: Strauchförmig, mit vielen graubraunen, blattähnlichen bis fächerigen Hutsegmenten, diese radial gefurcht, dünn und wellig.
Röhren und Poren: Röhren kurz (bis zu 3 mm lang). Poren klein, rund, cremeweiß.
Sporenpulver: Weiß (siehe Bild).
Fleisch: Weiß, faserig, nicht lederig. Der Geruch wird verschieden beschrieben – mehlartig, süßlich oder nach Hopfen, im Alter unangenehmer. Geschmack in der Jugend süßlich.

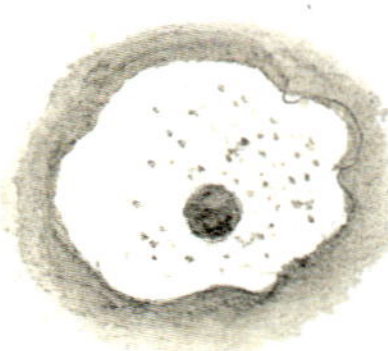

Ähnliche Pilze

Wenn man auf die Größe des Pilzes und auf die konzentrischen Schuppen achtet, sind Verwechslungen kaum möglich. Dennoch finden sich ähnliche Arten:

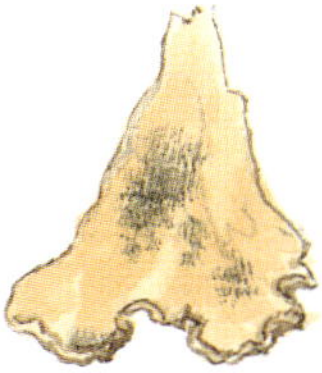

Riesenporling
Meripilus giganteus
Form ähnlich, aber die fächerförmigen Hüte sind breiter und dicker. Oberseite mit hell- und dunkelbraunen Bändern, aber ohne Schuppen. Poren weiß, im Alter oder auf Druck schwarz. Kann Beschwerden auslösen.

Krause Glucke
Sparassis crispa
(s. S. 174)
Am Fuß alter Kiefern. Ein wesentlich kompakterer, cremebrauner, brüchiger Fruchtkörper. Eßbar und wohlschmeckend.

Judasohr

Auricularia auriculajudae (Bull.: St. Amans) Wettst.

ESSBAR

Küchentips
Nur junge, feuchte Pilze sammeln, den etwas zähen Stielbereich entfernen. Die Fruchtkörper in dünne Scheiben schneiden, langsam in Milch schmoren. Eventuell vorher reichlich würzen, eine halbe Stunde lang einziehen lassen. Nie unzerschnittene Fruchtkörper anbraten. Sie explodieren wie Popcorn. Stets lange kochen. Läßt sich gut trocknen und zu Pulver mahlen.

Eigenartiger Pilz mit genauso seltsamem Namen. Man sagt, der Name erinnere daran, daß Judas sich einst an einem Holunderbusch aufgehängt habe. Holunder ist der bevorzugte Wirt des Judasohrs. Es gehört zu den wenigen Arten, die man das ganze Jahr über findet, und wächst an verschiedenen Bäumen und Sträuchern. Dem Judasohr steht eine fernöstliche Art verwandtschaftlich am nächsten, die man als Mu-Err-Pilz *(Auricularia polytricha)* in China-Geschäften kaufen kann.

Hauptmerkmale: Ausgewachsene Pilze gleichen in Form und Größe einem menschlichen Ohr. Sie sind weich, gelatinös, in feuchtem Zustand dattelbraun. Beim Eintrocknen werden sie kleiner, dunkler und hart. Am Substrat mit winzigem Stiel angewachsen.

Standort: Am häufigsten an Holunder, aber auch an anderen Laubbäumen, wie Buchen.

Häufigkeit: Sehr häufig, oft gesellig.

Jahreszeit: Das ganze Jahr über (siehe Pilzkalender).

Fruchtkörper: Anfangs schüsselförmig, innen glatt, dann eher ohrförmig und innen aderig-runzelig. Außenseite etwas samtig und rotbraun; Innenseite glänzend purpurbraun. Mit einer kleinen stielähnlichen Ausstülpung am Substrat angewachsen. Bei Trockenheit dunkler, hart.

Sporenpulver: Weiß (siehe Bild).

Fleisch: Dünn, durchscheinend, gummiartig. Mit schwachem Geruch und geringem Eigengeschmack.

Ähnliche Pilze

Gezonter Ohrlappenpilz
Auricularia mesenterica
Von oben durch gezonte, haarige, graubraune Oberfläche wie ein Porling, unterseits wie das Judasohr, purpurbraun und aderig-gerunzelt. In Reihen an Stämmen und Stümpfen, besonders an Ulme. Nicht eßbar.

Rotbrauner Zitterling
Tremella foliacea
Auf toten Laubholzästen. Nicht häufig. Fruchtkörper eher hirnartig gewunden und gefältelt. Kein Speisepilz.

Eispilz
Pseudohydnum gelatinosum
Von oben wie das Judasohr, unterseits aber kleine, herabhängende Stacheln. Nur an Nadelholz, nicht häufig. Schmeckt wie Gelatine. Kann jedoch mit Zucker glasiert und als Süßspeise serviert werden. (Bild links)

Becherlinge
Gattung
Peziza
Gern auf Totholz (oder auf dem Boden). Mit der Basis des schüsselförmigen Fruchtkörpers am Substrat angewachsen. Keine Speisepilze.

Becherförmiger Drüsling
Exidia glandulosa
Häufig an toten Laubholz-Ästen, besonders an Eiche. Die braunschwarzen, gelatinösen Pilze sind erst klein und scheibenförmig. Später werden sie schüsselig und im Alter lappig. Oberseite rauh. Nicht eßbar. (Bild links)

Giftige Pilze im Laubwald

Wulstlinge

Zu dieser Gattung *Amanita* zählen Knollenblätterpilze, Wulstlinge und Scheidenstreiflinge. Einige Arten sind tödlich giftig. Am gefährlichsten ist der Grüne Knollenblätterpilz. In Mitteleuropa wachsen mehr als dreißig *Amanita*-Arten. Einige sind häufig, andere selten. Auf den folgenden Seiten werden die wichtigsten und am weitesten verbreiteten beschrieben. Natürlich sind nicht alle *Amanita*-Arten giftig. Dennoch raten wir davon ab, Pilze aus dieser Gattung als Speisepilze zu verwenden. Es bestehen zu viele Verwechslungsmöglichkeiten, und sie bedeuten Leben oder Tod.

Alle *Amanita*-Arten besitzen eine Gesamthülle (Velum universale), die den jungen Fruchtkörper umgibt (**a**). Beim reifen Fruchtkörper sind oft noch Reste dieses Velums auf dem Hut zu erkennen (**b**). Bei vielen Arten bleibt am Stielgrund ein Rest als sackähnliche Scheide (Volva) zurück (**c**). Nicht alle Arten besitzen einen Ring (**d** und **e**). Aber alle haben freistehende Lamellen, die nicht bis an den Stiel heranreichen (**f**), und weißes Sporenpulver (**g**). Alle Pilze in dieser Gattung sind Mykorrhizapilze (vgl. S. 8).

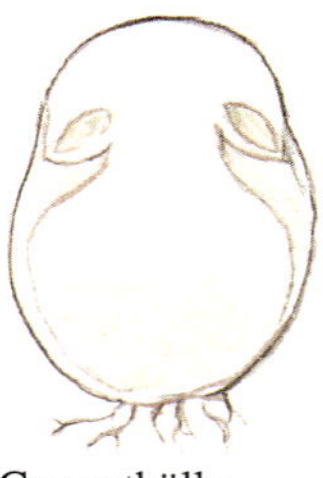

a Gesamthülle

b Hut mit Velumresten

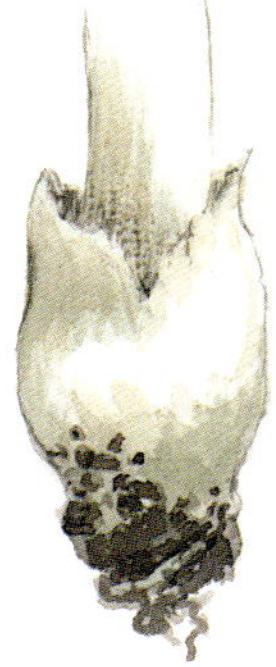

c Stielbasis mit Scheide

d Gelber Knollenblätterpilz mit Ring

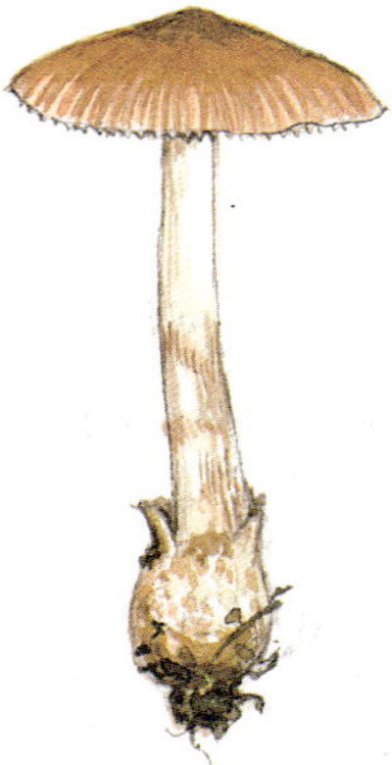

e Scheidenstreifling (ringlos)

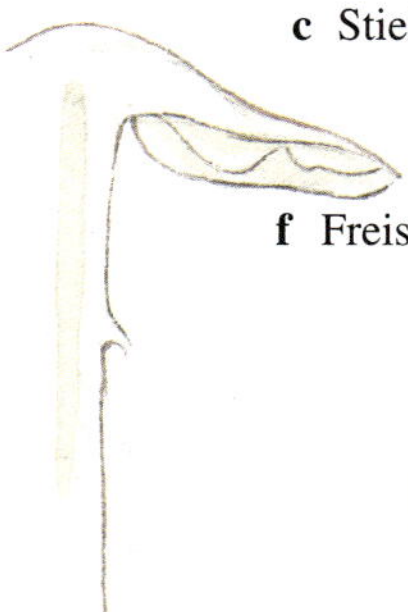

f Freistehende Lamellen

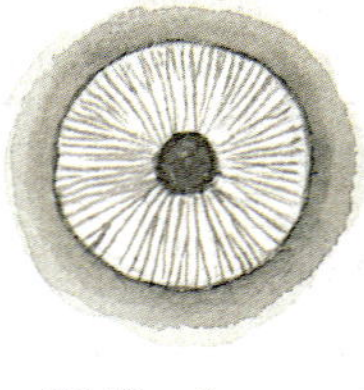

g Weißes Sporenpulver

Grüner Knollenblätterpilz

Amanita phalloides (Fr.) Link

Er ist für viele tödliche Pilzvergiftungen verantwortlich. Verwechslungen mit dem Wiesenchampignon sind unwahrscheinlich, schon wegen des olivgrünen Huts, der weißen Lamellen, der Scheide an der Stielbasis und des Vorkommens im Wald. Schon ein einziger Hut kann tödlich sein. Sogar die Sporen sind giftig, den Pilz also nicht in den Sammelkorb geben.

GIFTIG

Giftwirkung
Enthält Phallotoxine und Amatoxine. Letztere werden weder durch Trocknen noch durch Kochen zerstört. Erste Vergiftungssymptome zeigen sich 5–24 Stunden nach der Mahlzeit: Magenbeschwerden, Schweißausbrüche, Übelkeit und Durchfall, verbunden mit starkem Durstgefühl. Jetzt noch den Magen auszupumpen oder Aktivkohle zu verabreichen, ist zu spät, denn die Zellen haben die Giftstoffe schon aufgenommen. Ohne sofortige Behandlung führen Nieren- und Leberschäden nach etwa einer Woche zum Tod.

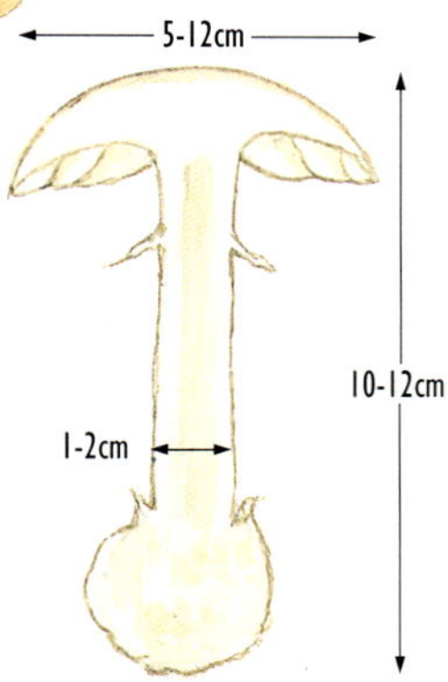

Standort: Bei Laubbäumen, besonders bei Eichen oder Buchen.
Häufigkeit: Gelegentlich, in manchen Jahren häufig.
Jahreszeit: Spätsommer bis Herbst.
Hut: Anfangs ganz vom weißen Velum eingehüllt. Nach dem Aufschirmen abflachend. Selten mit Velumresten. Huthaut abziehbar, glatt feucht schleimig, olivgelb bis grünlich-bronzefarben, dunkler radialstreifig.
Lamellen: Freistehend, gedrängt, weiß.
Sporenpulver: Weiß (siehe Bild).
Stiel: Weiß mit welliger Natterung, im Alter hohl. Basis knollig, in sackähnlicher Scheide. Ring im oberen Stieldrittel, herabhängend, weiß und anfangs unterseits gerieft.
Fleisch: Weiß, weich und süßlich riechend, im Alter etwas stinkend.

GIFTIG

Giftwirkung
Der Pilz enthält ähnliche Giftstoffe wie der Grüne Knollenblätterpilz, daher sind die Krankheitssymptome vergleichbar. Er hat bereits viele Todesfälle verursacht.

Kegelhütiger Knollenblätterpilz

Amanita virosa (Fr.) Bert.

Er ist ebenso giftig wie der Grüne Knollenblätterpilz, aber weiß und daher noch gefährlicher, weil man ihn leicht mit einem Champignon verwechseln kann, ganz jung sogar mit einem Bovist. Man findet ihn in Laub- und Nadelwäldern.

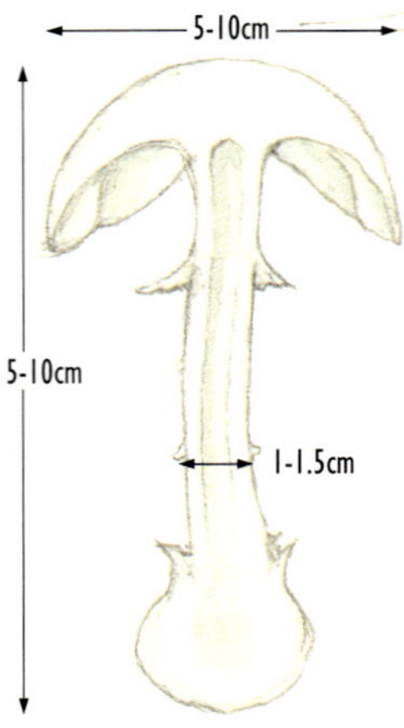

Standort: Bei Laub- und Nadelbäumen. Saure Böden höherer Lagen.
Häufigkeit: Gelegentlich, aber nie in größeren Mengen.
Jahreszeit: Spätsommer bis Herbst.
Hut: Anfangs eiförmig und ganz vom weißen Velum eingehüllt. Sich dann ausbreitend, aber glockenförmig bleibend. Weiß, glatt, feucht etwas schmierig bis klebrig.
Lamellen: Freistehend, gedrängt und weiß.
Sporenpulver: Weiß (siehe Bild).
Stiel: Weiß, schlank, oft verbogen, schuppig. Mit flüchtigem Ring direkt unter dem Hut. Knollige Basis in sackähnlicher Scheide.
Fleisch: Weiß und weich, mit einem widerlich süßlichen Geruch, der sich im Alter verstärkt.

Gelber Knollenblätterpilz

Amanita citrina (Schaeff.) Gray

GIFTIG

Dieser Pilz ist eher ungenießbar als giftig. Allerdings kann man ihn mit dem Grünen Knollenblätterpilz und die weiße Varietät (var. *alba*) mit dem Kegelhütigen Knollenblätterpilz verwechseln. Beide ähnlichen Arten sind tödlich giftig, daher sollte man den Gelben Knollenblätterpilz nicht essen. Merkmale: Wenig entwickelte Scheide, abgesetzte dicke Stielknolle und Geruch nach Kartoffelkeller.

Giftwirkung
Gekocht ist der Gelbe Knollenblätterpilz nicht giftig, wegen des schlechten Geschmacks aber ungenießbar. Außerdem kann er leicht mit ähnlichen Giftpilzen verwechselt werden. Man stellte Bufotenin (auch im Drüsensekret der Erdkröte, *Bufo bufo,* enthalten) fest. Es hat hier jedoch keine toxische Wirkung.

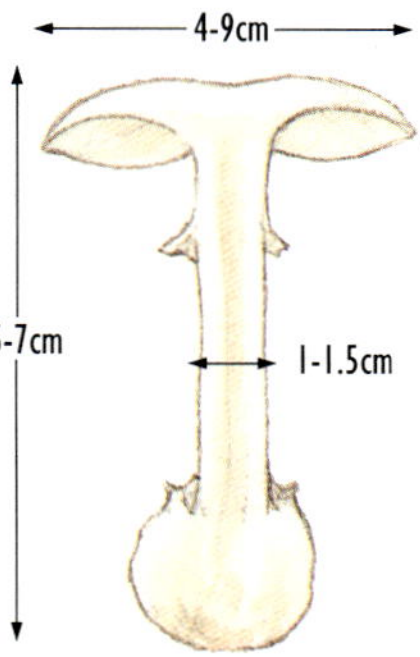

Standort: Bei Nadel- und Laubbäumen, vor allem Birken und Eichen.
Häufigkeit: Häufig.
Jahreszeit: Sommer bis Herbst.
Hut: Gewölbt, aber bald verflachend. Blaß zitronengelb, in der Mitte dunkler, bei der var. *alba* weiß. Mit unregelmäßig angeordneten Velumresten.
Lamellen: Freistehend und weiß, mit gelblichem Schimmer.
Sporenpulver: Weiß (siehe Bild).
Stiel: Wie die Lamellen gefärbt. Mit großer, kantig gerandeter Knolle. Scheide nicht sackförmig, sondern mit der Knolle verwachsen. Ring weiß, weit oben am Stiel, oberseits gerieft.
Fleisch: Weiß, Geruch nach Kartoffelkeimen. Wegen der Giftigkeit eng verwandter Arten keine Geschmacksprobe durchführen!

GIFTIG

Pantherpilz und Grauer Wulstling

Amanita pantherina (DC.: Fr.) Krombh.
Amanita excelsa (Fr.) Bert.

Der Pantherpilz ist sehr giftig, nicht häufig, aber leicht mit dem häufigeren Grauen Wulstling zu verwechseln. Deshalb sollen hier auch beide Arten auf einer Seite beschrieben werden. Keinen der beiden Pilze essen!

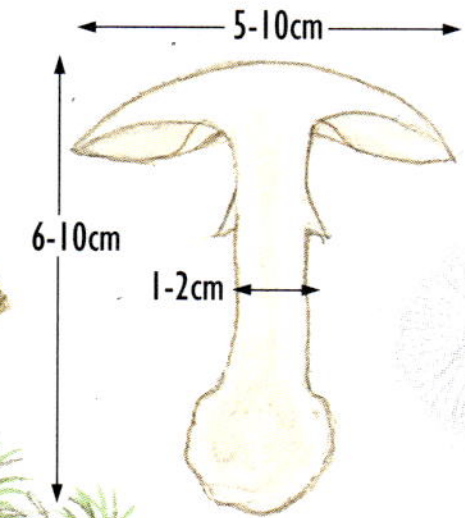

Pantherpilz

Grauer Wulstling

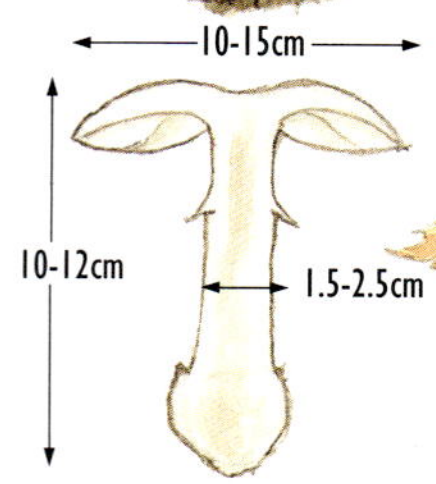

Giftwirkung
Der Pantherpilz ist sehr giftig. Er enthält Muskarin und einige psychotrope Giftstoffe (vgl. S. 20 f.). Es kommt zu ähnlichen Vergiftungserscheinungen wie durch den Fliegenpilz, nur sind die Symptome noch heftiger. Der Graue Wulstling ist roh giftig.

Standort: Wälder.
Häufigkeit: Pantherpilz selten, Grauer Wulstling oft massenweise.
Jahreszeit: Sommer/Herbst.
Hut: Bald verflachend. Pantherpilz – ockerbraun, mit körnigen, weißen Velumresten, Rand gerieft. Grauer Wulstling – graubraun, mit blaßgrauen Velumfragmenten. Velumreste können fehlen.
Lamellen: Freistehend, gedrängt und weiß.
Sporenpulver: Weiß (siehe Bild).
Stiel: Weiß, mit häutigem, flüchtigem Ring. Beim Grauen Wulstling Ring hoch angesetzt und oberseits gerieft. Basis rübenartig verdickt, Scheide aus mehreren schuppigen Ringen. Beim Pantherpilz Ring ungerieft, Knolle deutlich vom Stiel abgesetzt.
Fleisch: Weiß. Eine Geschmacksprobe sollte unterbleiben.

Fliegenpilz

Amanita muscaria (L.) Pers.

Wie schon erwähnt, findet man ihn auf Neujahrskarten, in Kinderbüchern und sogar im Film. Sein Name rührt daher, daß man ihn früher zum Töten lästiger Fliegen benutzte. Und es ist bekannt, daß sein Gift halluzinogene Eigenschaften hat (siehe S. 34). Dennoch ist der Fliegenpilz für den Menschen meist nicht lebensgefährlich, kann aber recht unangenehme Erkrankungen hervorrufen. Reife Fruchtkörper sind nicht zu verwechseln. Zu Vergiftungen kommt es daher meist zufällig, vor allem bei Kindern.

GIFTIG

Giftwirkung
Muscimol und Ibotensäure verursachen Halluzinationen und können zum Koma führen (s. S. 34). Das Muskarin löst Schweißausbrüche, verstärkten Tränenfluß, Übelkeit und Durchfall aus (s. S. 21).

Standort: Laub- und Nadelwälder. Oft bei Birken, auch bei Kiefern und Fichten. Saure Böden.
Häufigkeit: Häufig, gesellig, oft in größeren Gruppen.
Jahreszeit: Spätsommer bis Frühwinter.
Hut: Anfangs rundlich, vom weißen Velum eingehüllt. Später reißt das Velum auf und hinterläßt auf der glänzenden, leuchtend roten Huthaut die typischen weißen Reste. Rand mitunter gerieft, die Huthaut läßt sich abziehen. Regen kann die Velumreste abwaschen.
Lamellen: Frei, dicklich, gedrängt, weiß bis blaß strohfarben.
Sporenpulver: Weiß (siehe Bild).
Stiel: Weiß, erst voll, später hohl. Der große, ausdauernde, herabhängende Ring ist oberseits gerieft und gilbt mitunter etwas. Die knollige Stielbasis erscheint durch die Velumreste warzig-gegürtelt.
Fleisch: Weich und weiß, unter der Huthaut gelb pigmentiert.

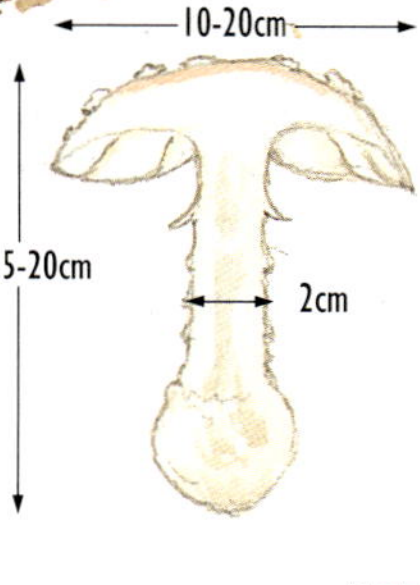

Perlpilz

Amanita rubescens (Pers.: Fr.) Gray

GIFTIG

Häufigste und variabelste Art dieser Gattung. Der Pilz enthält Gifte, die hitzeempfindlich sind. Darf nie roh verzehrt werden. Manche Menschen vertragen ihn auch gekocht nicht. Ist mit dem Pantherpilz (S. 154) zu verwechseln, daher nicht als Speisepilz sammeln!

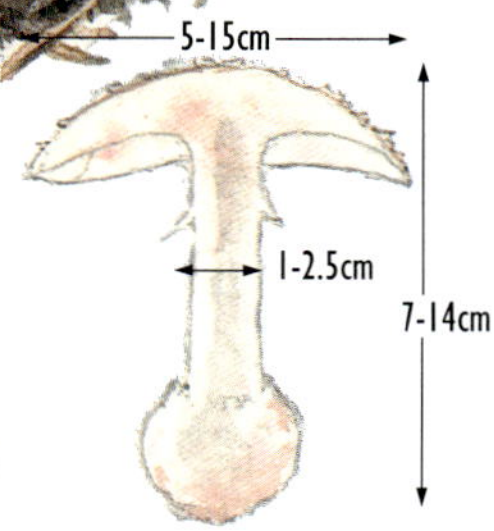

Giftwirkung
Enthält Blutgifte (siehe S. 19), die die roten Blutkörperchen zersetzen und so Anämie und Nierenerkrankungen auslösen können. Vergiftungssymptome treten erst etwa vier Stunden nach der Mahlzeit auf. Hitze zerstört die Giftstoffe. Dies erklärt die Tatsache, daß nur der rohe bzw. unzureichend gekochte Pilz giftig ist.

Standort: Bei Laub- und Nadelbäumen.
Häufigkeit: Sehr häufig.
Jahreszeit: Frühsommer bis Spätherbst.
Hut: Anfangs rundlich und vom weißen Velum eingehüllt. Bald aufschirmend, dann verflachend. Velumreste meist fleischfarben, aber auch grau oder blaßgelb. Jung sind die Velumreste meist gut zu erkennen. Im Alter können sie stellenweise oder ganz fehlen, so daß der meist rosabraune, aber mitunter auch cremefarbene oder dunkelbraune Hut völlig glatt zu sein scheint.
Lamellen: Frei, gedrängt, verletzt rosa-rötlich werdend.
Sporenpulver: Weiß (siehe Bild).
Stiel: Dick. Anfangs weiß, dann unterhalb des weißen, herabhängenden, gerieften Rings rosabräunlich fleckend. Stielgrund rübenartig, undeutlich und unvollständig durch Velumreste gegürtelt.
Fleisch: Weiß, aber durch äußere Einflüsse rosa werdend, besonders in der Stielbasis, wenn der Pilz von Maden befallen ist.

Grauer und Rotbrauner Scheidenstreifling

Amanita vaginata (Bull.: Fr.) Lam.
Amanita fulva (Schaeff.) Fr.

GIFTIG

Die beiden Pilze sind die bekanntesten ringlosen *Amanita*-Arten. Sie gelten meist als eßbar, müssen dazu aber gut gekocht sein. Der Graue Scheidenstreifling ist mit dem Grünen Knollenblätterpilz (S. 151), der Rotbraune Scheidenstreifling mit dem Pantherpilz (S. 154) zu verwechseln. Daher grundsätzlich keine *Amanita*-Arten essen.

Giftwirkung
Scheidenstreiflinge enthalten gefährliche Blutgifte, deshalb nie roh verzehren. Nur ausreichend gekocht eßbar. Symptome wie beim Perlpilz (siehe S. 156).

Standort: Wälder, Heiden.
Häufigkeit: Ziemlich häufig.
Jahreszeit: Mittsommer bis Herbst.
Hut: Anfangs eiförmig, vom weißen Velum eingehüllt. Dann aufschirmend und ohne Velumreste, oder mit großen Velumstücken. Erst glockig, dann abflachend und mit Buckel in der Mitte. Rand breit gerieft. Feucht schmierig und glänzend. Bei *A. vaginata* grau bis graubraun, bei *A. fulva* orangebraun.
Lamellen: Frei, gedrängt und weiß.
Sporenpulver: Weiß (siehe Bild).

Stiel: Basis ohne Knolle; sich nach oben hin verschmälernd; hohl, glatt oder etwas schuppig, weiß, mitunter hutfarben getönt. Scheide abstehend, sackartig, oben offen, etwas verlängert. Ringlos.
Fleisch: Dünn, weiß, ohne auffälligen Geruch.

Kahler Krempling

Paxillus involutus (Batsch: Fr.) Fr.

GIFTIG

Er ist kaum mit einem bekannten Speisepilz zu verwechseln. In älteren Pilzbüchern gilt er oft als eßbar. Neuere Forschungen zeigten, daß er tödliche Vergiftungen verursachen kann, besonders, wenn man ihn über viele Jahre wiederholt ißt.

Giftwirkung
Roh oder zuwenig gekocht kann der Pilz Magen-Darm-Erkrankungen verursachen. Man fand keine lebensgefährlichen Gifte. Gegen bestimmte Wirkstoffe im Pilz wehrt der Körper sich aber und bildet Antikörper, die nach häufigem und jahrelangem Genuß des Pilzes eines Tages zu Kreislaufversagen und plötzlichem Tod führen können.

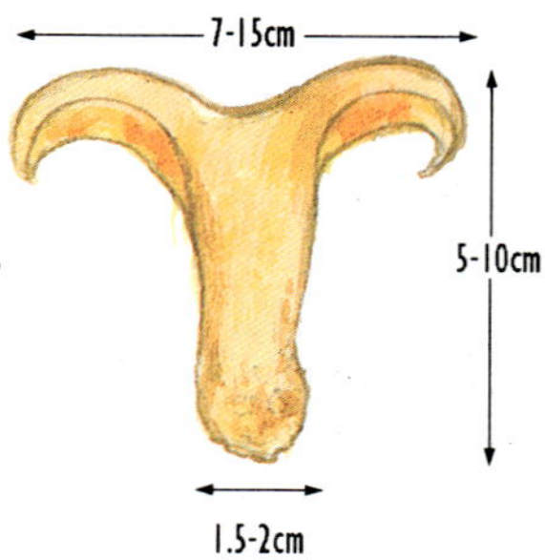

Standort: Wälder. Saure Böden.
Häufigkeit: Sehr häufig.
Jahreszeit: Juli bis November.
Hut: Anfangs gewölbt, dann verflachend, später niedergedrückt bis trichterig. Rand eingerollt, jung flaumig, dann gerippt. Olivbraun bis rostbraun, auf Druck dunkler fleckend. Bei feuchter Witterung in der Mitte schleimig.
Lamellen: Deutlich herablaufend, gedrängt, gegabelt und in Stielnähe wieder zusammenlaufend; ockerbraun, auf Druck dunkelbraun fleckend. Leicht vom Hutfleisch ablösbar.
Sporenpulver: Rostbraun (siehe Bild).
Stiel: Fest, oben verbreitert, blasser als der Hut, aber auf Druck schnell dunkelbraun werdend.
Fleisch: Weich, feucht und gelb, im Anschnitt dunkelbraun. Geruch stark pilzartig, Geschmack säuerlich.

Satanspilz

Boletus satanas Lenz

GIFTIG

Giftwirkung
Selbst kleine Mengen verursachen Magen-Darm-Probleme und Durchfall. Der Satanspilz wird zwar in manchen Ländern nach entsprechender Aufbereitung gegessen, dennoch ist er eindeutig giftig.

Trotz des gefährlich klingenden Namens ist er nicht tödlich giftig. Selbst in kleineren Mengen verursacht er aber ernstzunehmende Magen-Darm-Beschwerden. In dieser Hinsicht unterscheidet er sich von zwei anderen Arten, die nur roh bzw. in Verbindung mit Alkohol giftig sind, nämlich vom Flockenstieligen und vom Netzstieligen Hexenröhrling (siehe folgende Seite). Diese beiden Arten werden oft mit dem Satanspilz verwechselt. In Anbetracht der zahlreichen eßbaren Röhrlinge sollte man jene mit roten Poren meiden.

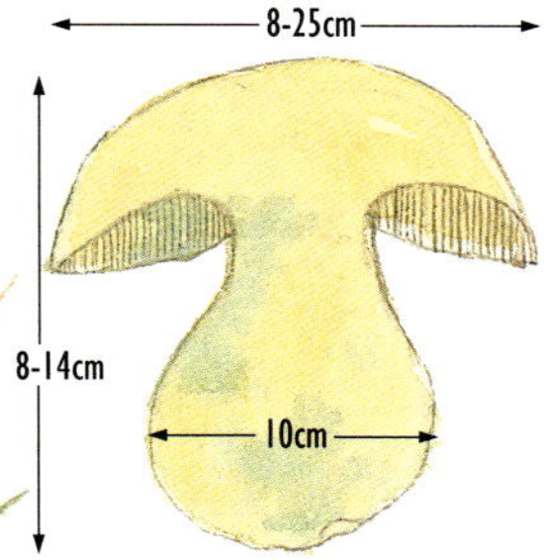

Standort: Kalkböden, besonders bei Buchen und Eichen.
Häufigkeit: Sehr selten. Meist einzeln oder in kleinen Gruppen.
Jahreszeit: Spätsommer.
Hut: Sehr groß, weich und trocken. Oberhaut nicht abziehbar, überragt den Hutrand etwas, ist schmutzig weißlich bis olivgrau, gilbt später.
Poren: Rund, winzig, gelblich, dann dunkelrot, auf Druck blaugrün.
Röhren: Orangegelblich bis schmutzig olivgelb, sich bei Berührung blaugrün verfärbend.
Sporenpulver: Olivbraun (siehe Bild).
Stiel: Voll, kurz und dickbauchig bis knollig. Oben gelblich mit einem rötlichen, etwas erhabenen Adernetz. Nach unten zu eher rot gefärbt, Basis blasser.
Fleisch: Sehr dick, blaß gelb, im Anschnitt etwas blauend.

Flockenstieliger Hexenröhrling

Boletus erythropus Pers.: Fr.

GIFTIG

Standort: Bodenpilz, Wälder. Bevorzugt saure Böden.
Häufigkeit: Häufig, meist einzeln.
Jahreszeit: Mai bis November.
Hut: Groß, gewölbt, dunkel rotbraun, flaumig. Im Alter etwas blasser. Auf Druck blauend.
Poren: Klein, rund, dunkel orangerot, zum Rand hin und alt blasser. Auf Druck sofort blauend.
Röhren: Olivgelb, im Anschnitt schnell blauend.
Sporenpulver: Olivbraun.
Stiel: Dick, gelblich mit orangeroten Flöckchen. Auf Druck blauschwarz verfärbend.
Fleisch: Dick, fest, gelb, im Anschnitt dunkelblau.

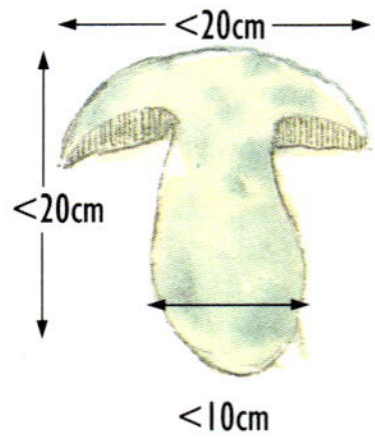

Giftwirkung

Roh verursacht er Magen-Darm-Beschwerden. Oft auch gekocht unverträglich. Besser meiden.

Netzstieliger Hexenröhrling

Boletus luridus Schaeff.: Fr.

Standort: Besonders bei Buchen, Eichen oder Linden. Kalkböden.
Häufigkeit: Häufig.
Jahreszeit: Sommer bis Herbst.
Hut: Mittelgroß, gelbbraun, im Alter dunkler. Wildlederartig. Färbt sich auf Druck blau.
Poren: Orangerot, auf Druck blauend.
Röhren: Olivgelb, im Anschnitt blau.
Sporenpulver: Rotbraun (siehe Bild).
Stiel: Basis nicht so dick, mit rotem Netz auf gelbem Grund. An Druckstellen blaugrün werdend.
Fleisch: Dick, meist gelb, im Anschnitt sofort blau, dann verblassend.

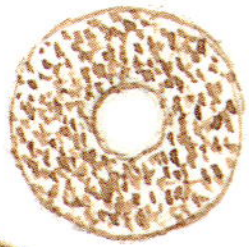

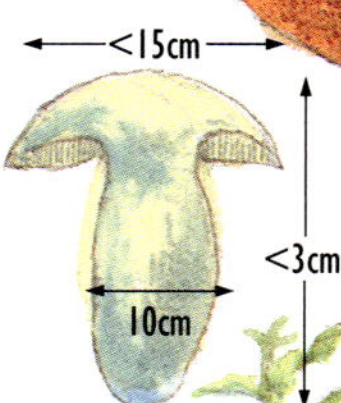

Giftwirkung

Wie beim Flockenstieligen Hexenröhrling. In Verbindung mit Alkohol wirkt er giftig und löst Beschwerden aus.

Birkenmilchling

Lactarius torminosus (Schaeff.: Fr.) Pers.

GIFTIG

Der deutsche Name bezieht sich auf den Standort des Pilzes, der wissenschaftliche Name erinnert hingegen daran, daß der Birkenmilchling kolikartige Bauchschmerzen verursachen kann. Sein Hut ähnelt dem eines Reizkers (siehe S. 166), daher kommt es zu Verwechslungen. Roh ist er giftig. In Nordeuropa wird er mancherorts mehrmals abgekocht und dann gegessen.

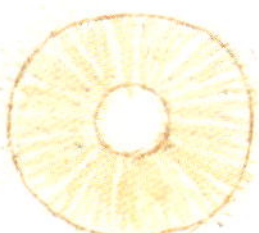

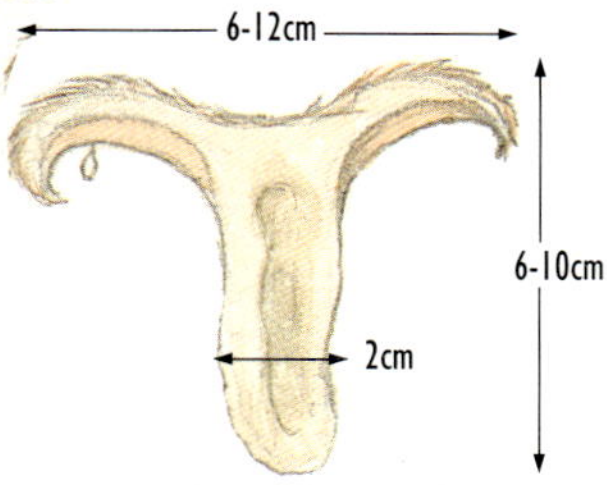

Standort: Wälder und Heiden auf sauren Böden, bei Birken.
Häufigkeit: Häufig.
Jahreszeit: Spätsommer bis Herbst.
Hut: Bald trichterig, feucht in der Mitte schmierig. Rand eingerollt, wollig. Fleischfarben, konzentrisch gezont.
Lamellen: Rosalich, gedrängt, etwas herablaufend. Bei Verletzung tritt weiße, scharf schmeckende Milch aus.
Sporenpulver: Cremegelb (siehe Bild).
Stiel: Rosa, glatt oder etwas grubig, gleichdick, bald hohl.
Fleisch: Dick, cremefarben. Gibt weiße, scharfe Milch ab.

Giftwirkung
Die scharf schmeckenden Substanzen dürften für die Schmerzen und die Beschwerden verantwortlich sein. Kein Speisepilz.

GIFTIG

Hartboviste

Kartoffelbovist, *Scleroderma citrinum* Pers.: Pers.
Braunwarziger Hartbovist, *S. verrucosum* (Bull.: Pers.) Pers.

Durch ihr Äußeres werden Hartboviste gerne mit anderen Bovisten oder mit Stäublingen (S. 125) verwechselt. Von ihrem Standort und dem Fruchtkörperinneren her passen sie dagegen besser zu den Trüffeln (S. 120). Mit Hartbovisten wurden auch schon Trüffelgerichte gestreckt. Roh oder in größeren Mengen sind sie jedoch giftig.

Braunwarziger Hartbovist

Kartoffelbovist

Giftwirkung
Nicht tödlich giftig. Es kann jedoch zu Magenschmerzen, Übelkeit und Durchfall kommen, besonders wenn die Pilze schon älter sind oder roh gegessen werden.

Standort: Beide Arten wachsen in Wäldern auf sauren Böden, auf torfigem Grund, in sandigen Heidegebieten, sogar auf gepflasterten Straßen. Mit Bäumen vergesellschaftet, besonders mit Birken oder Eichen.
Häufigkeit: Kartoffelbovist recht häufig. Braunwarziger Hartbovist eher gelegentlich. Beide oft gesellig.
Jahreszeit: Sommer bis Herbst.
Fruchtkörper: Der Kartoffelbovist ist rundlich oder etwas niedergedrückt, fast stiellos, mit bis zu 5 mm dicker, gelbbrauner, reptilartiger, schuppiger Haut. Geruch gummiartig. Im Innern anfangs fest und weiß, bald purpurschwarz mit weißlicher Marmorierung, dann dunkelbraun pulverig. Sporen braun, entweichen durch unregelmäßige Öffnungen am Scheitel des Pilzes. Der Braunwarzige Hartbovist ist eher birnenförmig. Haut dünner, mit kleinen, bisweilen flüchtigen, braunen Schüppchen besetzt. Kurze, gerippte, stielähnliche Basis. Nur schwach riechend. Übrige Merkmale wie beim Kartoffelbovist.

Grünblättriger Schwefelkopf

Hypholoma fasciculare (Huds.: Fr.) P. Kumm.

GIFTIG

Einer der häufigsten Pilze an alten Baumstümpfen. Bildet das ganze Jahr über große Büschel gelber Fruchtkörper mit sehr bitterem Geschmack. Er ist mit eßbaren, büschelig an Stümpfen wachsenden Arten zu verwechseln, z. B. mit dem Samtfußrübling (S. 136), dem Stockschwämmchen (S. 134) oder dem Hallimasch (S. 138). Früher galt er als ungenießbar, heute weiß man, daß er giftig ist.

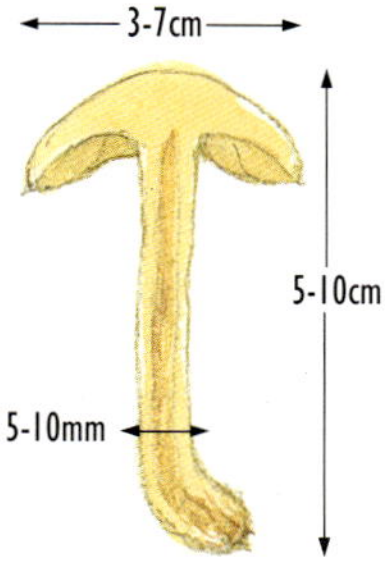

Standort: Stümpfe, liegende Stämme oder vergrabenes Holz von Laubbäumen, seltener Nadelholz.
Häufigkeit: Sehr häufig, am zahlreichsten im Herbst.
Hut: Gewölbt, dann verflachend und mit breitem Buckel. Rand anfangs abgebogen und mit Velumresten. Seidig, trocken, schwefelgelb, im Alter verblassend und in der Mitte eher orangebraun.
Lamellen: Gedrängt, angeheftet bis ausgebuchtet. Anfangs von einem blaß gelben Velum umhüllt, erst gelb, dann olivlich und schließlich purpurbraun.
Sporenpulver: Purpurbraun (siehe Bild).
Stiel: Oben blaß gelb bis grünlichgelb, dann unterhalb einer heller bleibenden Zone gelbbraun werdend. Meist verbogen, hohl.
Fleisch: Fest, gelb bis braun. Mit jodartigem Geruch und bitterem Geschmack (wie Chinin).

Giftwirkung
Acht bis neun Stunden nach der Mahlzeit Magenschmerzen und Übelkeit. Die Giftstoffe können Leberschäden verursachen. Aus Japan ist schon ein Todesfall bekannt.

Eßbare Pilze im Nadelwald

Viele Pilze, die man in Nadelwäldern findet, wurden schon bei den Laubwaldarten behandelt. Sie wachsen sowohl bei Laub- als auch bei Nadelbäumen. Dazu gehören etwa der Gelbe Graustieltäubling (S. 84), der Steinpilz (S. 92), der Maronenröhrling (S. 94), der Rötliche Lacktrichterling (S. 112), der Semmelstoppelpilz (S. 118), einige Boviste und Stäublinge (S. 125) und der Hallimasch (S. 138). Manche Pilze kommen jedoch nur in Nadelwäldern vor, sie seien nun besprochen. Hier noch ein Sammeltip: Am interessantesten und ergiebigsten sind Mischwälder, weil man dort eine breite Palette von Speisepilzen findet.

Edelreizker

Lactarius deliciosus (L.: Fr.) Gray

ESSBAR

Küchentips
Hüte in Butter braten oder grillen. Sie werden knusprig, haben aber einen bitteren Beigeschmack. Wenn dies stört, blanchiert man sie vor der Zubereitung. Der knusprige Biß geht dadurch aber verloren.

Der Pilz findet sich schon auf einem über 2000 Jahre alten römischen Fresko. Gebraten schmeckt er ausgezeichnet. Manche Autoren sprechen von einem harzigen Beigeschmack. Gemeint ist aber wohl der Fichtenreizker (S. 167), den man früher nicht als eigene Art ansah.

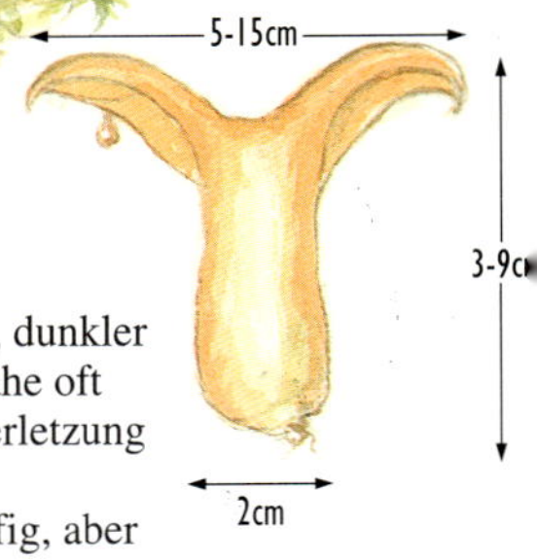

J
F
M
A
M
J
J
A
S
O
N
D

Hauptmerkmale: Hut trichterförmig, blaß orange, dunkler gezont. Stiel ähnlich gefärbt, kurz, dick, in Basisnähe oft grubig. Lamellen leuchtend orange, sondern bei Verletzung karottenrote Milch ab, die sich grün färbt.
Standort und Häufigkeit: Bei Kiefern. Nicht häufig, aber gesellig.
Jahreszeit: Spätsommer bis Herbst (siehe Pilzkalender).
Hut: Gewölbt, dann verflachend, in der Mitte eingedellt. Orangeocker, dunkler gezont. Später verblassend, mit Grüntönen. Rand eingerollt, später wellig.
Lamellen: Gedrängt, etwas herablaufend, leuchtend orange. Verletzt tritt milde, karottenrote Milch aus, färbt sich und die Lamellen grün.
Sporenpulver: Blaß gelb (siehe Bild).
Stiel: Kurz, dick, hohl. Blaß orange und dunkler grubig. Später grün.
Fleisch: Fest, blaß gelb, sich durch die Milch schnell orange, später grün färbend. Geruch schwach. Geschmack mild oder etwas bitter.

Ähnliche Pilze

Zwei eng verwandte eßbare Reizker sind sehr ähnlich, wachsen aber an einem jeweils anderen Standort:

Fichtenreizker
Lactarius deterrimus
Bei Fichte. Hut orange, glatt, im Alter und nach Frösten grünend. Stiel ähnlich gefärbt, selten grubig, oben blasser. Lamellen und Fleisch orange. Milch orange, dann weinrötlich und zuletzt dunkelgrün. Die Bitterkeit des Fleisches wird durch die Zubereitung gemildert. Weniger schmackhaft als der Edelreizker, mit dem er oft verwechselt wird.

Lachsreizker
Lactarius salmonicolor
Bei Tanne. Hut orange bis fleischfarben, kaum gezont, nicht grünend. Stiel grubig. Milch orange, dann rötlichbraun. Fleisch bitter. (Bild rechts)

Diese beiden Milchlinge sind giftig:

Maggipilz
Lactarius helvus
Auf nassem Boden im Nadelwald oder bei Birken. Hut rauh, gelbbraun, ungezont. Stiel und Lamellen wie der Hut gefärbt. Milch wäßrig. Der Pilz riecht stark nach Liebstöckel (Maggigeruch). (Bild links)

Birkenmilchling
Lactarius torminosus (s. S. 161)
Bei Birken (nie bei Nadelbäumen). Hut, Stiel und Lamellen fleischrosa. Hut dunkler konzentrisch gezont (wie beim Edelreizker), aber Hutrand zottig-wollig und Milch weiß und scharf schmeckend. (Bild rechts)

Kleiner Waldchampignon

Agaricus silvaticus Schaeff.: Fr.

ESSBAR

Küchentips
Ein brauchbarer Ersatz für den Wiesenchampignon, jedoch dünnfleischiger und häufiger madig.

Er ist der häufigste Champignon im Nadelwald. Sein schuppiger, brauner Hut erinnert aber nicht an seine weißen Verwandten. Der Pilz ist jedoch recht schmackhaft.

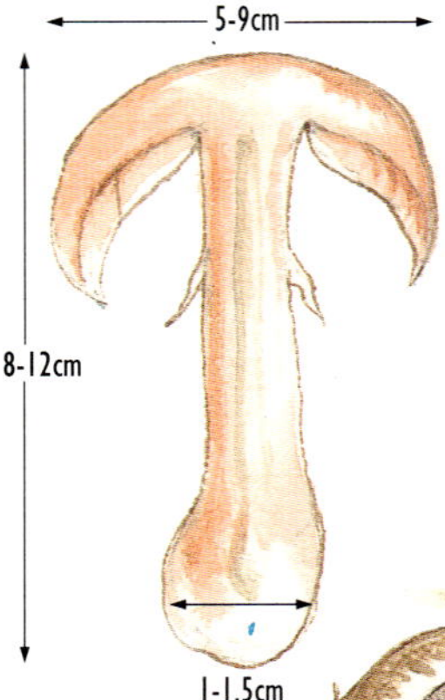

J
F
M
A
M
J
J
A
S
O
N
D

Hauptmerkmale: Hut mittelgroß, blaß ocker und dunkelbraun faserig-schuppig. Stiel dünn, mit knolliger Basis und ausdauerndem, großem Ring. Lamellen rötlich, reif dunkelbraun. Fleisch im Anschnitt blutrot.
Standort: Bei Nadelbäumen.
Häufigkeit: Nicht gerade häufig, aber stellenweise doch reichlich.
Jahreszeit: Spätsommer bis Herbst (siehe Pilzkalender).
Hut: Grund blaß, von braunen Fasern oder Schuppen bedeckt, variabel.
Lamellen: Jung graurosa und von weißem Velum verhüllt. Dunkelbraun werdend. Gedrängt, schmal, frei.
Sporenpulver: Sehr dunkel braun (siehe Bild).
Stiel: Lang, dünn, hohl, Basis knollig. Schmutzig weiß. Mit großem, einfachem, blaßgrauem Ring; darunter schuppig.
Fleisch: Im Hut dünn. Weiß, im Anschnitt erst orangerot, dann blutrot. Ältere Exemplare oft braunfleischig und beim Anschneiden nicht rötend. Mit angenehmem Geruch und Geschmack.

Ähnliche Pilze

Verwechslungsmöglichkeiten bestehen hauptsächlich mit anderen Champignons. Die meisten von ihnen sind ebenfalls eßbar und gut:

Großer Waldchampignon
Agaricus haemorrhoidarius
(s. S. 105)
Recht ähnlich, aber bei Laubbäumen. Stiel stämmiger.

Riesenchampignon
Agaricus augustus
Unter verschiedenen Bäumen, z. B. Fichten oder Eiben, im Gras. Nicht häufig. Größer (Hut bis zu 20 cm). Der schuppige Hut färbt sich schnell gelb, der Hutrand ist von Velumresten behangen. Stiel auf Druck gelb und mit schlaffem Ring. Das dicke Fleisch rötet nicht und riecht bittermandelartig. Eßbar und sehr gut. (Bild links)

Kulturchampignon
Agaricus bisporus
Stiel kürzer, Hut fleischiger. Fleisch im Anschnitt schwach rosalich. Bei Dung.
(Bild links)

Braunscheckiger Champignon
Agaricus impudicus
Hut blaß, mit braunen Schuppen. Fleisch riecht aromatisch, rötet im Stiel. Basis knollig.
(Bild rechts)

Auch die Riesenschirmlinge sehen ähnlich aus:

Riesenschirmlinge
Macrolepiota spp.
Auch im Nadelwald. Hut jedoch größer, Stiel länger, Lamellen weiß. Eßbarkeit siehe S. 58.

Butterpilz

Suillus luteus (L.: Fr.) Roussel

ESSBAR

Küchentips
Die schleimige Huthaut abziehen. Sie wirkt wie ein Abführmittel. Wenig aromatisch. Junge Pilze kann man trocknen. Dies verbessert den Geschmack.

Im Nadelwald, vor allem bei Kiefern. Herbstart. Die schleimige Huthaut hält den Sammler oft ab, den Butterpilz mitzunehmen. Sie läßt sich jedoch leicht abziehen. Dann eignen sich dieser und einige ähnliche Pilze für die Küche.

J
F
M
A
M
J
J
A
S
O
N
D

Hauptmerkmale: Hut mittelgroß, schleimig-klebrig, kastanienbraun. Poren eng, gelb bis braun, anfangs vom weißen Velum umhüllt. Es bleibt dann als Ring am Stiel, der darüber braun punktiert ist.
Standort: Auf dem Boden unter Kiefern.
Häufigkeit: In Kiefernforsten recht häufig. Einzeln oder in Gruppen.
Jahreszeit: Herbst (siehe Pilzkalender).
Hut: Mit kastanienbrauner, klebrig-schleimiger Oberhaut, auch nach dem Eintrocknen glänzend. Erst gewölbt, dann flacher.
Poren: Anfangs vom weißen, häutigen Velum verhüllt. Eng, gelb, im Alter braun gesprenkelt.
Röhren: Blaß gelb, angewachsen bis etwas herablaufend, schwammig.
Sporenpulver: Schmutzig braun (siehe Bild).
Stiel: Unterhalb des schlaffen, oberseits weißen, unterseits manchmal weinbräunlichen Rings gelbbraun. Oberhalb des Rings blaß gelb mit braunen Körnchen.
Fleisch: Weich, blaß gelb. Ohne auffälligen Geruch oder Geschmack.

Ähnliche Pilze

Auch einige andere, in der Größe ähnliche *Suillus*-Arten haben eine schleimige Huthaut und wachsen unter Kiefern. Alle sind eßbar, wenn man die Huthaut vorher abzieht.

Mohrröhrling
Suillus flavidus
Huthaut und Röhren gelb. In Torfmoos-Beständen.

Körnchenröhrling
Suillus granulatus
Hut orange. Stiel mit weißen Körnchen, aber ohne Ring. Die Poren und der Stiel sondern milchige Tröpfchen ab. (Bild links)

Kuhröhrling
Suillus bovinus
Rötlich gelb bis orangebraun, Poren groß. Röhren herablaufend. Ringlos.

Sandröhrling
Suillus variegatus
Hut gelbbraun, feinschuppig, kaum schmierig. Ringlos.

Zwei weitere ähnliche Pilze wachsen bei anderen Bäumen:

Goldröhrling
Suillus grevillei
(s. S. 172)
Hut schmierig, gelb. Lärchenbegleiter.

Gemeiner Birkenpilz
Leccinum scabrum
(s. S. 98)
Hut trocken. Stiel schuppig, ringlos. Birken.

Die braunhütigen **Steinpilz**-Arten (s. S. 92) haben einen trockenen Hut. Ein Ring fehlt.

Goldröhrling

Suillus grevillei (Klotzsch: Fr.) Sing.

ESSBAR

Küchentips
Die schleimige Huthaut abziehen (bei älteren Pilzen auch die Röhren entfernen)! Kann Magen-Darm-Beschwerden auslösen. Trocknen verbessert den Geschmack.

Häufiger Pilz, immer bei Lärchen. Leuchtend gelb und dadurch nicht zu übersehen. Wie beim nahe verwandten Butterpilz (s. S. 170) muß die schleimige Huthaut vor der Zubereitung abgezogen werden.

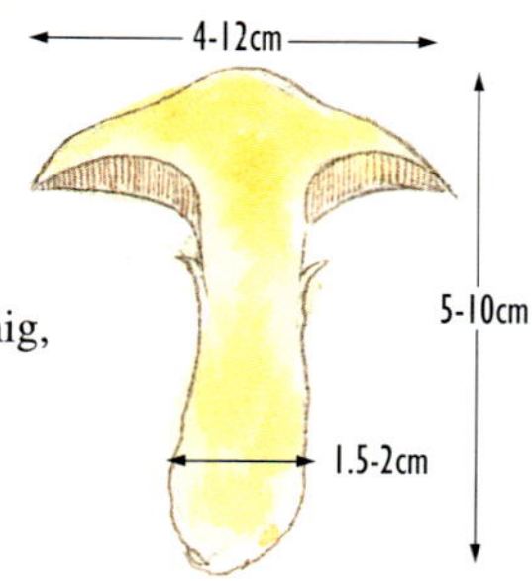

J
F
M
A
M
J
J
A
S
O
N
D

Hauptmerkmale: Hut mittelgroß, klebrig-schleimig, goldgelb. Poren gelb, auf Druck braun fleckend. Velumreste bleiben als flüchtiger Ring am Stiel zurück. Unter Lärchen.
Standort: Auf dem Boden, bei Lärchen.
Häufigkeit: Häufig, oft in Hexenringen.
Jahreszeit: Sommer bis Herbst (siehe Pilzkalender).
Hut: Erst gewölbt und orange, dann verflachend und goldgelb. Mit schleimiger Oberhaut, die glänzend eintrocknet.
Poren: Anfangs von blaß gelbem, häutigem Velum verhüllt. Eckig werdend. Schwefelgelb, auf Druck rostbraun.
Röhren: Gelb, gerade angewachsen bis leicht herablaufend.
Sporenpulver: Gelbbraun (siehe Bild).
Stiel: Gelb, unten etwas rostfarbig streifig. Ring blaß, schlaff, oft durch Sporenpulver gelbbraun; flüchtig, hinterläßt hellere Ringzone. Darüber ist der Stiel schwach netzig und gekörnelt.
Fleisch: Blaß gelb bis goldgelb. Geschmack mild.

Ähnliche Pilze

Zwei seltenere beringte *Suillus*-Arten mit klebrigem Hut wachsen ebenfalls bei Lärchen:

Grauer Lärchenröhrling
Suillus viscidus
Hut etwas runzelig, graugelb. Poren grau, auf Druck grün. (Bild links)

Rostroter Lärchenröhrling
Suillus tridentinus
Hut weniger schmierig, orange. Poren weit, eckig und orange. (Bild rechts)

Bei anderen Bäumen wachsen diese Pilze:

Birkenrotkappe
Leccinum versipelle
(s. S. 96)
Von oben gesehen, in der Farbe ähnlich, Hut jedoch größer und trocken. Stiel schuppig, ohne Ring. Bei Birken.

Butterpilz
Suillus luteus (s. S. 170)
Wächst vor allem bei Kiefern. Hut braun, feucht schleimig, trocken seidig. Jung zart, später schwammig. Eßbar, mit mildem Geschmack. (Bild oben)

Orangebraune **Steinpilz**-Arten (s. S. 92) ringlos, Hut nicht schleimig.

Krause Glucke

Sparassis crispa (Wulf.: Fr.) Fr.

ESSBAR

Küchentips
Nur junge Pilze sammeln, ältere sind zäh und bitter und können Verdauungsprobleme verursachen. Fruchtkörper in Stücke schneiden und reinigen. Die Stücke in Butter braten, mit Petersilie und Gewürzen verfeinern. Oder in Eierkuchenteig tauchen und scharf anbraten. Für Suppen und als Beilage. Läßt sich gut trocknen.

Wer den Pilz je gegessen hat, wird kaum auf ihn verzichten wollen. Er gehört zu den besten Speisepilzen. Seine Form, die Größe und der Standort vereinfachen die Bestimmung. Trotzdem kam es schon zu Verwechslungen.

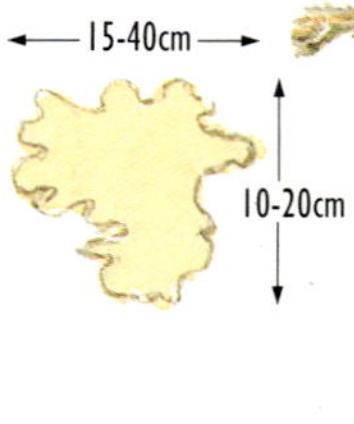

J
F
M
A
M
J
J
A
S
O
N
D

Hauptmerkmale: Sieht wie ein Blumenkohl oder ein Naturschwamm aus. Besteht aus einer Vielzahl gewundener Äste. Anfangs cremefarben mit blaß gelben Spitzen, später überall braun. Bei Kiefern.
Standort: Als Wurzelparasit wächst er am Fuß von Kiefernstümpfen oder lebenden Kiefern. Selten an anderen Nadelbäumen.
Häufigkeit: Gelegentlich, meist einzeln, jahrelang am selben Platz.
Jahreszeit: Spätsommer bis Herbst (siehe Pilzkalender, vgl. auch S. 13).
Fruchtkörper: Sieht wie ein Naturschwamm aus. Die Sporen entstehen an vielfach verzweigten, abgeflachten, blattähnlichen Lappen, die etwas verdreht sind. Jung zerbrechlich. Spitzen cremegelblich, später braun. Stiel fleischig, sitzt oft wurzelartig im Boden.
Sporenpulver: Cremegelb.
Fleisch: Dünn, weiß und brüchig, alt und in Stielnähe zäher. Geruch angenehm. Geschmack haselnußartig.

Ähnliche Pilze

Eine weitere mitteleuropäische *Sparassis*-Art ist die Breitblättrige Glucke *(Sparassis brevipes),* ein Begleiter von Eiche, Buche oder Weißtanne. Sie ist weniger verzweigt und heller. Wegen des zähen Fleisches eignet sie sich weniger für Speisezwecke.

Hahnenkamm
Ramaria botrytis
Eine seltene Art in der Buchenstreu. Etwa halb so groß wie die Krause Glucke. Rundlich und am Grund fast gestielt. Die cremefarbenen Äste haben dunkelrote Spitzen. Der Pilz sieht korallenähnlich aus. Er ist eßbar, die Astspitzen schmecken jedoch bitter. Es besteht Verwechslungsgefahr mit der giftigen Dreifarbigen Koralle *(Ramaria formosa)*, die ebenfalls bei Buchen wächst. Sie hat rosafarbene Äste mit gelben Spitzen und wirkt stark abführend! (Bild links)

Im Laubwald wachsen noch einige kleinere Korallenpilze. Zwei seien hier genannt:

Kammförmige Koralle
Clavulina coralloides
Sieht wie eine weiße, stark verzweigte Koralle aus, ist weich und brüchig. Ähnlich ist die Graue Koralle *(Clavulina cinerea).*

Auch dieser Pilz sieht blumenkohlähnlich aus:

Klapperschwamm
Grifola frondosa (s. S. 144)
In der Form ähnlich, aber mit liegenden, einander überlappenden graubraunen Segmenten, deren Unterseite mit Poren ausgestattet ist. Am Fuße lebender Laubbäume, auch auf Stümpfen von Laubbäumen, besonders bei Eiche. Jung eßbar. (Bild links)

Giftige Pilze im Nadelwald

Einige bereits als Laubwaldpilze beschriebene Arten wachsen auch bei Nadelbäumen. Dazu gehören: Gelber Knollenblätterpilz (S. 153), Pantherpilz (S. 154), Fliegenpilz (S. 155), Perlpilz (S.156) und Flockenstieliger Hexenröhrling (S. 160).

Falscher Pfifferling

Hygrophoropsis aurantiaca (Wulf.: Fr.) Maire

Wird häufig gegessen, weil er mit dem echten Pfifferling (S. 114) verwechselt wird. Er ist jedoch geschmacklos und damit wertlos für die Küche. Außerdem reagieren manche Menschen auf den Genuß des Pilzes mit Verdauungsbeschwerden und Halluzinationen. Der Falsche Pfifferling ist mit dem (giftigen) Kahlen Krempling (S. 158) verwandt.

GIFTIG

Giftwirkung
Nach dem Genuß dieses Pilzes sind Durchfallerkrankungen, Übelkeit und Halluzinationen vorgekommen. Die wirksamen Giftstoffe sind noch unbekannt.

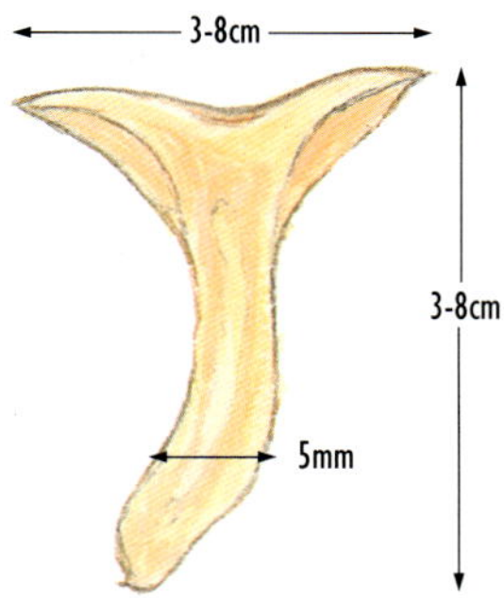

Standort: Saure Böden, Nadelwald (gelegentlich auch Laubwald), auch an Stümpfen oder im Boden vergrabenem Holz.
Häufigkeit: Sehr häufig.
Jahreszeit: Spätsommer bis Spätherbst.
Hut: Flach, in der Mitte eingedellt bis trichterig, mit eingerolltem Rand. Trocken und etwas samtig. Meist orangegelb, rötlichorange eintrocknend. Eine blassere Varietät ist als var. *pallida* bekannt.
Lamellen: Herablaufend, gedrängt, dünn. Sich gabelnd, aber nicht wieder zusammenlaufend. Wie der Hut gefärbt, leicht ablösbar.
Sporenpulver: Weiß (siehe Bild).
Stiel: Wie der Hut gefärbt oder dunkler. Mitunter etwas exzentrisch und oft verbogen, zuletzt hohl. Schlank und sich zur Basis hin verschmälernd.
Fleisch: Dünn, gelb, weich, aber zäh. Ohne auffallenden Geruch oder Geschmack.

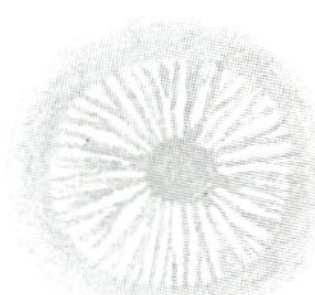

GIFTIG

Kirschroter Speitäubling und Buchen-Speitäubling

Russula emetica (Schaeff.: Fr.) Pers.
Russula mairei Sing.

Ältere Pilzbücher trennen die beiden bekanntesten leuchtend roten Täublinge vor allem nach ihrem Standort – bei Kiefern bzw. Buchen. Inzwischen wurden weitere Arten und Varietäten beschrieben. Alle schmecken sehr scharf und verursachen Magen-Darm-Erkrankungen.

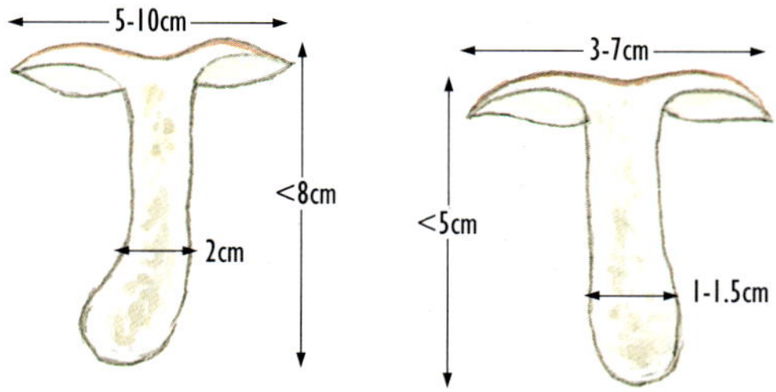

Kirschroter Speitäubling

Buchen-Speitäubling

Giftwirkung
Übelkeit und Durchfall werden eher von den roh verzehrten Pilzen verursacht, denn die Gifte sind nicht hitzebeständig. In einigen nordeuropäischen Ländern werden diese Pilze nach mehrfachem Abkochen und jeweiligem Weggießen des Kochwassers sogar gegessen. Wir können dies aber keinesfalls empfehlen.

Standort: Kirschroter Speitäubling – gerne bei Kiefer oder Birke. Buchen-Speitäubling – bei Rotbuche.
Häufigkeit: Häufig.
Jahreszeit: Spätsommer bis Herbst. Kirschroter Speitäubling früher.
Hut: Beim Kirschroten Sp. 5–10 cm, glänzend, scharlach- bis blutrot (stellenweise auch blasser), brüchig bis krümelig, Huthaut abziehbar. Beim Buchen-Sp. 3–7 cm, fest, matt, rosa- bis scharlachrot (bis weiß).
Lamellen: Beim Kirschroten Sp. etwas entfernstehend, cremeweiß. Beim Buchen-Sp. gedrängt, weiß mit graugrünlichem Schimmer.
Sporenpulver: Weiß (siehe Bild).
Stiel: Beim Kirschroten Sp. schwammig, mit verdickter Basis. Beim Buchen-Sp. fest, weiß und basal gilbend.
Fleisch: Weiß (unter der Huthaut rosa), scharf. Der Kirschrote Sp. riecht fruchtig, der Buchen-Sp. jung nach Kokos, alt honigartig.

Zur Systematik der Großpilze

Die Klassifizierung von Lebewesen erlaubt es, komplexe Zusammenhänge besser zu verstehen. Eine sinnvolle Einteilung in kleinere Gruppen ordnet alles und schafft Überblick. Wir haben zum Beispiel in diesem Buch die Pilze nach ihrem Speisewert und dem Standort eingeteilt. Dies ist allerdings eine willkürliche und nur funktionelle Gliederung.

Die meisten Biologen gehen davon aus, daß alles Leben sich über einen längeren Zeitraum hinweg in einem natürlichen Ausleseprozeß entwickelt hat. Manchmal sind die Vorfahren der heute lebenden Organismen als Fossilien erhalten geblieben. Dadurch werden Rückschlüsse auf die Entwicklung heutiger Lebewesen möglich. Nicht zu allen Organismen sind solche fossilen Zeugnisse aus der Vergangenheit vorhanden. Ihr Aufbau und das Wissen um biochemische Zusammenhänge erlauben es dennoch, auf verwandtschaftliche Beziehungen zu schließen. Das sogenannte „natürliche" System orientiert sich an unseren Kenntnissen über die Entwicklung des Lebens. Der Biologe trifft anhand bestimmter Merkmale eine Einteilung nach evolutionären Verwandtschaftsverhältnissen. Bei den Pilzen können dies zum Beispiel die Sporenfarbe, die Struktur der Sporenwände oder biochemische Eigenschaften sein. So eröffnen sich verschiedene Möglichkeiten für die Klassifizierung einer Gruppe von Lebewesen. Dies scheint auf den ersten Blick verwirrend. Verständlicher wird es vielleicht, wenn man sich ein Bild vorstellt, das mehrere Personen, jede für sich, ohne Vorlage aus Puzzlestücken zusammensetzen sollen. In dem Maße, in dem wir neue Erkenntnisse gewinnen und immer mehr passende Puzzlestücke finden, vervollständigt sich dieses Bild und nähern sich die Vorgangsweisen einander an.

Die Grundeinheit der biologischen Klassifizierung ist die „Art". Zu einer Art gehören alle Individuen, die sich miteinander kreuzen können und zahlreiche gemeinsame Merkmale besitzen. Eng verwandte Arten mit gemeinsamen Schlüsselmerkmalen werden zu einer „Gattung" zusammengefaßt. Manchmal ist es schwierig, eng verwandte Arten gegeneinander abzugrenzen. Je nach Auffassung werden sie entweder zu einer einzigen variableren Art vereint oder getrennt behandelt.

Auch bei den Pilzen bilden verwandte Arten eine „Gattung", verwandte Gattungen eine „Familie", mehrere Familien eine „Ordnung" und zusammengehörige Ordnungen eine „Klasse". Verwandte Klassen bilden eine „Abteilung", als höchste Rangstufe folgt das „Reich". Eigentlich ist es überflüssig zu sagen, daß auch unter den Mykologen verschiedene Auffassungen in bezug auf die Bildung solcher Gruppen bestehen. Rolf Singer hat zum Beispiel alle Blätterpilze und Röhrlinge in der Ordnung Agaricales zusammengefaßt, während Robert Kühner dieselben Gruppen fünf verschiedenen Ordnungen zuteilt. Andere Autoren bewegen sich zwischen diesen beiden Extremen. Nach unserer Erfahrung hat sich das System von Kühner bewährt. So fußt die folgende Einteilung auf diesem Schema. Wir haben uns dabei aber auf die Gattungen beschränkt, die in diesem Buch behandelt werden.

Das Reich der Pilze

Es gliedert sich in zwei große Abteilungen, die Abteilung *Myxomycota* (Schleimpilze und deren Verwandte) und die Abteilung *Eumycota* (Echte Pilze).

Abteilung: *Eumycota* (Echte Pilze)
Dazu gehören alle Pilze, die Fruchtkörper bilden. Man unterscheidet die beiden Unterabteilungen *Basidiomycotina* und *Ascomycotina.*

Unterabteilung: *Basidiomycotina*
(Ständerpilze)
Die Sporen werden in Sporensäckchen am Ende der Fortsätze (Sterigmen) von sporenbildenden Zellen (Basidien) gebildet. Diese Basidien sitzen in einer Fruchtschicht, dem „Hymenium". Nach der Form der Basidien und der Anordnung des Hymeniums unter-

scheidet man mehrere Klassen, von denen hier zwei behandelt werden sollen.

Klasse: *Hymenomycetes*
Das Hymenium ist außen auf dem Fruchtkörper frei exponiert. Die Basidien stoßen die reifen Sporen aktiv ab, die dann in der Regel durch den Wind verbreitet werden.

Ordnung: *Cantharellales*
Fruchtkörper fleischig, trichterig bis flach oder gewölbt. Ohne echte Lamellen. Hymenium eher glatt oder auf radialen Leisten auf der Unterseite des Fruchtkörpers.
Familie: *Cantharellaceae* (Leistlinge)
Gattungen: *Cantharellus* (Pfifferlinge), *Craterellus* (Trompeten).

Ordnung: *Boletales*
Fruchtkörper fleischig und pilzförmig. Das Hymenium befindet sich im Innern von Röhren oder auf der Oberfläche von lamellenartigen Strukturen auf der Unterseite des Fruchtkörpers.
Familie: *Boletaceae* (Röhrlinge)
Hymenium in schwammartig angeordneten Röhren. Sporen braun, rosa oder schwarz. Ausschließlich Mykorrhizapilze.
Gattungen: *Boletus* (Dickröhrlinge), *Leccinum* (Rauhstielröhrlinge), *Suillus* (Schmierröhrlinge), *Tylopilus* (Gallenröhrling), *Xerocomus* (Filzröhrlinge)
Familie: *Paxillaceae* (Kremplingsverwandte)
Gattungen: *Paxillus* (Kremplinge), *Hygrophoropsis* (Gabelblättlinge).

Ordnung: *Pluteales*
Fruchtkörper fleischig und pilzförmig, mit echten Lamellen. Sporen rosa.
Familie: *Pluteaceae* (Dachpilzverwandte)
Lamellen frei, nicht am Stiel angewachsen. Sporen glatt und elliptisch. Keine Mykorrhizapilze.
Gattungen: *Pluteus* (Dachpilze), *Volvariella* (Scheidlinge)
Familie: *Entolomataceae* (Rötlingsverwandte)
Gattungen: *Entoloma* (Rötlinge), *Clitopilus* (Räslinge).

Ordnung: *Agaricales*
Fruchtkörper fleischig und pilzförmig, mit echten Lamellen. Sporen im allgemeinen dunkel gefärbt, manchmal mit Keimporus.
Familie: *Agaricaceae* (Champignonverwandte)
Sporen sehr dunkel braun. Lamellen frei. Keine Mykorrhizapilze.
Gattungen: *Agaricus* (Champignons)
Familie: *Coprinaceae* (Tintlingsverwandte)
Sporen schwarz. Keine Mykorrhizapilze.
Gattungen: *Coprinus* (Tintlinge), *Lacrymaria* (Saumpilze), *Psathyrella* (Faserlinge, Mürblinge, Zärtlinge)
Familie: *Strophariaceae* (Träuschlingsverwandte)
Sporen dunkel purpurbraun. Keine Mykorrhizapilze.
Gattungen: *Hypholoma* (Schwefelköpfe), *Psilocybe* (Kahlköpfe), *Stropharia* (Träuschlinge)
Familie: *Bolbitiaceae* (Mistpilzverwandte)
Sporen braun. Huthaut unter dem Mikroskop rundlich-zellig. Keine Mykorrhizapilze.
Gattungen: *Agrocybe* (Ackerlinge), *Conocybe* (Samthäubchen)
Familien: *Cortinariaceae* (Haarschleierpilze) und *Crepidotaceae* (Krüppelfußverwandte)
Sporen braun. Huthaut unter dem Mikroskop aus länglichen Elementen.
Gattungen: *Cortinarius* (Schleierlinge), *Crepidotus* (Stummelfüßchen), *Galerina* (Häublinge), *Hebeloma* (Fälblinge), *Inocybe* (Rißpilze), *Pholiota* (Schüpplinge)
Familie: *Lepiotaceae* (Schirmlingsverwandte)
Sporen weiß. Lamellen frei. Keine Mykorrhizapilze.
Gattungen: *Lepiota* (Schirmlinge), *Leucoagaricus* (Faltenschirmlinge), *Macrolepiota* (Riesenschirmlinge).

Ordnung: *Tricholomatales*
Fruchtkörper fleischig und pilzförmig, mit echten Lamellen. Sporen weiß oder blaß, nie mit Keimporus.
Familie: *Amanitaceae* (Wulstlingsverwandte)
Junge Fruchtkörper von einem Gesamtvelum eingehüllt. Lamellen frei. Mykorrhizapilze.
Gattung: *Amanita* (Wulstlinge, Knollenblätterpilze, Scheidenstreiflinge)
Familie: *Hygrophoraceae* (Wachsblättler)
Lamellen dick, wachsartig. Mit langen Basidien.

Gattungen: *Hygrophorus* (Schnecklinge), *Hygrocybe* (Ellerlinge, Saftlinge)
Familie: *Pleurotaceae* (Seitlingsartige)
Fruchtkörper zäh und lederig. Stiel oft seitlich oder fehlend. Lamellen herablaufend. An Holz wachsend.
Gattung: *Pleurotus* (Seitlinge)
Familie: *Tricholomataceae* (Ritterlingsverwandte)
Gattungen: *Armillaria* (Hallimasch), *Calocybe* (Schönköpfe), *Clitocybe* (Trichterlinge), *Collybia* (Rüblinge), *Flammulina* (Samtfußrüblinge), *Hohenbuehelia* (Muschelinge), *Laccaria* (Lacktrichterlinge), *Lepista* (Rötelritterlinge), *Marasmius* (Schwindlinge), *Mycena* (Helmlinge), *Omphalotus* (Ölbaumpilze), *Panellus* (Zwergknäuelinge).

Ordnung: *Russulales*
Fruchtkörper fleischig und pilzförmig, mit Lamellen. Fleisch brüchig, weil neben den fädigen Hyphen rundliche Zellen vorhanden sind. Sporen blaß, mit Warzen und Graten, die sich in Jodpräparaten schwarz färben.
Familie: *Russulaceae* (Sprödblättler)
Gattungen: *Lactarius* (Milchlinge), *Russula* (Täublinge).

Ordnung: *Clavariales*
Hymenium auf der Außenseite eines aufgerichteten Fruchtkörpers.
Familien: *Clavariaceae* (Keulenpilze) und *Clavulinaceae* (Korallenpilzverwandte)
Fruchtkörper aufgerichtet und unverzweigt bis korallenförmig. Das Hymenium überzieht die Oberfläche. Sporen weiß.
Gattung: *Clavulina* (Korallenpilze)
Familie: *Sparassidaceae* (Gluckenpilze)
Fruchtkörper blumenkohlförmig. Hymenium nur auf der Unterseite der Äste.
Gattung: *Sparassis* (Glucken)
Familie: *Ramariaceae* (Korallenverwandte)
Fruchtkörper verzweigt, korallenähnlich. Sporen braun.
Gattung: *Ramaria* (Korallen).

Ordnung: *Hericiales*
Das Hymenium befindet sich an Stacheln.
Familie: *Hydnaceae* (Stachelpilze)
Fruchtkörper fleischig und pilzförmig, jedoch mit Stacheln statt Lamellen. Mykorrhizapilze.
Gattung: *Hydnum* (Stoppelpilze).

Ordnung: *Poriales*
Fruchtkörper meist konsolenförmig, mit Poren auf der Unterseite, die vom Hymenium ausgekleidet sind.
Familie: *Fistulinaceae* (Reischlinge)
Poren voneinander trennbar.
Gattung: *Fistulina* (Leberreischlinge)
Familie: *Coriolaceae* (Porlingsverwandte)
Poren nicht voneinander trennbar, vom Hutfleisch nicht ablösbar. Fruchtkörper ungestielt.
Gattungen: *Grifola* (Laubporlinge), *Laetiporus* (Schwefelporlinge), *Meripilus* (Riesenporlinge), *Piptoporus* (Zungenporlinge)
Familie: *Polyporaceae* (Stielporlingsverwandte)
Poren weder voneinander trennbar noch vom Hutfleisch ablösbar. Fruchtkörper deutlich gestielt.
Gattung: *Polyporus* (Stielporlinge).

Ordnungen: *Auriculariales, Dacrymycetales* und *Tremellales*
Fruchtkörper gelatinös, mit auffälligen Basidien (septiert oder gegabelt).
Gattungen: *Auricularia* (Ohrlappenpilze), *Exidia* (Drüslinge), *Tremella* (Zitterlinge).

Klasse: *Gasteromycetes*
Die Sporen reifen im Innern eines Fruchtkörpers. Dort bleiben sie so lange, bis sie auf irgendeine Weise entweichen können.

Ordnungen: *Sclerodermatales* und *Lycoperdales*
Fruchtkörper rundlich bis sackförmig, sich später öffnend, um die Sporen freizugeben.
Familie: *Sclerodermataceae* (Hartbovistverwandte)
Fruchtkörper rundlich. Sporen im Innern schnell reifend, stark ornamentiert.
Gattung: *Scleroderma* (Hartboviste)
Familie: *Lycoperdaceae* (Stäublinge, Boviste, Erdsterne)
Fruchtkörper kugelig bis sackförmig, dünnschalig, Außenwandung nicht mehrschichtig aufspaltend.
Gattungen: *Bovista* (Boviste), *Calvatia* (Großstäublinge), *Langermannia* (Riesenboviste), *Lycoperdon* (Stäublinge), *Vascellum* (Wiesenstäublinge)
Familie: *Geastraceae* (Erdsternverwandte)

Fruchtkörperwand mehrschichtig, äußere Schicht schließlich einreißend und sich sternförmig nach außen wölbend.
Gattung: *Geastrum* (Erdsterne).

Ordnung: *Phallales*
Wand des jung meist eiförmigen Fruchtkörpers aufreißend und dadurch den sich streckenden Sporenträger freigebend. Sporenverbreitung durch Insekten.
Familie: *Phallaceae* (Rutenpilze)
Die Sporen sitzen an der Spitze eines sich streckenden Rezeptakulums.
Gattung: *Phallus* (Stinkmorcheln).

Unterabteilung: *Ascomycotina*
Die Sporen entwickeln sich in schlauchähnlichen Zellen, den sogenannten „Asci". Bei einigen Schlauchpilzen sitzen diese Schläuche im Hymenium auffallender Fruchtkörper.

Ordnungen: *Pezizales* und *Tuberales*
Die Fruchtkörper wachsen bei den meisten Familien oberirdisch, bei anderen unterirdisch. Bei den oberirdisch wachsenden Arten bilden sich die Schläuche im Hymenium scheibenförmiger bis becherförmiger, entweder gestielter oder auch ungestielter Fruchtkörper. Die Sporen werden durch Öffnungen am oberen Ende der Schläuche ausgeschleudert. Die unterirdisch wachsenden Schlauchpilze sind knollig. Die Sporen bleiben in den Schläuchen.
Familie: *Morchellaceae* (Morchelverwandte)
Fruchkörper gestielt, Hymenium auf dem wabig gekammerten Fruchtkörper. Sporen glatt, ohne Öltropfen.
Gattung: *Morchella* (Morcheln)
Familie: *Helvellaceae* (Lorcheln und Stielbecherlinge)
Fruchtkörper gestielt, becherförmig, sattelförmig bis hirnartig. Sporen glatt, mit Öltropfen.
Gattungen: *Gyromitra* (Frühlingslorcheln), *Helvella* (Lorcheln)
Familie: *Tuberaceae* (Trüffelverwandte)
Unterirdisch wachsende, knollige Fruchtkörper (Trüffeln). Die Schläuche öffnen sich nicht. Mykorrhizapilze.
Gattungen: *Choiromyces* (Weißtrüffeln), *Tuber* (Trüffeln).

Ordnung: *Elaphomycetales*
Unterirdisch wachsende, trüffelartige Fruchtkörper. Die Schläuche sind kugelig und lösen sich im Innern des Fruchtkörpers rasch auf. Mykorrhizapilze.
Familie: *Elaphomycetaceae* (Hirschtrüffelverwandte)
Gattung: *Elaphomyces* (Hirschtrüffeln).

Ordnung: *Clavicipitales*
Meist parasitisch an Pflanzen oder Insekten.
Familie: *Clavicipitaceae* (Sklerotienkeulchen)
Die schmalen, mehrfach septierten Sporen werden über porige Öffnungen am oberen Ende der Schläuche ausgestoßen.
Gattung: *Claviceps* (Mutterkorn).

Weiterführende Literatur

Bücher

Aichele, D. und H.-W. Schwegler: Welcher Baum ist das? Franckh-Kosmos, Stuttgart 1990.
Amann, G.: Bäume und Sträucher des Waldes. Naturbuch, Augsburg 1992.
Breitenbach, J.und F. Kränzlin: Pilze der Schweiz, Band 1–4. Mykologia, Luzern 1984–1995.
Cetto, B.: Enzyklopädie der Pilze, Band 1–4. BLV, München 1987–1988.
Dörfelt, H.: Lexikon der Mykologie. G. Fischer, Stuttgart 1989.
Engel, H.: Dickröhrlinge. Engel-Verlag, Weidhausen 1983.
Engelbrecht, J.: Pilzanbau. Ulmer, Stuttgart 1987.
Flück, M.: Welcher Pilz ist das? Franckh-Kosmos, Stuttgart 1995.
Gartz, J.: Narrenschwämme. Psychotrope Pilze in Europa. Editions Heuwinkel, Basel 1993.
Jülich, W.: Kleine Kryptogamenflora. Band II, b/1, Nichtblätterpilze, Gallertpilze und Bauchpilze. G. Fischer, Stuttgart 1984.
Krieglsteiner, G. J.: Verbreitungsatlas der Großpilze Deutschlands (West), Band 1–2. Ulmer, Stuttgart 1991–1993.
Laux, H. E.: Eßbare Pilze und ihre giftigen Doppelgänger. Franckh-Kosmos, Stuttgart 1992.
Michael, E., B. Hennig und H. Kreisel: Handbuch für Pilzfreunde, Band 1–6. G. Fischer, Stuttgart 1983–1988.
Moser, M.: Kleine Kryptogamenflora. Band II, b/2, Die Röhrlinge und Blätterpilze. G. Fischer, Stuttgart 1983.
Müller, E. und W. Löffler: Mykologie. Thieme, Stuttgart-New York 1992.
Phillips, R.: Der Kosmos-Pilzatlas. Franckh-Kosmos, Stuttgart 1990.
Ryman, S. und I. Holmåsen: Pilze. Thalacker, Braunschweig 1992.
Schwantes, H. O.: Biologie der Pilze. Ulmer, Stuttgart 1996.
Svrček, M.: Dausien's großes Pilzbuch. Dausien, Hanau 1993.
Winkler, R.: 2000 Pilze einfach bestimmen. AT Verlag, Aarau 1996.
Winterhoff, W. und G. Krieglsteiner: Gefährdete Pilze in Baden-Württemberg. Landesanstalt für Umweltschutz Baden-Württemberg, Karlsruhe 1984.

Zeitschriften

Zeitschrift für Mykologie (früher: Zeitschrift für Pilzkunde). Deutsche Gesellschaft für Mykologie, Eching bei München.
Österreichische Zeitschrift für Pilzkunde. Österreichische Mykologische Gesellschaft, Wien.
Schweizerische Zeitschrift für Pilzkunde (SZP). Verband schweizerischer Vereine für Pilzkunde, Wabern/Bern.

Informationszentralen für Notfälle

Deutschland

Beratungsstelle für Vergiftungserscheinungen und Embryonaltoxikologie
Pulsstr. 3–7
14059 **Berlin**
Tel.: 030/19240
Fax: 030/32680721
Embryonaltoxikologie: Tel.: 030/32680-719, -734

Virchow-Klinikum
Med. Fakultät der Humboldt-Universität zu Berlin, Abt. Innere Medizin mit Schwerpunkt Nephrologie und Intensivmedizin
Augustenburger Platz 1
13353 **Berlin**
Tel.: 030/450-53555, -565,
Fax: 030/450-53909
Email: Martens@ukrv.de

Informationszentrale gegen Vergiftungen
Zentrum für Kinderheilkunde der Rheinischen Friedrich-Wilhelms-Universität Bonn
Adenauerallee 119
53113 **Bonn**
Tel.: 0228/287-3211, -3333
Fax: 0228/287-3314
Email: Ruechard@imsdd.med.uni-bonn.de

Gemeinsames Giftinformationszentrum der Länder Mecklenburg-Vorpommern, Sachsen, Sachsen-Anhalt und Thüringen
Nordhäuser Str. 74
99089 **Erfurt**
Tel.: 0361/730730
Fax: 0361/7307317

Universitätskinderklinik Freiburg
Informationszentrale für Vergiftungen
Mathildenstr. 1
79106 **Freiburg**
Tel.: 0761/2704361 (Notruf), 4300/01 (Zentrale)
Fax: 0761/2704457
Email: Jonitz@kkl200.ukl.uni-freiburg.de

Giftinformationszentrum-Nord (GIZ-Nord)
Zentrum Pharmakologie und Toxikologie der Universität Göttingen
Robert-Koch-Str. 40
37075 **Göttingen**
Tel.: 0551/383180 oder 0551/19240
Fax: 0551/3831881
Email: Giznord@med.uni-goettingen.de

Universitätskliniken
Klinik für Kinder- und Jugendmedizin
Informations- und Beratungszentrum für Vergiftungsfälle
66421 **Homburg/Saar**
Tel.: 06841/19240
Fax: 06841/168314
Email: KisZab@med-rz.uni-sb.de

Beratungsstelle bei Vergiftungen
II. Medizinische Klinik und Poliklinik der Universität
Langenbeckstraße 1
55131 **Mainz**
Tel.: 06131/19240
Fax: 06131/176605
Email: Sacha@zeus.z-med.klinik.uni-mainz.de

Giftnotruf München
Toxikologische Abteilung der II. Medizinischen Klinik rechts der Isar
der Technischen Universität München
Ismaninger Str. 22
81675 **München**
Tel.: 089/19240
Fax: 089/41402467

II. Medizinische Klinik des Städtischen Krankenhauses Nürnberg Nord
Toxikologische Intensivstation
Flurstr. 17
90419 **Nürnberg**
Tel.: 0911/3982451 (Gifttelefon)
Fax: 0911/3982999

Österreich

Vergiftungsinformation
Allgemeines Krankenhaus
Währinger Gürtel 18–20
1090 **Wien**
Tel.: 01/40643430

Schweiz

Schweizerisches Toxikologisches Informationszentrum
Klosbachstraße 107
8030 **Zürich**
Tel.: 01/2515151

Fachausdrücke

Abteilung – Hauptkategorie der Systematik, eine Rangstufe tiefer als das Reich
anastomosierend – queraderig verbunden (Lamellen, Leisten)
angeheftet – (Lamellen) nur geringfügig mit dem Stiel verwachsen
angewachsen – (Lamellen) auf ganzer Breite mit dem Stiel verwachsen
Antibiotikum – Wirkstoff, der Mikroorganismen abtötet
Art – Individuen mit denselben wesentlichen Merkmalen und der Fähigkeit, sich miteinander zu kreuzen
Ascomyceten – Schlauchpilze (Sporen entstehen in Schläuchen = Asci)
Ascus – sporenbildende schlauchförmige Zelle bei Ascomyceten
ausgebuchtet angewachsen – (Lamellen) mit einer burggrabenähnlichen Ausbuchtung am Stiel angewachsen
Basidie – sporenbildende Zelle bei Basidiomyceten
Basidiomyceten – Ständerpilze (Sporen entstehen am Ende von Basidienfortsätzen)
bereift – mit graulichem oder silbrigem Überzug
Blätterpilz – Pilz mit Lamellen auf der Hutunterseite
Cortina – spinnwebartiger Haarschleier, der als Teilvelum bei Pilzen die jungen Lamellen schützt
entferntstehend – mit größerem Abstand zueinander stehend (Lamellen)
exzentrisch – außerhalb der Mitte
Familie – systematische Hauptkategorie, die eng verwandte Gattungen zusammenfaßt
fertil – fruchtbar
flüchtig – nur kurzzeitig vorhanden
frei – (Lamellen) nicht am Stiel angewachsen
Fruchtkörper – sporenbildender, meist auf dem Substrat sichtbarer Teil des Pilzes
Fruchtschicht – siehe Hymenium
Gattung – Hauptkategorie der Systematik, Gruppe eng verwandter Arten mit vielen gemeinsamen Merkmalen
gedrängt – dicht zusammenstehend (z. B. Lamellen)
genattert – (Stiel) durch Velumreste gebändert
Gesamtvelum – häutige Schutzhülle um den jungen Fruchtkörper
gewölbt – rundlich nach außen gebogen
gleichdick – (Stiel) von der Basis bis zur Spitze mit gleichem Durchmesser
Habitus – Gestalt, Erscheinungsbild
halluzinogen – Sinnestäuschungen hervorrufend
herablaufend – (Lamellen) sich zum Stiel hin verbreiternd und auf ganzer Breite mit dem Stiel verwachsen
Hut – Teil des Fruchtkörpers, trägt die sporenbildende Schicht
Hymenium - Schicht mit sporenbildenden Zellen bei Pilzen
hygrophan – bei wechselndem Feuchtigkeitszustand die Farbe verändernd (Pilzhüte)
Hyphen – fadenartige Zellen, aus denen sich der gesamte Pilz aufbaut
kahl – ohne Haare oder Schuppen
knollig – Stielbasis plötzlich verdickt
Lamellen – blattartige Struktur an der Hutunterseite von Pilzfruchtkörpern
Lamelletten – kürzere Zwischenlamellen an der Hutunterseite von Fruchtkörpern
lateral – seitlich
Leisten – verdickte, rippige Strukturen, die bei bestimmten Pilzen die Fruchtschicht tragen
Mykologe – wissenschaftlich arbeitender Fachmann für Pilzkunde
Mykorrhiza – Lebensgemeinschaft zwischen Pilzen und höheren Pflanzen
Myzel – im Gegensatz zum Fruchtkörper (meist) im Substrat verbleibendes Hyphengeflecht
niedergedrückt – flach und etwas vertieft, aber nicht trichterförmig
Ordnung – Hauptkategorie der Systematik, faßt eng verwandte Familien zusammen
Parasit – ernährt sich von einem lebenden Organismus, der dadurch geschädigt oder zerstört wird
Poren – Öffnungen am unteren Ende der Röhren bei Porlingen und Röhrlingen
Primordium – Myzelknoten, aus dem sich später junge Fruchtkörper entwickeln
Rezeptakulum – bei Rutenpilzen der aus der geplatzten Hülle herauswachsende Stiel

Rhizomorphen – wurzelähnliche Myzelstränge an der Stielbasis von Pilzen
Ring – häutiger, am Stiel zurückbleibender Rest der Hülle zwischen Hutrand und Stiel
Röhren – röhrenförmige Träger der Fruchtschicht auf der Unterseite des Hutes von Röhrlingen
Röhrling – Pilz mit (ablösbaren) Röhren auf der Unterseite des Hutes
Saprophyt – Organismus, der von totem organischem Material lebt, baut organische Abfälle ab
Scheitel – mittlerer Teil des Pilzhutes bzw. oberster mittlerer Bereich des Fruchtkörpers
Schimmelpilze – Kleinpilze mit fädigem Myzel (Fadenpilze); dieses ist oft auf verdorbenen Nahrungsmitteln zu erkennen
Schneide – unterer Rand der Lamelle
Sklerotium – verhärtetes Hyphenmaterial, das ein Überdauern des Pilzes in Zeiten des Nahrungsmangels ermöglicht
sitzend – ohne Stiel auf dem Substrat
Spore – Vermehrungseinheit (ohne jeden Nährstoffvorrat)
Sporenpulver – große Menge von Sporen (ermöglicht makroskopisch Rückschlüsse auf die Sporenfarbe)
Sterigmen – Basidienfortsätze mit einem Sporensäckchen, in dem sich die Sporen entwickeln
steril – unfruchtbar
Stiel – Fruchtkörperteil, der den Hut trägt
Stielbasis – Stielbereich, der sich auf dem bzw. im Substrat befindet
Stielspitze – Stielende, an dem der Hut ansetzt
Teilvelum – häutige oder schleierartige Hülle zwischen Hutrand und Stiel
Trüffel – unterirdisch wachsender Schlauchpilz
Velum – siehe Gesamtvelum und Teilvelum
Volva – scheidenartiger Velumrest am Stielgrund
wurzelnd – (Stiel) sich nach unten zu wurzelartig verschmälernd und tief im Substrat eingesenkt
zerfließend – sich zu einer Flüssigkeit auflösend.

Register

Halbfett gedruckte Seitenzahlen verweisen auf die Seite, auf der die Art ausführlicher beschrieben und abgebildet ist. Wegen des Umfangs des Registers wurden zweiteilige deutsche Namen nur einmal, und zwar mit dem vorgestellten Gattungsnamen aufgeführt. So ist zum Beispiel der „Maronenröhrling" nur unter „Röhrling, Maronen-" zu finden.

Aus dem Englischen übersetzt und bearbeitet von Peter Dobbitsch.

Titel der englischen Originalausgabe: „How to Identify Edible Mushrooms“, erschienen bei HarperCollins Publishers Ltd, unter ISBN 0 00 219984 X,

Mit 639 Farbzeichnungen von Gill Tomblin sowie 24 Farbfotos von Hans E. Laux und 65 Schwarzweiß-Zeichnungen von Johannes-Christian Rost auf den Klappen.

Die Zeichnung auf Seite 35 stammt von John Tenniel. Sie wurde dem Buch „Alice im Wunderland“ von Lewis Carroll entnommen und mit freundlicher Genehmigung von Macmillan Children's Books wiedergegeben.

Umschlaggestaltung von Atelier Reichert, Stuttgart.

Hinweise für den Benutzer
Auch die ausführlichste Diagnose in einem Pilzbestimmungsbuch kann die umfassende Erfahrung nicht ersetzen, die ein Pilzsammler erst im Laufe der Zeit erwirbt. Lassen Sie deshalb selbstbestimmte Pilze beim geringsten Zweifel an der Diagnose vorsichtshalber von einem Fachmann nachbestimmen (Pilzberatungsstellen, anerkannte Pilzberater). Im Zweifelsfall sollten Sie eine fragliche Art nicht verwenden. Verlag und Autoren tragen keinerlei Verantwortung für Fehlbestimmungen durch den Leser dieses Buches oder für individuelle Unverträglichkeitsreaktionen. Allgemein gilt: Pilze nie roh essen! Sofern nicht anders angegeben, schließt der Hinweis „eßbar“ stets ein, daß der Pilz zuvor durch Braten, Kochen etc. eine Hitzebehandlung erfuhr.

Die Deutsche Bibliothek –
CIP-Einheitsaufnahme

Der **Kosmos-Pilzführer** : ähnliche Arten in direktem Vergleich/Patrick Harding/Tony Lyon/ Gill Tomblin. Aus dem Engl. übertr. von Peter Dobbitsch. – Stuttgart : Kosmos, 1997
(Kosmos-Naturführer)
Einheitssacht.: How to identify edible mushrooms <dt.>
ISBN 3-440-07482-X

Für die deutschsprachige Ausgabe:

ISBN 3-440-07482-X
Lektorat: Dr. Gertrud Marotz
Herstellung: Lilo Pabel
Printed in Italy/Imprimé en Italie
Satz: Typomedia Satztechnik GmbH, Ostfildern
Druck: Rotolito Lombarda Spa, Mailand, Italien

Patrick Harding und Tony Lyon widmen dieses Buch Jean, Maureen und ihren zahlreichen Studenten.
Gill Tomblin widmet dieses Buch Dr. David Pegler von den Royal Botanic Gardens in Kew, er hat sie in die Pilzkunde eingeführt.

Fruchtkörperformen

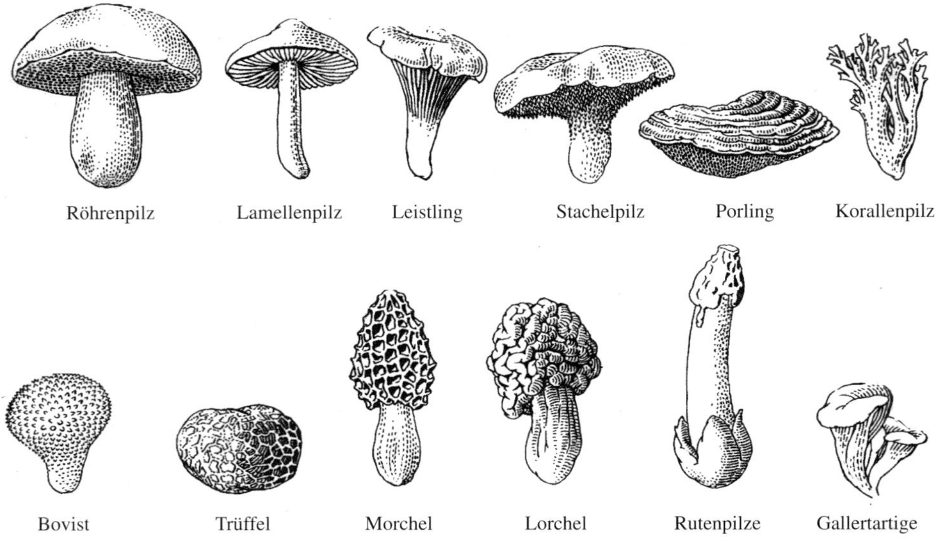

Hutformen

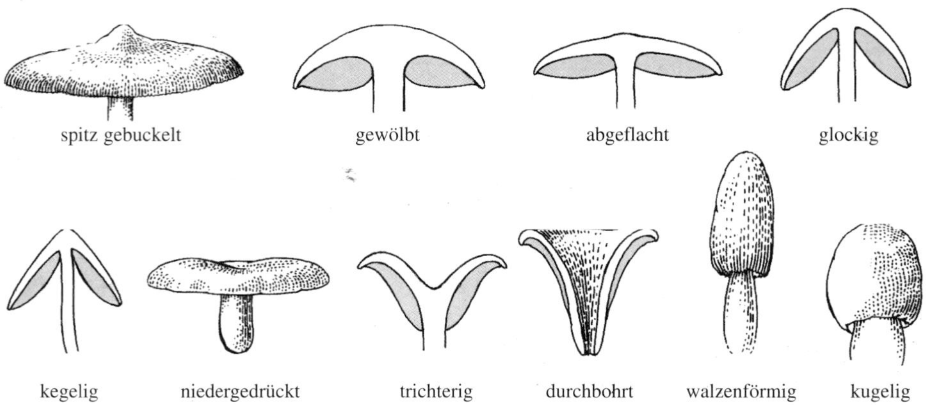

Stielformen

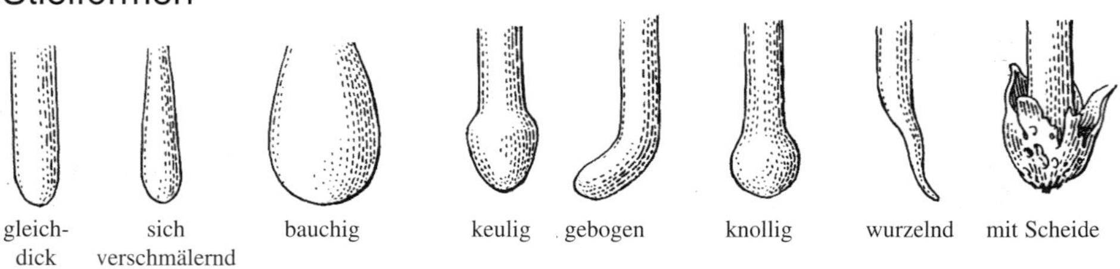